Weihrauch · Verteidigung im Ermittlungsverfahren

Praxis der Strafverteidigung   Band 3

Herausgegeben von
Rechtsanwalt Dr. Josef Augstein (†), Hannover
Prof. Dr. Werner Beulke, Passau
Prof. Dr. Hans-Ludwig Schreiber, Göttingen

Verteidigung im Ermittlungsverfahren

von

Justizrat Dr. Matthias Weihrauch
Rechtsanwalt in Kaiserslautern

4., überarbeitete Auflage

C. F. Müller Verlag · Heidelberg

Die Deutsche Bibliothek – CIP-Einheitsaufnahme

Weihrauch, Matthias:
Verteidigung im Ermittlungsverfahren / von Matthias
Weihrauch. – 4., überarb. Aufl. – Heidelberg : C. F. Müller, 1995
(Praxis der Strafverteidigung ; Bd. 3)
ISBN 3-8114-7195-3
NE: GT

© 1995 Hüthig GmbH · C. F. Müller Verlag, Heidelberg
Printed in Germany
Satz und Druck: Gulde-Druck GmbH, Tübingen
ISBN 3-8114-7195-3

Vorwort der Herausgeber

Im Strafprozeß wird das anwaltliche Können vor allem im Vorverfahren gefordert. Wer hier seinem Mandanten falsche Ratschläge erteilt, sich bei Prozeßhandlungen unklug verhält oder gegenüber anderen Strafverfolgungsorganen nicht den richtigen Ton anschlägt, begeht schwerwiegende Fehler, die er u.U. selbst dann nicht wieder gutmachen kann, wenn er sie noch vor Abschluß der Hauptverhandlung erkennt. Um so wichtiger ist die gründliche Einarbeitung in die komplizierte Materie, unter Einbeziehung nicht nur der rechtlichen, sondern auch der prozeßtaktischen Komponente. Gerade letztere wird literarisch sträflich vernachlässigt, so daß der Verteidiger weitgehend auf das Lernen an den eigenen Fehlern angewiesen ist. Die Zeche zahlt jedoch nicht er, sondern der Mandant. Hier Abhilfe zu schaffen, ist das Ziel des vorliegenden Beitrags über die „Verteidigung im Ermittlungsverfahren". Die vielfältigen, sorgfältig abgewogenen Vorschläge von *Weihrauch* dürften vor allem für junge Anwälte eine wahre Fundgrube darstellen. Gewiesen wird der Weg des erfahrenen Kollegen, der sich bemüht, alle Hindernisse im Interesse seines Mandanten zu überwinden, ohne bei Bedarf die Kooperation mit den anderen Strafverfolgungsorganen zu scheuen. Stärkung der Verteidigung wird nicht verstanden im Sinne vordergründiger Profilierungssucht des Anwalts, sondern als effektive Unterstützung des beschuldigten Bürgers, der sich im Gestrüpp des Strafverfahrens alleine nicht zurechtfinden kann.

Mit dem vorliegenden Band ist im Rahmen der Reihe „Praxis der Strafverteidigung" begonnen worden, ein bestimmtes Verfahrensstadium gesondert zu behandeln. Auch hier wird die Gesamtkonzeption beibehalten, die rechtlichen Darlegungen durch Hinweise auf die richtige Verteidigungsstrategie und vor allem durch konkrete Muster von Verteidigerschreiben zu ergänzen. Die Herausgeber sind der Ansicht, daß – trotz der von vornherein beschränkten Übertragbarkeit der Beispiele auf andere Strafprozesse – diese Kombination von Hand- und Formularbuch dem Verteidiger wichtige Hilfestellung leisten kann. Daß die Praxis damit zu arbeiten versteht, läßt der große Erfolg des vorliegenden Buches vermuten, das schon wenige Monate nach seinem ersten Erscheinen erneut aufgelegt werden mußte und nunmehr bereits in 4. Auflage vorliegt. Der Verfasser hat Rechtsprechung und Schrifttum der jüngsten Zeit umfassend verarbeitet und viele neue Hinweise aus der Praxis für die Praxis eingefügt.

Im April 1995

Passau   *Werner Beulke*
Göttingen   *Hans-Ludwig Schreiber*

Inhaltsverzeichnis

X

Musterverzeichnis

(Die Zahlen verweisen auf die Seitenangaben)

Abkürzungsverzeichnis

a. a. O.	am angegebenen Ort
Abs.	Absatz
a. E.	am Ende
a. M.	anderer Meinung
Anm.	Anmerkung
AnwBl	Anwaltsblatt
AO	Abgabenordnung
ARB	Allgemeine Rechtsschutzbedingungen
Art.	Artikel
Aufl.	Auflage
BayObLG	Bayerisches Oberstes Landesgericht
BGB	Bürgerliches Gesetzbuch
BGH	Bundesgerichtshof
BGHSt	Entscheidungen des BGH in Strafsachen
BKA	Bundeskriminalamt
Bl.	Blatt
BRAGO	Bundesrechtsanwaltsgebührenordnung
BRAK-Mitt.	Mitteilungen der Bundesrechtsanwaltskammer
BRAO	Bundesrechtsanwaltsordnung
BT-Dr	Bundestagsdrucksache
BtMG	Betäubungsmittelgesetz
BVerfG	Bundesverfassungsgericht
BVerfGE	Entscheidungen des BVerfG
BZRG	Bundeszentralregistergesetz
bzw.	beziehungsweise
d. A.	der Akte
d. h.	das heißt
DAR	Deutsches Autorecht
DRiZ	Deutsche Richterzeitung
EGE	Ehrengerichtliche Entscheidungen, herausgegeben vom Präsidium der Bundesrechtsanwaltskammer
EGGVG	Einführungsgesetz zum Gerichtsverfassungsgesetz
EGH	Ehrengerichtshof
EGMR	Europäischer Gerichtshof für Menschenrechte
Einl.	Einleitung
etc	etcetera
f.	folgend
ff.	folgende
Fn.	Fußnote

GA	Goltdammer's Archiv für Strafrecht
GG	Grundgesetz
GVG	Gerichtsverfassungsgesetz
h. M.	herrschende Meinung
i. e. S.	im engeren Sinne
i. V. m.	in Verbindung mit
JR	Juristische Rundschau
jur.	juristisch
Jus	Juristische Schulung
KG	Kammergericht
MiStra	Anordnung über Mitteilungen in Strafsachen
MRK	Konvention zum Schutze der Menschenrechte und Grundfreiheiten
MschrKrim	Monatsschrift für Kriminologie und Strafrechtsreform
m. w. N.	mit weiteren Nachweisen
NJW	Neue Juristische Wochenschrift
Nr.	Nummer
NStZ	Neue Zeitschrift für Strafrecht
OLG	Oberlandesgericht
PdSt	Reihe „Praxis der Strafverteidigung"
RG	Reichsgericht
RGSt	Entscheidungen des RG in Strafsachen
RichtlRA	Grundsätze des anwaltlichen Standesrechts
RiStBV	Richtlinien für das Strafverfahren und das Bußgeldverfahren
Rn.	Randnummer
S.	Seite
sog.	sogenannt
STGB	Strafgesetzbuch
StPO	Strafprozeßordnung
str.	strittig
StrEG	Gesetz über die Entschädigung für Strafverfolgungs-maßnahmen
StV	Strafverteidiger
StVG	Straßenverkehrsgesetz
u. ä.	und ähnlich
u. U.	unter Umständen
vgl.	vergleiche
VRS	Verkehrsrechts-Sammlung
wistra	Zeitschrift für Wirtschaft-Steuer-Strafrecht
z. B.	zum Beispiel
Ziff.	Ziffer
ZRP	Zeitschrift für Rechtspolitik
ZStW	Zeitschrift für die gesamte Strafrechtswissenschaft
z. Zt.	zur Zeit

Einleitung

Das Strafverfahren besteht aus vier Abschnitten: Ermittlungsverfahren (auch: Vorverfahren oder vorbereitendes Verfahren), Zwischenverfahren, Hauptverfahren, Vollstreckungsverfahren. Das Ermittlungsverfahren beginnt, sobald die Staatsanwaltschaft (§ 160 StPO) oder die Polizei (§ 163 StPO) eine Maßnahme trifft, die erkennbar darauf abzielt, gegen jemanden strafrechtlich vorzugehen, mag der Beschuldigte auch noch unbekannt sein[1]. Es endet in der Regel mit einer abschließenden Verfügung der Staatsanwaltschaft, wodurch das Verfahren eingestellt (§ 170 Abs. 2 StPO) oder mit der Erhebung öffentlicher Klage an das Gericht abgegeben wird (§ 170 Abs. 1 StPO).

Das Ermittlungsverfahren wurde in seiner **Bedeutung** lange unterschätzt. Man sah in ihm ein bloßes Stoffsammlungsverfahren. Beigetragen hat dazu die Auffassung des historischen Gesetzgebers der StPO, der im wesentlichen nur die die Entscheidung nach § 170 StPO vorbereitende Funktion des Ermittlungsverfahrens vor Augen hatte[2]. Das hat sich erst in den letzten Jahren geändert. Bahnbrechend waren insoweit die Untersuchungen von Peters über die Fehlerquellen im Strafprozeß. Er stellte fest:

– „Wie das Hauptverfahren ausgeht, wie die Hauptverhandlung abläuft und wie das Urteil ausfällt, ist weitgehend durch das Vorverfahren bestimmt."[3]

– „Immer wieder stießen wir auf die Erkenntnis, daß weitgehend im Ermittlungsverfahren die Weichen auf das richtige oder falsche Urteil hin gestellt werden."[4]

– „Fehler und Mängel des Ermittlungsverfahrens" sind „in aller Regel in der Hauptverhandlung nicht mehr zu beseitigen."[5]

---

1 *Kleinknecht/Meyer-Goßner*, Einleitung Rn. 60.
2 *Richter II*, Grenzen anwaltlicher Interessenvertretung im Ermittlungsverfahren, NJW 1981, S. 1820ff., 1822.
3 *Peters*, Fehlerquellen im Strafprozeß, 1972, 2. Band, S. 195.
4 *Peters*, a.a.O., S. 299.
5 *Peters*, wie Fn. 3.

1

Seitdem ist die prägende Kraft des Ermittlungsverfahrens für den weiteren Verfahrensablauf, insbesondere für die Hauptverhandlung, Allgemeingut[6]. Jedenfalls in der Wissenschaft. Beileibe nicht in der Praxis. Strafverteidigung im Ermittlungsverfahren führt – von Ausnahmen abgesehen[7] – ein Mauerblümchendasein. Das hat mehrere Gründe. Zunächst schlichte Unkenntnis der Bedeutung des Ermittlungsverfahrens. Sodann eine auf Unwissenheit beruhende Unterschätzung der Möglichkeiten des Verteidigers im Ermittlungsverfahren[8]. Ferner die Probleme, die mit einer angemessenen Honorierung sachgerechter Verteidigung im Ermittlungsverfahren verbunden sind. Schließlich taktische Überlegungen, die dahin gehen, das Pulver nicht vorher zu verschießen, das Überraschungsmoment in der Hauptverhandlung einzukalkulieren. Endlich die Publicity-Sucht vieler Verteidiger, die den spektakulären Auftritt in der Hauptverhandlung der (in der Regel) unauffälligen Arbeit im Ermittlungsverfahren vorziehen. Und manchmal der ganz triviale Grund fehlender Zeit für die oft aufwendige Tätigkeit im Ermittlungsverfahren.

Das vorliegende Buch will einen kleinen Beitrag dazu leisten, wenigstens Unwissenheit abzubauen. Es basiert auf langjähriger ausschließ-

---

6 *Kaiser*, Strategien und Prozesse strafrechtlicher Sozialkontrolle, 1972, S. 78 ff.; *Fezer*, Richterliche Kontrolle der Ermittlungstätigkeit der Staatsanwaltschaft vor Anklageerhebung?, in: Gedächtnisschrift für Schröder, 1978, S. 407 ff., 412 ff.; *Beulke*, Der Verteidiger im Strafverfahren, 1980, S. 244 ff.; *Rieß*, Prolegomena zu einer Gesamtreform des Strafverfahrensrechts, in: Festschrift für Schäfer, 1980, S. 155 ff., 207 ff.; *Hamm*, Entwicklungstendenzen der Strafverteidigung, in: Festschrift für Sarstedt, 1981, S. 49 ff., 61 ff.; *Egon Müller*, Strafverteidigung, NJW 1981, S. 1801 ff., 1805 f.; *Richter II*, (Fn. 2), S. 1820 f.; *Richter II*, Zum Bedeutungswandel des Ermittlungsverfahrens, StV 1985, S. 382 ff.; siehe auch *Bemmann, Grünwald* u. a., Die Verteidigung, Gesetzentwurf mit Begründung, 1979, S. 87 ff. – Diese Bedeutung hat das Ermittlungsverfahren nicht nur für die „streitige" Hauptverhandlung, sondern auch für die „abgesprochene" Hauptverhandlung; vgl. dazu *Schünemann*, Die Verständigung im Strafprozeß – Wunderwaffe oder Bankrotterklärung der Verteidigung?, NJW 1989, S. 1895 ff., 1902.
7 Dazu *Mützelburg*, Über die Verteidigung im Verständnis der Verteidiger, in: Festschrift für Dünnebier, 1982, S. 277 ff., 278. Siehe auch *Barton*, Strafverteidigungs-Aktivitäten im Justizalltag, StV 1984, S. 394 ff., 396.
8 Symptomatisch *Brühl*, Die Rechte der Verdächtigen und Angeklagten, 1981, S. 109: „Im Vorverfahren ist die Hinzuziehung eines Verteidigers nicht unbedingt zu empfehlen... kann er die Rechte doch sehr beschränkt sind." Siehe auch *Drewes*, Trick-Kiste der erfolgreichen Strafverteidigung, 1988, S. 53: „Im Ermittlungsverfahren... kann man aus finanziellen Gründen auf die Anwaltsbestellung unter Umständen verzichten"; eigenartigerweise wird hier (S. 51) unterschieden zwischen dem „eigentlichen Strafverfahren" und dem Ermittlungsverfahren.

licher Tätigkeit als Strafverteidiger. Es ist aus der Praxis für die Praxis geschrieben. Deshalb ist es weder ein Lehrbuch noch ein Kommentar. Zitate sind jeweils auf eine oder wenige markante Fundstellen beschränkt. Streitfragen werden nur abgehandelt, soweit daraus in der Alltagsarbeit ein unmittelbarer Nutzen gezogen werden kann. Dafür wird versucht, praktische Ratschläge und Tips zu geben, „informelle Programme"[9] zu vermitteln. Dem dienen auch die Schriftsatzmuster. Sie stammen fast ausnahmslos aus Originalakten des Verfassers[10].

Die Untersuchungshaft ist nicht behandelt. Andernfalls wäre der Umfang dieses Buches im Rahmen des Konzepts der Schriftenreihe gesprengt worden. Es bietet sich zudem an, die spezifischen Probleme des inhaftierten Mandanten im gesamten Strafverfahren zusammenhängend zu behandeln[11]. Einzelne Fragen werden jedoch erörtert. Ebenso fehlt ein besonderes Kapitel über den Pflichtverteidiger. Im Hinblick auf §§ 141, 117 Abs. 4 StPO ist die Bedeutung des Pflichtverteidigers im Ermittlungsverfahren ohnehin gering. Abgesehen davon sind Wahl- und Pflichtverteidiger in Aufgaben, Pflichten und Rechten gleich.

Besonderheiten innerhalb spezieller Strafverfahren werden gleichfalls nur gelegentlich erwähnt. Hier ist auf die zwischenzeitlich erschienene Literatur zu verweisen[12]. Überlegungen zu einer Reform des Ermittlungsverfahrens sind – entsprechend der Zielsetzung dieser Schriftenreihe – gleichfalls ausgeklammert[13].

---

9 *Hassemer*, Informelle Programme im Strafprozeß. Zu Strategien der Strafverteidigung, StV 1982, S. 377 ff.
10 Namen, Daten und Aktenzeichen sind geändert.
11 *Schlothauer/Weider*, Untersuchungshaft, 1992, PdSt Bd. 14.
12 Insbesondere die Bände in der Reihe „Praxis der Strafverteidigung": *Müller*, Verteidigung in Straßenverkehrssachen, 5. Aufl. 1994, PdSt Bd. 1; *Beck/Berr*, OWi-Sachen im Straßenverkehrsrecht, 2. Aufl. 1994, PdSt Bd. 6; *Himmelreich/Bücken*, Verkehrsunfallflucht, 2. Aufl. 1995, PdSt Bd. 15; *Eberth/Müller*, Verteidigung in Betäubungsmittelsachen, 2. Aufl. 1993, PdSt Bd. 4; *Ulsenheimer*, Arztstrafrecht, 1988, PdSt Bd. 7; *Michalke*, Umweltstrafsachen, 1991, PdSt Bd. 16; *Kahlert*, Verteidigung in Jugendstrafsachen, 2. Aufl. 1986, PdSt Bd. 2 – Siehe auch *Blumers/Göggerle*, Handbuch des Verteidigers und des Beraters im Steuerstrafverfahren, 2. Aufl. 1989; *Eisenberg*, Der Verteidiger im Jugendstrafverfahren, NJW 1984, S. 2913 ff.
13 Dazu vgl. beispielsweise nur AnwBl 1986, S. 50–88. und Beschlüsse des 60. Deutschen Juristentages 1994, C. Abteilung Strafrecht III.

I. Die Übernahme des Mandats

Die Tätigkeit des Verteidigers beginnt mit der Beauftragung bzw. der Annahme des Mandats. Hier gibt es zahlreiche Konstellationen. Sie alle haben gemeinsame Grundvoraussetzungen.

1. Charakter des Mandatsverhältnisses

Das Mandatsverhältnis zwischen dem Rechtsanwalt als (gewählten) **1** Verteidiger und seinem Mandanten stellt sich **zivilrechtlich** als Dienstvertrag gem. § 611 BGB dar, dessen Gegenstand eine Geschäftsbesorgung im Sinne des § 675 BGB ist. Folglich finden die entsprechenden bürgerlich-rechtlichen Vorschriften Anwendung[14].

Somit sind Abgabe eines Angebots und Annahme des Angebots Voraussetzung. Das übersehen manche Beschuldigte, wenn sie dem Polizeibeamten oder Staatsanwalt mitteilen: „Mein Verteidiger ist Rechtsanwalt X", ohne daß dieser davon Kenntnis hat. Oft kommt dann ein Schreiben des Staatsanwalts: „Der Beschuldigte hat bei seiner polizeilichen Vernehmung erklärt, sich durch Sie äußern zu wollen. Hierzu setze ich Ihnen eine Frist bis zum…" Wenn in diesem Zeitpunkt schon etwas „verhext" ist, kann der Verteidiger freilich nichts dafür. Er sollte allerdings umgehend den Beschuldigten anschreiben und ihn zu einem Gespräch in die Kanzlei bitten. Hierbei hat er auch an § 44 BRAO zu denken: „Der Rechtsanwalt, der in seinem Beruf in Anspruch genommen wird und den Auftrag nicht annehmen will, muß die Ablehnung unverzüglich erklären. Er hat den Schaden zu ersetzen, der aus einer schuldhaften Verzögerung dieser Erklärung entsteht."

Laut § 1 BRAO ist der Rechtsanwalt ein unabhängiges **Organ der 2 Rechtspflege**. Inwieweit daraus Rechte und Pflichten des Verteidigers im Verhältnis zu dem Mandanten herzuleiten sind, ist lebhaft umstritten, zumal teilweise schon der Begriff und die Organstellung als solche

---

14 Soweit besteht Einigkeit. Im einzelnen ist jedoch noch vieles ungeklärt. Vgl. Dazu *Lüderssen*, Wie abhängig ist der Strafverteidiger von seinem Auftraggeber? Wie unabhängig kann und soll er sein?, in: Festschrift für Dünnebier, S. 269 ff. und *LR-Lüderssen*, vor § 137, Rn. 33 ff.

abgelehnt werden[15]. Die überwiegende Meinung jedenfalls entnimmt dem Begriff eine Unabhängigkeit des Verteidigers (auch) dem Mandanten gegenüber mit der Folge, daß der Verteidiger an Weisungen des Mandanten nicht gebunden ist[16].

3 Das Verhältnis zwischen dem Verteidiger und dem Mandanten ist ferner geprägt durch das anwaltliche **Berufsrecht**. Es findet seine Ausformung in der Bundesrechtsanwaltsordnung, in der gem. §§ 59 b, 191 a ff.BRAO noch zu schaffenden Berufsordnung und (allerdings sehr eingeschränkt) in den sog. „Grundsätzen des anwaltlichen Standesrechts"[17]. Letzteren hat jedoch das Bundesverfassungsgericht in zwei grundlegenden Entscheidungen[18] wegen Verstoßes gegen Art. 12 GG die Gültigkeit weitgehend abgesprochen. Danach kommt den Richtlinien „nur noch für eine Übergangszeit bis zur Neuordnung des anwaltlichen Berufsrechts" eine rechtserhebliche Bedeutung zu, „soweit ihre Heranziehung unerläßlich ist, um die Funktionsfähigkeit der Rechtspflege aufrechtzuerhalten". Eine solche Neuordnung ist bisher nicht erfolgt: Die BRAO in der Fassung vom 2. 9. 1994 regelt zwar einige grundlegende Rechte und Pflichten der Rechtsanwälte, überläßt jedoch „das Nähere zu den beruflichen Rechten und Pflichten" (§ 59 b BRAO) der Bestimmung in einer Berufsordnung; diese existiert noch nicht und wird auch kaum vor Ende 1996 existieren. Deshalb ist fraglich, ob überhaupt und bejahendenfalls welche Bestimmungen innerhalb der Richtlinien weitergelten[19]. Da die Beschlüsse des Bundesverfassungsgerichts ausdrücklich von der „Übergangszeit bis zur Neuordnung des anwaltlichen Berufsrechts" sprechen, eine solche Neuordnung bisher jedoch nur teilweise erfolgt ist, könnte man die Auffassung vertreten, die Richtlinien gelten in den durch das Bundesverfassungsgericht gezogenen Grenzen i. V. m. den ausdrücklichen Regelungen in der BRAO

---

15 Zu der ganzen Problematik eingehend *Beulke*, Der Verteidiger im Strafverfahren, 1980. Aus der Zeit danach u.a. *Augstein*, NStZ 1981, S. 52 ff.; *Eschen*, StV 1981, S. 365 ff.; *Temming*, StV 1982, S. 539 ff.; *LR-Lüderssen*, vor § 137, Rn. 75 ff.; *Paulus*, Dogmatik der Verteidigung, NStZ 1992, S. 305 ff.

16 *KK-Laufhütte*, vor § 137, Rn. 4; *Kleinknecht/Meyer-Goßner*, vor § 137, Rn. 1; *Dahs*, Rn. 28; *Vehling*, Die Funktion des Verteidigers im Strafverfahren, StV 1992, S. 86 ff., 88; Thesen zur Strafverteidigung, These 9; siehe auch BGHSt 13, 337, 343. Differenzierend *LR-Lüderssen*, vor § 137, Rn. 40 ff.

17 Richtlinien gem. § 177 Abs. 2 Nr. 2 BRAO, festgestellt von der Bundesrechtsanwaltskammer am 21. Juni 1973, Stand: 1. Februar 1987.

18 Beschlüsse vom 14. 7. 1987; u. a. NJW 1988, 191 ff.; NStZ 1988, 74 ff.; StV 1988, 27 ff.

19 Zum Stand vor der BRAO 1994 vgl. Überblick bei *Lingenberg/Hummel/Zuck/Eich*, Kommentar zu den Grundsätzen des anwaltlichen Standesrechts, 2. Aufl. 1988, N 38 ff.; *Feuerich*, Standesrecht in der Übergangszeit, AnwBl 1988, S. 502 ff.

1994 weiter. Dem steht aber § 113 Abs. 1 BRAO entgegen. Danach kann nur dann eine anwaltsgerichtliche Maßnahme gegen einen Rechtsanwalt verlangt werden, der schuldhaft gegen Pflichten verstößt, „ die in diesem Gesetz oder in der Berufsordnung bestimmt sind". Die Richtlinien sind also nicht erwähnt. Andererseits gibt es noch keine Berufsordnung. Aus diesem (unerfreulichen) Dilemma läßt sich folgender Weg finden: Die in § 59 b BRAO genannten Pflichten erfüllen schon jetzt die Voraussetzungen des § 113 Abs. 1 BRAO, sind also schon jetzt sanktionierbare Pflichten[20]. Für eine Lösung des konkreten Einzelfalles ist damit jedoch nicht viel gewonnen, da die Aufzählung in § 59 b BRAO sehr allgemein gehalten ist. Daher können diese Pflichten in der Übergangszeit „nur zurückhaltend und unter Konzentration auf ihren Kerngehalt"[21] herangezogen werden. Wenn zum Kerngehalt das gezählt wird, was „seit jeher unangefochten zu den Pflichten eines Rechtsanwalts gerechnet wurde und was zu beachten für die geordnete Weiterführung eines funktionsfähigen Justizbetriebes unverzichtbar ist, was unerläßlich zur Aufrechterhaltung der Rechtspflege"[22] ist – dann wird daran deutlich, daß die Richtlinien zumindest teilweise als Auslegungshilfe dienen können.

Der Verteidiger tut gut daran, sich (zumindest im konkreten Fall) darüber zu informieren. Anderenfalls läuft er Gefahr, in ein anwaltsgerichtliches Verfahren verwickelt zu werden. Das ist nicht nur für ihn persönlich unangenehm, sondern kann Auswirkungen auf das Mandat haben (Kündigung). In Zweifelsfragen kann er sich an seinen Kammervorstand wenden[23]. Hilfreich kann in manchen Punkten auch ein Heranziehen der vom Strafrechtsausschuß der Bundesrechtsanwaltskammer beschlossenen „Thesen zur Strafverteidigung"[24] sein.

2. Freiheit in der Mandatsübernahme

Dem Verteidiger steht es grundsätzlich frei, ein Mandat anzunehmen **4** oder abzulehnen. Persönliche Eigenheiten, gesetzliche Vorschriften

---

20 Amtliche Begründung in BT-Dr 12/4993, S. 35; *Feurich/Braun*, BRAO, 3. Aufl. 1995, § 113 Rn. 13; *Jessnitzer/Blumberg*, BRAO, 7. Aufl. 1995, § 113 Rn. 1.
21 *Feurich/Braun*, § 113 Rn. 14.
22 Wie Fn. 21.
23 Gem. § 73 Abs. 2 Nr. 1 BRAO obliegt es dem Kammervorstand, „die Mitglieder der Kammern in Berufspflichten zu beraten und zu belehren".
24 Schriftenreihe der Bundesrechtsanwaltskammer Bd. 8, 1992.

und berufsrechtliche Grundsätze werden ihn bei seiner Entscheidung beeinflussen.

a) Persönliche Eigenheiten

5 Der Verteidiger hat es mit Menschen unterschiedlichster Herkunft, sozialer Stellung und Wesensart zu tun. Heute sitzt vor seinem Schreibtisch der Generaldirektor und morgen der Zuhälter. Das macht einen Reiz des Berufes des Verteidigers aus. Wer dem skeptisch gegenübersteht, sollte sorgfältig prüfen, ob er zu diesem Beruf taugt.

6 In Wahrheit liegt das Problem jedoch oft nicht so sehr in den (Ab-) Neigungen des Verteidigers gegenüber **bestimmten Personengruppen** begründet, sondern in seinen mangelnden Fähigkeiten. Wenn der Verteidiger eine Prostituierte oder einen Zuhälter verteidigen soll, muß er mit ihnen reden können. Der moralisierend erhobene Zeigefinger ist da fehl am Platze, ebenso wie ein distanzloses Anbiedern.

7 Ähnlich verhält es sich mit der mancherorts anzutreffenden Ablehnung der Verteidigung hinsichtlich **bestimmter Delikte** („Wie kann man nur bei einem solch' scheußlichen Mord verteidigen!"). Wer sich nicht (bis zu einer gewissen Grenze natürlich) einfühlen kann, der taugt als Verteidiger in diesen Fällen nicht. Der Verteidiger soll bei bestimmten Tatvorwürfen, z.B. Wirtschaftsstrafsachen, auch sorgfältig prüfen, ob er von seinen sonstigen Fähigkeiten und kanzleimäßigen Gegebenheiten überhaupt in der Lage ist, die Verteidigung sachgerecht zu führen.

8 Probleme tauchen oft auf, wenn es gilt, die Verteidigung eines **schuldigen Beschuldigten** zu übernehmen. Es soll Verteidiger geben, die grundsätzlich nur Unschuldige verteidigen. Sie gleichen einem Arzt, der nur Gesunde behandeln will[25]. Der Verteidiger, der die Verteidigung eines schuldigen Beschuldigten übernimmt, muß freilich wissen, auf was er sich einläßt; dies nicht so sehr für den Fall, in dem der Mandant einen Schuldspruch akzeptiert und mit der Beauftragung nur das Ziel einer möglichst milden Sanktion bezweckt, sondern für den Fall, in dem der Mandant einen Freispruch erstrebt. Vom Grundsatz her ist gegen dieses Begehren des Mandanten nichts einzuwenden, denn unsere Rechtsord-

---

25 So treffend *Hamm*, Entwicklungstendenzen der Strafverteidigung, in: Festschrift für Sarstedt, S. 49 ff., 57.

nung will die Überführung eines Schuldigen nicht um jeden Preis, sondern nur auf prozeßordnungsgemäßem, justizförmigem Weg[26]. Dem Verteidiger sind jedoch in seinem Auftrag, dem Mandanten in seinem Bestreben zu helfen, straf- und berufsrechtliche Grenzen gezogen. Diese lassen sich in vier Grundsätze unterteilen[27], die es dem Verteidiger untersagen:

- die Ermittlungsorgane und das Gericht unter Vorspiegelung falscher Tatsachen bewußt irrezuführen;
- den Sachverhalt zugunsten des Beschuldigten bewußt tätig zu verdunkeln;
- Beweisquellen zu trüben;
- die Strafverfolgung zu erschweren.

§ 68 RichtlRA[28] umschrieb dies so:

„(1) Der Rechtsanwalt unterliegt auch als Verteidiger der Pflicht zur Wahrheit. Beweismittel, die die Wahrheit verfälschen, darf er nicht verwenden. In diesen Grenzen ist es seine Aufgabe, dafür zu sorgen, daß über den Beschuldigten nur aufgrund einer nach der Strafprozeßordnung zulässigen Beweisführung geurteilt wird.

(2) Wenn der Rechtsanwalt, der die Schuld des die Tat oder seine Schuld im Verfahren leugnenden Beschuldigten durch dessen Geständnis oder auf andere Weise kennt oder erfährt, gleichwohl die Verteidigung führen will, so legt ihm diese Gewissensentscheidung die Beachtung der Pflichten nach Abs. 1 besonders nahe."

Ein Verteidiger, der die Schuld des Mandanten kennt, darf mithin, ohne sich strafbar oder einer Standesverfehlung schuldig zu machen, den falschen Freispruch anstreben, soweit und solange er sich verfahrensrechtlich zulässiger Mittel bedient[29].

---

26 BGHSt 14, 358, 365; *LR-Schäfer*, Einl. Kapitel 6, Rn. 7.
27 *Ackermann*, Die Verteidigung des schuldigen Angeklagten, NJW 1954, S. 1385ff., 1386. Siehe dazu grundlegend RGSt 66, 316, 325; BGHSt 2, 375, 377.
28 Die Wahrheitspflicht gilt (selbstverständlich) weiter; vgl. § 59b Abs. 2 Nr. 1a BRAO und oben Rn. 3. Siehe auch „Standesregeln der Rechtsanwälte der Europäischen Gemeinschaft" vom 28. 10. 1988 (Beiheft zu BRAK-Mitt. 3/1989) 4.4.: „Der Rechtsanwalt darf dem Gericht niemals vorsätzlich unwahre oder irreführende Angaben machen." – Siehe auch unten Rn. 31 mit Fn. 77.
29 *KK-Laufhütte*, vor § 137, Rn. 5.

Ob er es will und kann, ist eine andere Frage. Sie zu beantworten, ist der Verteidiger frei. Seine Berufsauffassung, sein Gewissen, sein persönlicher Stil werden ihn dabei leiten[30].

b) Gesetzliche Vorschriften

9 Selbstverständlich darf die Mandatsübernahme nicht zu einer Begünstigung (§ 257 StGB), Strafvereitelung (§ 258 StGB) oder einem Parteiverrat (§ 356 StGB) führen[31].

10 § 43a Abs. 4 BRAO verbietet eine Übernahme der Verteidigung, wenn der Verteidiger damit widerstreitende Interessen vertreten würde. Bei Sozietäten kann eine Interessenkollision leicht eintreten, wenn der Verteidiger ein Mandat übernimmt ohne Wissen darum, daß ein Sozius bereits „entgegengesetzt" tätig ist[32]. Der Verteidiger muß daher vor Mandatsübernahme bei dem Bürovorsteher und/oder den Sozien Rückfragen halten. Unter Umständen empfiehlt sich die Einrichtung einer Mandantenkartei.

11 Besondere Beachtung verdient das **Verbot der Doppelverteidigung** gem. § 146 StPO. Man kann gegen diese Vorschrift manches einwenden. Das Bundesverfassungsgericht hat sie jedoch für erfassungsgemäß erklärt[33], die Rechtsprechung legt sie extensiv aus, der Gesetzgeber hat sie mit dem Strafverfahrensänderungsgesetz 1987 (modifizierend) bestätigt. Damit muß der Verteidiger leben. In der alltäglichen Praxis dagegen anzugehen, kann dem Mandanten Schaden zufügen, wenn dieser plötzlich ohne Verteidiger dasteht.

---

30 Zu weitgehend *Dahs*, Rn. 63, wonach „in der Regel" eine solche Verteidigung nicht geführt werden sollte.
31 Dazu eingehend *Krekeler*, Strafrechtliche Grenzen der Verteidigung, NStZ 1989, S. 146ff. und *Beulke*, Die Strafbarkeit des Verteidigers, 1989 (= Praxis der Strafverteidigung Band 11). Einschlägige Erörterungen im Bereich der Mandatsübernahme auch bei *Müller*, Strafverteidigung im Überblick, 1989, PdSt Bd. 12, Rn. 5ff.
32 Nach dem Wortlaut des § 43a Abs. 4 BRAO und des § 45 Abs. 3 BRAO existiert zwar kein Tätigkeitsverbot für Sozien bei widerstreitenden Interessen. Hier ist dem Gesetzgeber in der Hektik ein offensichtlicher Fehler unterlaufen, da über ein solches Tätigkeitsverbot nie Streit bestand (vgl. § 45 Nr. 2 BRAO a. F.) und andernfalls das Ansehen der Anwaltschaft schweren Schaden nähme. Ob man das im Wege der Auslegung korrigieren kann, ist allerdings fraglich. Im Ergebnis bejahend (und anscheinend für selbstverständlich haltend) *Feurich/Braun*, § 43a Rn. 40.
33 BVerfG NJW 1975, 1013 = BVerfGE 39, 156.

Deswegen muß der Verteidiger insbesondere wissen: eine gemeinschaftliche Verteidigung ist unzulässig, wenn wegen einer Tat gegen
mehrere Beschuldigte ermittelt wird (§ 146 S. 1 StPO, sog. *prozessuale
Tatidentität*). Maßgebend hierfür ist der prozessuale Tatbegriff des
§ 264 StPO[34]. Daher scheiden Begünstigung, Hehlerei und Strafvereitelung aus[35], was jedoch umstritten ist[36]. Es ist unerheblich, wenn diese
Tat Gegenstand verschiedener Ermittlungsverfahren ist[37], auch dann,
wenn diese Verfahren nicht verbunden werden. Werden Verfahren gegen mehrere Beschuldigte verbunden, ist eine gemeinschaftliche Verteidigung stets unzulässig, unabhängig also von dem Tatbegriff (§ 146
S. 2 StPO, sog. *Verfahrensidentität*)[38].

Im Ermittlungsverfahren reichen dafür weder die bloße Gleichzeitigkeit der Ermittlungen noch die bloße faktische Zusammenführung
mehrerer Ermittlungsverfahren in einem Vorgang aus. Erforderlich ist
vielmehr, daß die prozessuale Gemeinsamkeit durch eine ausdrückliche Entscheidung der Staatsanwaltschaft fixiert und begründet wird;
dies kann auch durch eine nach außen erkennbare konkludente Verbin-
dungserklärung erfolgen[39].

Verboten ist jedoch lediglich die *gleichzeitige* Verteidigung mehrerer
Beschuldigter; die sog. sukzessive Mehrfachverteidigung ist damit zulässig[40]. Gleichzeitigkeit liegt vor, wenn die Mandatsverhältnisse
gleichzeitig bestehen; also auch dann, wenn das Verfahren gegen einen
Beschuldigten rechtskräftig abgeschlossen oder eingestellt worden
ist[41]. Zulässige sukzessive Mehrfachverteidigung setzt somit voraus,
daß das Mandat zu dem (einen, früheren) Mandanten beendet ist. Ist
dem so, dann ist es nicht erforderlich, daß das Verfahren gegen den
früher verteidigten Beschuldigten abgeschlossen ist: Es ist also ein
Mandatswechsel während eines laufenden Verfahrens zulässig[42].

---

34 BT-Dr 10/1313, S. 23.
35 So *KK-Laufhütte*, § 146 Rn. 11.
36 Für eine Einbeziehung als „Ausnahme" dann, wenn wegen der Sachverknüpfung ein
   Interessenkonflikt allgemein naheliegt: *Kleinknecht/Meyer-Goßner*, § 146 Rn. 14.
   Siehe auch BVerfG NStZ 1982, 294.
37 BGHSt 27, 154, 155; BGHSt 28, 67, 68; *Kleinknecht/Meyer-Goßner*, § 146 Rn. 16.
38 BVerfG NJW 1977, 1767 = BVerfGE 45, 354.
39 *KK-Laufhütte*, § 146 Rn. 12; *LR-Lüderssen*, § 146 Rn. 56.
40 Seit 1. 4. 1987 aufgrund des Strafverfahrensänderungsgesetzes 1987. Unberührt bleibt
   aber die strafrechtliche und berufsrechtliche Problematik.
41 BT-Dr 10/1313, S. 23.
42 Wie Fn. 41.

Das alles dem potentiellen Mandanten zu erklären, ist nicht einfach. Zumal – was einem Laien noch einleuchten würde – ein Interessenwiderstreit im konkreten Fall nicht vorzuliegen braucht, vielmehr unwiderleglich vermutet wird[43]. Hierbei muß der Verteidiger beachten, daß es Probleme geben kann, wenn er mit einem Mitbeschuldigten Kontakt aufnimmt. Geschieht dies zum Zwecke einer Mandatsanbahnung (Mandatswechsel), so ist dies zulässig, weil darin noch keine Verteidigung liegt[44]. Auch zu einer Kontaktaufnahme, um mit dem Mitbeschuldigten die Ausübung des Schweigerechts zu erörtern, ist der Verteidiger berechtigt[45].

Mehrere Rechtsanwälte einer Sozietät können mehrere Beschuldigte verteidigen[46]. Dabei ist es unerheblich, wenn die Vollmachtsurkunde jeweils auf alle Sozien ausgestellt ist[47]. Es empfiehlt sich jedoch, die nichtverteidigenden Sozien jeweils auf der Vollmachtsurkunde zu streichen; überflüssiger Streit wird so vermieden.

11a § 146 StPO verbietet jedoch nicht die Entwicklung und Durchführung einer gemeinsamen Verteidigungskonzeption für mehrere Beschuldigte (sog. **Sockelverteidigung** oder Basisverteidigung)[48]. Eine solche Abstimmung kann zweckmäßig sein, wenn der Grundvorwurf bei allen Beschuldigten gleich ist (z.B. angebliche Fehlerhaftigkeit eines Produkts). Sobald aber (nicht nur vorübergehende) Nachteile für den Mandanten die Folge sind, ist die Grenze für den Verteidiger erreicht: das Individualinteresse des Mandanten hat stets Vorrang. Der Verteidiger muß zudem von Anfang an den Mandanten sorgfältig aufklären und beraten.

12 Ein Beschuldigter kann sich durch mehrere Verteidiger verteidigen lassen. § 137 Abs. 1 S. 2 StPO begrenzt die **Zahl der Wahlverteidiger** jedoch auf drei. Das gilt auch für Angehörige einer Sozietät. Die Nichtbeachtung dieser Vorschrift kann zu unangenehmen Situationen füh-

---

43 In der Rechtsprechung ließ sich eine Tendenz feststellen, bei der Auslegung des § 146 StPO auf den Interessenwiderstreit im Einzelfall abzustellen. Überblick bei *Beulke*, NStZ 1985, S. 289 ff. – Bei den Beratungen zur Neufassung des § 146 StPO ist dies jedoch abgelehnt worden, vgl. BT-Dr 10/1313, S. 22.

44 *Nestler-Tremel*, Die durch das StVÄG 1987 gebotene Neuorientierung beim Verbot der Mehrfachverteidigung gem. §§ 146, 146a StPO, NStZ 1988, S. 103 ff., 104; a.M. *Kleinknecht/Meyer-Goßner*, § 146 Rn. 4.

45 These 32.

46 BVerfG NJW 1977, 99 = BVerfGE 43, 79.

47 BVerfG a.a.O.

48 These 13; *Richter II*, Sockelverteidigung, NJW 1993, S. 2152 ff.

ren, da „überzählige" (Wahl-)Verteidiger von Staatsanwaltschaft und Gericht zurückgewiesen werden müssen[49]. Der Verteidiger sollte daher vor Übernahme des Mandats den potentiellen Mandanten fragen, ob er bereits einem anderen Verteidiger Vollmacht erteilt hat. Insbesondere bei Mandanten aus der Untersuchungshaft ist diesbezüglich Vorsicht geboten.

§ 137 Abs. 1 S. 2 StPO gilt, wie schon aus dem Wortlaut folgt, nicht für Pflichtverteidiger. Die Bestellung eines solchen ist vielmehr gem. § 143 StPO zurückzunehmen, wenn ein Verteidiger gewählt wird und dieser das Mandat annimmt. In der Praxis sieht es allerdings nicht selten anders aus. Denn in umfangreicheren Verfahren bleibt die Bestellung oft bestehen. Das birgt mannigfache Probleme in sich[50].

Steht (in den dargelegten Grenzen) einer Übernahme des Mandats neben anderen Verteidigern gesetzlich nichts entgegen, so muß sich der Verteidiger fragen, ob er neben/mit einem anderen Verteidiger verteidigen will, kann und sollte. Eine gemeinschaftliche Verteidigung ist beispielsweise zweckmäßig, wenn es um eine Spezialmaterie geht: Hier kann der eine Verteidiger die materiellrechtliche Seite bearbeiten, während der andere für die prozessuale Komponente zuständig ist. Oder bei einem auswärtigen Verteidiger: Hier ist die Einschaltung eines ortsansässigen Verteidigers dienlich, der die örtlichen Gepflogenheiten der Justizbehörden kennt und die entsprechenden Insiderinformationen besitzt.

c) Berufsrechtliche Grundsätze

Hat der Verteidiger festgestellt, daß der zukünftige Mandant bereits **13** verteidigt ist und entschließt er sich zur Mandatsübernahme, hatte er bisher (auch) **§ 26 RichtlRA** zu beachten. Danach galt: Will er neben dem bisherigen Verteidiger tätig werden, so hat er diesen vor Übernahme des Mandats zu verständigen (Abs. 3). Will er anstelle des bisherigen Verteidigers tätig werden, darf er das Mandat nur übernehmen, „wenn er sich überzeugt hat, daß das frühere Auftragsverhältnis beendet ist" (Abs. 1); zudem hat er den bisherigen Verteidiger von der Mandatsübernahme zu verständigen (Abs. 2). Der Grundgedanke dieser Vorschrift

---

49 *KK-Laufhütte*, § 137 Rn. 11.
50 Vgl. dazu im einzelnen *Dahs*, Rn. 113 ff.

ist weiterhin schon deswegen zu beachten, weil es andernfalls zu unliebsamen Streitigkeiten mit Kollegen kommen kann[51].

14 Die „**Wegnahme**" eines **Mandats** kann zu Problemen führen. Der Verteidiger vereinfacht sie, wenn er als allererstes zum Telefonhörer greift und mit dem Kollegen spricht. Das Gespräch verläuft zwar oft eisig. Aber es gibt die notwendigen Informationen auf dem schnellsten Weg.

Der neue Verteidiger wird zumeist von dem bisherigen Verteidiger zu hören bekommen, man sei mit der Mandatsübernahme einverstanden, wenn der Mandant die Kosten bezahlt habe. Darauf braucht sich der Verteidiger nicht einzulassen. Denn schon § 26 RichtlRA verlangte weder das Einverständnis des bisherigen Verteidigers, noch die Bezahlung seiner Gebühren[52]. Der seriöse Verteidiger sollte aber trotzdem den Mandanten anhalten, das Honorar seines bisherigen Verteidigers umgehend zu zahlen.

Der neue Verteidiger sollte sich davon überzeugen, daß das frühere Auftragsverhältnis beendet ist. Die bloße Mitteilung des Mandanten, dem sei so, wird nicht für ausreichend gehalten[53]. Am sichersten ist eine Bestätigung durch den bisherigen Verteidiger.

---

51 Man könnte auch daran denken, daß eine entsprechende Pflicht in § 59b Abs. 2 Nr. 5a BRAO enthalten ist. Vgl. dazu oben Rn. 3.
52 *Lingenberg/Hummel/Zuck/Eich*, § 26 Rn. 5.
53 *Lingenberg/Hummel/Zuck/Eich*, § 26 Rn. 6.

Erreicht der neue Verteidiger den bisherigen Verteidiger telefonisch nicht, ist folgendes Schreiben angebracht:

Muster 1[54]

Dr. Karl Robertus   67655 Kaiserslautern, den 2. 5. 1995
– Rechtsanwalt –   Pfalzstraße 14

Herrn Rechtsanwalt
Friedhelm Meier
Burgweg 3
69117 Heidelberg

Betr.: Strafsache Toni Reiser

Sehr geehrter Herr Kollege!

In vorbezeichneter Angelegenheit hat mich am 28. 4. 1995 Herr Toni Reiser aufgesucht und mich gebeten, ihn in dem gegen ihn bei der Staatsanwaltschaft Kaiserslautern anhängigen Ermittlungsverfahren zu verteidigen.

Auf entsprechendes Befragen hat er mir erklärt, bisher durch Sie verteidigt worden zu sein. Er habe das Mandat jedoch bereits schriftlich gekündigt.

Für eine entsprechende Bestätigung wäre ich Ihnen dankbar.

             Mit freundlichen kollegialen Grüßen

---

54 Weitere Muster von Verteidigerschreiben bzw. -Anträgen bei *Müller, Beck/Berr, Kahlert, Eberth/Müller, Himmelreich/Bücken* und *Michalke* (s. oben Fn. 12) sowie *Müller,* Strafverteidigung im Überblick, 1989, PdSt Bd. 12 und *Madert,* Gebühren des Strafverteidigers, 1987, PdSt Bd. 5; *Volckart,* Verteidigung in der Strafvollstreckung und im Strafvollzug, 1988, PdSt Bd. 8; *Rückel,* Strafverteidigung und Zeugenbeweis, 1988, PdSt Bd. 9; *Schlothauer,* Vorbereitung der Hauptverhandlung, 1988, PdSt Bd. 10; *Malek/Rüping,* Zwangsmaßnahmen im Ermittlungsverfahren – Verteidigerstrategien, 1991, PdSt Bd. 13; *Schlothauer/Weider,* Untersuchungshaft, 1992, PdSt Bd. 14; *Marxen/Tiemann,* Die Wiederaufnahme in Strafsachen, 1993, PdSt Bd. 17; *Malek,* Verteidigung in der Hauptverhandlung, 1994, PdSt Bd. 18.

Hat der potentielle Mandant noch nicht gekündigt, ist er auf die entsprechenden Voraussetzungen hinzuweisen. Die Kündigung hat er jedoch selbst vorzunehmen. Tut dies der neue Verteidiger, verstößt er möglicherweise gegen das Berufsrecht[55].

3. Form der Mandatsübernahme

a) Die Beauftragungssituation

15 Als Regel ohne Ausnahme gilt: **Der Mandant geht auf den Verteidiger zu, nicht umgekehrt.** Gegen diesen Grundsatz wird anscheinend oft verstoßen. So soll es Verteidiger geben, die einem Mandanten Gebührenfreiheit anbieten für die Vermittlung weiterer Mandate; die bei der Verteidigung von Untersuchungsgefangenen großzügig mit Mitbringseln, der Vermittlung privater Nachrichten und stundenlangen Besuchen verfahren; die Beamte in Haftanstalten durch kleine Aufmerksamkeiten geneigt zu Empfehlungen machen etc.[56] All das ist berufsrechtswidrig. Es verstößt insbesondere gegen das in § 43 b BRAO festgelegte Werbeverbot, da es sich insoweit um gezielte Mandatswerbung handelt[57].

16 Der **Auftrag** zur Verteidigung kann von dem Beschuldigten direkt oder von **dritten Personen** kommen. Im letzteren Fall muß der Verteidiger sorgfältig prüfen, wer der Auftraggeber ist und welche Ziele er möglicherweise verfolgt. Unproblematisch sind Beauftragungen durch Rechtsschutzversicherungen. Ebenso verhält es sich in der Regel mit nahen Angehörigen eines Beschuldigten, zumal wenn sich dieser in Untersuchungshaft befindet. Vorsicht ist aber bereits am Platze bei sonstigen Dritten. Ihrer Beauftragung liegt oft eine nicht immer uneigennützige Motivation zugrunde. Sie sollte der Verteidiger herauszubekommen versuchen. Denn die Interessen des Auftraggebers und des Mandanten können durchaus verschieden sein. So kann der Verteidiger in erhebliche Konflikte kommen; zumal diese Auftraggeber in den

---

55 *EGE II*, 170, 171, 173 zur alten Rechtslage.
56 Zu diesen und ähnlichen Beispielen vgl. *Dahs*, Rn. 77; *Günther*, Strafverteidigung, S. 28/29.
57 Siehe auch § 59 b Abs. 2 Nr. 3 BRAO.

meisten Fällen das Honorar bezahlen. Äußerste Skepsis ist geboten bei einem Brief aus der Haftanstalt, in dem der Absender den Verteidiger mit der Verteidigung eines Mithäftlings beauftragt.

Nimmt der Anwalt den Auftrag eines Dritten an, so wird er zum Verteidiger jedoch erst durch die Vereinbarung mit dem Beschuldigten.

Nimmt der Anwalt den Auftrag eines Dritten (aber auch des Beschul- **17** digten selbst) nicht an, muß er dies lt. § 44 BRAO unverzüglich er-klären.

b) Die schriftliche Vollmacht

Der Vertrag zur Verteidigung zwischen dem Mandanten und dem Ver- **18** teidiger kommt zustande, indem der Verteidiger das entsprechende Angebot des Mandanten annimmt. Einer besonderen **Form** bedarf es dazu nicht. Die Annahme kann schriftlich, mündlich oder durch kon-kludentes Handeln geschehen. Die Unterzeichnung einer schriftlichen Vollmacht durch den Beschuldigten ist mithin nicht essentiell[58].

Das hat unmittelbare praktische Bedeutung. Kommt es beispielsweise anläßlich einer Vorführung des Beschuldigten telefonisch zu einer Mandatsübernahme, so hat der Ermittlungsrichter den Verteidiger als solchen zu behandeln (Anwesenheitsrechte, Benachrichtigungspflich-ten). Gleiches gilt anläßlich einer Hausdurchsuchung u. ä. In der Praxis ist dies allerdings nicht so bekannt. Ebensowenig wie der Umstand, daß bei einem nach außenhin Tätigwerden eines Verteidigers eine Vermu-tung für seine Bevollmächtigung spricht[59].

Abgesehen von den geschilderten Eilfällen wird der Verteidiger jedoch immer eine schriftliche Strafprozeßvollmacht durch den Beschuldig-ten unterzeichnen lassen. Zweckmäßigerweise (je nach Fallgestaltung) in drei Exemplaren: für das eigentliche Ermittlungsverfahren (Polizei, Staatsanwaltschaft), für die Haftanstalt (Legitimation für unkontrol-lierten mündlichen und schriftlichen Verkehr mit dem Beschuldigten), „für alle Fälle" (evtl. zweites Verfahren, Eilmaßnahmen, Ermittlungs-richter).

---

58 BayObLG, StV 1981, 117; *Eb. Kaiser*, Die Verteidigervollmacht und ihre Tücken, NJW 1982, S. 1367 ff., 1368; BGH NStZ 1990, 44.
59 *Eb. Kaiser*, a. a. O.; *KK-Laufhütte*, § 138 Rn. 15.

19 Der **Inhalt** der schriftlichen Vollmacht kann nicht sorgfältig genug abgefaßt werden. Die von Formularverlagen angebotenen Vordrucke erfüllen nicht alle Anforderungen. Bewährt hat sich folgende Gestaltung:

Muster 2

Strafprozeßvollmacht

Herrn Rechtsanwalt Dr. Karl Robertus in Kaiserslautern, Pfalzstraße 14, wird hiermit Vollmacht erteilt in der Strafsache

gegen . . . .

wegen . . . .

zu meiner Verteidigung bzw. Vertretung in allen Instanzen, auch bei meiner Abwesenheit.

Die Vollmacht gewährt unter Anerkennung aller gesetzlichen Befugnisse nach der StPO das Recht

1. Strafantrag, Privat-, Neben-, Widerklage zu stellen und zurückzunehmen
2. in öffentlicher Sitzung aufzutreten
3. in allen Instanzen als Verteidiger und Vertreter zu handeln
4. Untervollmacht – auch im Sinne des § 139 StPO – zu erteilen
5. Rechtsmittel einzulegen, zurückzunehmen oder auf solche zu verzichten
6. Anträge auf Wiedereinsetzung, Wiederaufnahme des Verfahrens, Haftentlassung, Strafaussetzung, Kostenfestsetzung und andere Anträge zu stellen und zurückzunehmen
7. Zustellungen aller Art, namentlich auch solche von Beschlüssen, Urteilen und Ladungen mit rechtlicher Wirkung in Empfang zu nehmen
8. Gelder, Wertsachen, Kosten, Bußzahlungen, Kautionen etc. mit rechtlicher Wirkung in Empfang zu nehmen und Quittungen zu erteilen
9. den Antrag auf Entbindung von der Verpflichtung zum Erscheinen in der Hauptverhandlung zu stellen und zurückzunehmen
10. die Vertretung im Verfahren nach dem Gesetz über die Entschädigung für Strafverfolgungsmaßnahmen durchzuführen

. . . ., den . . . .

Unterschrift

Dinge, die das „Innenverhältnis" zwischen dem Verteidiger und dem **20**
Mandanten betreffen, gehören nicht in die schriftliche Vollmacht[60].
Dafür sind die (schriftlichen) Mandatsbedingungen da[61].

c) Honorarfragen

Vor bzw. bei Übernahme des Mandats soll der Verteidiger offen über die **21**
Honorierung seiner Tätigkeit sprechen. Das ist gerade für die Verteidi-
gung im Ermittlungsverfahren von Bedeutung. Die dabei bestehenden
Probleme sind vielgestaltig. Sie werden deshalb in einem besonderen
Abschnitt zusammenhängend behandelt[62].

d) Die schriftlichen Mandatsbedingungen

Will der Verteidiger seine zivilrechtlichen Beziehungen zu dem Man- **22**
danten abweichend von den gesetzlichen Vorschriften gestalten, muß
er sich darüber mit dem Mandanten verständigen und einigen. Üblicherweise geschieht dies dadurch, daß der Verteidiger den Mandanten
vorgedruckte Mandatsbedingungen unterzeichnen läßt. Das entsprechende Formular ist deutlich von der Vollmacht (und einer evtl. Honorarvereinbarung) zu trennen; es handelt sich also um ein selbständiges
Schriftstück. Das wird in der Praxis, auch von Formularverlagen, nicht
immer beachtet.

Der **Inhalt** der schriftlichen Mandatsbedingungen unterliegt der Dispo- **23**
sitionsfreiheit der Parteien; natürlich in den gesetzlichen Grenzen.
Hier muß der Verteidiger sehr sorgfältig sein[63].
Die Mandatsbedingungen können beispielsweise so aussehen:

---

60 A. M. wohl teilweise *Kunigk*, Strafverteidigung, S. 163.
61 Dazu unter Rn. 23.
62 Unten Rn. 224 ff.
63 Vgl. *Lingenberg/Hummel/Zuck/Eich*, § 35 Rn. 3 ff.

Muster 3

Mandatsbedingungen

in der Strafsache...

1. Die Haftung des beauftragten Rechtsanwalts wird auf einen Höchstbetrag von 750 000,– DM beschränkt.
2. Zur Einlegung von Rechtsmitteln und sonstigen Rechtsbehelfen ist der Rechtsanwalt nur dann verpflichtet, wenn er einen darauf gerichteten Auftrag erhalten und angenommen hat.
3. Die Kostenerstattungsansprüche des Auftraggebers gegenüber dem Gegner, der Justizkasse oder sonstiger erstattungspflichtigen Dritten werden in Höhe der Kostenerstattungsansprüche des beauftragten Anwalts an diesen abgetreten, mit der Ermächtigung, die Abtretung im Namen des Schuldners mitzuteilen.
4. Fernmündliche Auskünfte und Erklärungen sind nur bei schriftlicher Bestätigung verbindlich.
5. Soweit nicht gesetzlich eine kürzere Verjährungsfrist gilt, verjähren die Ansprüche gegen den beauftragten Rechtsanwalt zwei Jahre nach Beendigung des Auftrages.
6. Die Korrespondenzsprache mit ausländischen Auftraggebern ist deutsch. Die Haftung für Übersetzungsfehler wird ausgeschlossen.
7. Erfüllungsort ist der Ort der Kanzlei des Anwalts.
8. Für alle Ansprüche aus dem der Vollmacht zugrundeliegenden Rechtsverhältnis, die im Wege des Mahnverfahrens geltend gemacht werden, wird der Ort der Kanzlei des beauftragten Anwalts als Gerichtsstand vereinbart.

.................., den ....
                                               Unterschrift

II. Die ersten Tätigkeiten des Verteidigers

1. Die Tätigkeiten nach innen

Bevor der Verteidiger für seinen Mandanten in einer nach außen hin **24** erkennbaren Weise tätig wird, muß er manches bedenken und mit dem Mandanten besprechen. Ein sofortiges „Losschlagen" beeindruckt zwar den Mandanten, ist jedoch oft ein schwerer und nicht wiedergutzumachender Fehler.

a) Das allererste Gespräch

Der Verteidiger, der in aller Ruhe den (potentiellen) Mandanten in **25** seiner Kanzlei empfängt und die Übernahme der Verteidigung bespricht, ist ein Idealbild. Die Praxis sieht zumeist anders aus.

So wird der (potentielle) Mandant bei dem ersten Aufsuchen des Vertei- **26** digers diesen oft in der Kanzlei gar nicht antreffen. Der Mandant kann dann zwar mit dem Büropersonal einen Besprechungstermin mit dem Verteidiger vereinbaren. Handelt es sich um einen vielbeschäftigten und durch auswärtige Hauptverhandlungen länger abwesenden Verteidiger, ist ein solcher Termin oft weit hinausgeschoben. Darauf will und kann der Mandant nicht warten (Vorladung zur Vernehmung, beschlagnahmter Führerschein, Schreiben des Staatsanwalts mit Fristsetzung zur Abgabe einer Erklärung). Oder: Der (potentielle) Mandant ruft an aus einer Durchsuchung seiner Wohnung heraus. Er bittet darum, daß der Verteidiger sofort mit den anwesenden Polizeibeamten spricht.

In beiden (Beispiels-)Fällen ist die Übernahme des Mandats problematisch. § 43 RichtlRA verlangte (schon) für die Annahme des Auftrages ein Vertrauensverhältnis[64]. Für einen seinen Beruf ernstnehmenden Verteidiger eine Selbstverständlichkeit: Sachgerechte Verteidigung erfordert zwischen Verteidiger und Mandant ein Vertrauensverhältnis. Ein solches zu begründen, ohne den Mandanten gesehen oder

---

64 Die Fortgeltung dieser Vorschrift bis zur BRAO 1994 wurde übereinstimmend bejaht. Vgl. *Feuerich*, (Fn. 19), S. 510 m. w. N.

gar gesprochen zu haben, fällt schwer. So wurde es denn auch als standeswidrig angesehen, „wenn der Anwalt Mandate annimmt, ohne sich wenigstens durch eine kurze Aussprache vergewissert zu haben, daß das Entstehen eines Vertrauensverhältnisses möglich sein wird[65]. Unmöglich aber ist es nicht. So können sich z. B. der Verteidiger und der Mandant aus früheren Mandatsverhältnissen kennen. Da ein Strafverteidiger jedoch nur wenige „Stammkunden" hat, bleibt das Problem in der Mehrzahl der Fälle bestehen.

Und es ist ein Problem, denn der Verteidiger lebt von seinem Beruf. Dafür benötigt er Mandanten. Wenn ein potentieller Mandant aber auf einen Termin vertröstet wird, bleibt ihm oft gar nichts anderes übrig, als zu einem anderen Rechtsanwalt zu gehen. Ein (teilweiser) Ausweg aus dem Dilemma stellt die Übernahme des Mandats „unter Vorbehalt" dar. Man erklärt dem Auftraggeber, daß man ihm gern sofort helfen wolle, jedoch die endgültige Übernahme der Verteidigung ein eingehendes Gespräch zwischen dem Verteidiger und ihm sowie eine Einigung über bestimmte Fragen voraussetze. In der Regel wird das akzeptiert[66].

b) Das erste Gespräch

27 In dem ersten Gespräch zwischen dem Verteidiger und dem Mandanten ist als allererstes die **prozessuale Situation des Mandanten** zu klären. Er kann (schon) Beschuldigter oder (noch) Zeuge sein; auch den Begriff des Verdächtigen kennt die StPO (§ 163 b)[67]. Die Polizei hat das Recht, sog. Vorermittlungen zu führen, d. h. formlose informatorische

---

65 So in einer juristischen Dissertation aus dem Jahr 1973 *Heeb*, Grundsätze und Grenzen der anwaltlichen Strafverteidigung und ihre Anwendung auf den Fall der Mandatsübernahme, S. 135. Das einschlägige standesrechtliche Schrifttum *(Kalsbach; Isele; Lingenberg/Hummel/Zuck/Eich)* ließ den um Rat suchenden Verteidiger zu dieser speziellen Frage im Stich.

66 Freilich tauchen dann neue Probleme auf, wenn es nicht zu einer „endgültigen" Mandatsübernahme kommt: Honorar für bisherige Tätigkeit, psychologisch ungünstige Wirkung einer Mandatsniederlegung.

67 Zu dem Problem, daß der Mandant bereits vor Begehung einer Straftat oder zwar nach Begehung einer Straftat aber vor Einleitung eines Ermittlungsverfahrens den Verteidiger konsultiert, vgl. *Weihrauch*, Präventivverteidigung, in: Schriftenreihe der Arbeitsgemeinschaften des Deutschen Anwaltvereins/Arbeitsgemeinschaft Strafrecht, Band 5, S. 29 ff., 31 ff.

Befragungen vorzunehmen[68]. Je nach seiner Rolle hat er unterschiedliche Rechte und Pflichten. Je nachdem wird der angerufene Rechtsanwalt anders zu handeln haben: als Verteidiger des Beschuldigten oder als Beistand eines Zeugen[69]. Das abzuklären – noch dazu in dem ersten Gespräch – ist manchmal gar nicht so einfach, besteht doch in Rechtsprechung und Literatur Streit, wann im Ermittlungsverfahren die Beschuldigteneigenschaft beginnt[70]. Hält der Mandant eine entsprechende Vorladung oder ein entsprechendes Schreiben („In der Sache gegen Sie wegen…", „Zu Ihrer Vernehmung als Beschuldigter…") in der Hand[71], ist seine Funktion eindeutig. Denn dann wird das Strafverfahren erkennbar gegen ihn betrieben[72]. Gleiches gilt, wenn der Mandant von Maßnahmen wie Blutprobe, Sicherstellung des Führerscheins u. ä. berichtet. Bestehen Zweifel und ist die sachbearbeitende Dienststelle bekannt, empfiehlt sich für den Verteidiger, den jeweiligen Polizeibeamten oder Staatsanwalt anzurufen. In diesem Telefonat muß der Verteidiger sehr vorsichtig fragen, um nicht „schlafende Hunde zu wecken". Ist ein solches Gespräch nicht möglich, wird der Verteidiger sich schriftlich an die Ermittlungsorgane wenden. In dem Schreiben darf cr sich jedoch keineswegs als Verteidiger ausgeben. Andernfalls verletzt er die Fürsorgepflicht für seinen bisher als Beschuldigten nicht erkannten Mandanten[73]. Ein solches Schreiben könnte wie folgt aussehen:

---

68 Vgl. *KK-Rainer Müller*, § 163 Rn. 8.
69 Dazu grundlegend BVerfGE 38, 107. Siehe jetzt auch §§ 406 d ff. StPO.
70 Eingehend dazu *von Gerlach*, NJW 1969, S. 776 ff.; *Artzt*, Kriminalistik 1970, S. 379 ff.; *LR-Rieß*, § 163 a Rn. 9; *Veen*, StV 1983, S. 293 ff. Nach jetzt wohl h. M. wird als Beschuldigter (schon) derjenige angesehen, gegen den sich der Verfolgungswille in einem äußerlich erkennbaren Verfolgungsakt manifestiert; vgl. *LR-Rieß* a.a.O.; *Beulke* StV 1990, 181.
71 Nr. 44 RiStBV: „Die Ladung eines Beschuldigten soll erkennen lassen, daß er als Beschuldigter vernommen werden soll."
72 *Kleinknecht/Meyer-Goßner*, Einleitung Rn. 76.
73 *Krüger*, Der Verteidiger im Strafverfahren, Kriminalistik 1974, S. 392 ff., 394.

Muster 4

Dr. Karl Robertus   67655 Kaiserslautern, den 4. 5. 1995
– Rechtsanwalt –   Pfalzstraße 14

Polizeipräsidium
– Kriminalpolizei, KI/2 –
Am Pfaffplatz
67655 Kaiserslautern

Betr.: Vorladung des Herrn Gerhard Barth zur Vernehmung
          am 10. 5. 1995

Sehr geehrte Damen und Herren!
In vorbezeichneter Angelegenheit zeige ich an, daß mich Herr Gerhard
Barth mit seiner anwaltlichen Beratung und Vertretung beauftragt hat.
Mein Mandant hat mir Ihre Vorladung für den 10. 5. 1995 übergeben. Um ihn
diesbezüglich sachgerecht beraten zu können, bitte ich um Mitteilung, um
was es sich handelt und in welcher Eigenschaft mein Mandant dortigenseits
geführt wird.
Eine entsprechende Vollmacht werde ich sodann vorlegen.

                                        Mit freundlichen Grüßen

---

28 Mit der Klärung der prozessualen Stellung des Mandanten ist seine
zeitliche Situation festzustellen. Hat er eine Vorladung zu einem bestimmten Termin erhalten? Ist ihm von der Staatsanwaltschaft eine
Frist zur Abgabe einer schriftlichen Erklärung oder zu der Anzeige
eines gewählten Verteidigers gesetzt? Ist für eine evtl. Gegenanzeige
eine Strafantragsfrist zu beachten? Steht bei einem inhaftierten Mandanten der Ablauf der 6-Monats-Frist des § 121 StPO bzw. der 3-Mo-
nats-Frist des § 122 Abs. 4 StPO bevor?

Der Verteidiger muß ferner das **Ziel des Mandanten** eruieren, das dieser   29
mit der Beauftragung verfolgt. Das klingt einfacher als es ist. Anders als
im Zwischen- und Hauptverfahren, in denen durch Anklageschrift und
Eröffnungsbeschluß Konturen gezeichnet sind, weiß der Mandant im
Ermittlungsverfahren, zumal bei dessen Beginn, oft gar nicht, was auf
ihn zukommen kann. Der Verteidiger muß jedoch wissen, was der
Mandant will. Denn sonst kann er nicht überprüfen, ob die Erreichung
dieses Zieles prozessual und berufsrechtlich möglich ist. Den Mandanten darüber im unklaren zu lassen, ist bedenklich. Natürlich sind, noch
dazu in diesem frühen Stadium des (Ermittlungs-)Verfahrens, keine
verbindlichen Aussagen möglich. Grundlinien und Grenzen kann der
Verteidiger jedoch aufzeigen. Dabei darf er nicht vergessen, daß der
Mandant zu ihm gekommen ist, weil er von ihm Hilfe und Beistand
erwartet. Der Verteidiger soll deshalb nicht in den düstersten Farben
die Prozeßaussichten schildern, sondern dem Mandanten auch Hoffnung machen. Eine vernünftige Mischung von gesundem Realismus
und psychologischem Zuspruch ist angebracht.

Das führt dazu, den Mandanten in der jeweilig gebotenen Form und
Länge über den Verlauf eines Strafverfahrens sowie die Rechte und
Pflichten eines Verteidigers aufzuklären.

Die (allgemeine) **Belehrung über Wesen und Verlauf eines Strafverfah-**   30
rens darf kein wissenschaftliches Kolleg werden. Den Mandanten interessieren keine Paragraphen und Lehrmeinungen. Er hat ein bestimmtes Ziel. Das zu erreichen, soll ihm der Verteidiger helfen. Der
Weg zu dem Ziel ist ihm zumeist gleichgültig: „Sie sind der Fachmann,
Herr Rechtsanwalt." Der Mandant muß jedoch wissen, daß es Wege
gibt, die zu gehen, verboten sind. Andererseits ist er auf seine Rechte als
Beschuldigter hinzuweisen. Ebenso ist ihm die Stellung des Verteidigers innerhalb des Strafverfahrens zu erklären.

Letzteres geht Hand in Hand mit der **Verdeutlichung der strafrechtli-**   31
chen und **berufsrechtlichen Grenzen** der Tätigkeit eines Verteidigers.
Hier herrscht oft blanke Unkenntnis. Das viel zitierte Beispiel des
Mandanten, der dem Verteidiger eine Anklageschrift überbringt mit
dem Bemerken: „Was da steht, das stimmt. Das sage ich aber nur Ihnen.
Das Lügen besorgen Sie."[74] – das ist natürlich ein Extremfall. Aber
Fragen, „was man denn sagen solle", „wieviel man für einen Nach-

---

74 *Dahs*, Rn. 48.

trunk verkonsumiert haben müsse", „man habe da einen Freund, der würde sich als Alibizeuge zur Verfügung stellen und halte auch dicht", all das sind Alltagsprobleme eines Verteidigers. Der Verteidiger darf solchen Ansinnen nicht zu schroff begegnen und etwa den (potentiellen) Mandanten gleich hinauswerfen[75]. Denn der Mandant hat in den meisten Fällen eben nur eine falsche Vorstellung von der Stellung eines Verteidigers. Worin er leider auch durch Publikationen bestärkt wird[76]. Der Verteidiger muß dem Mandanten ruhig und sachlich erklären, daß für den Verteidiger eine Wahrheitspflicht[77] besteht und Strafvorschriften wie Begünstigung und Strafvereitelung auch für ihn gelten. Auch ein Hinweis auf die Bundesrechtsanwaltsordnung und die Berufsordnung ist angebracht. Manchmal hat der Verteidiger den Mandanten auch abzuhalten, ihm bestimmte Gegenstände zur Aufbewahrung zu übergeben. Der Verteidiger sollte es grundsätzlich ablehnen, Gegenstände gleich welcher Art und Herkunft für den Beschuldigten in seiner Kanzlei oder Wohnung aufzubewahren. Unnötige Konflikte werden so vermieden[78].

32 Genauso hat der Verteidiger dem Mandanten aber die „Kehrseite der Medaille" darzulegen; als da sind: absolute Vertraulichkeit all dessen, was zwischen Mandant und Verteidiger geschieht; Schweigepflicht; Treuepflicht; Fürsorgepflicht. Der Mandant muß wissen, daß der Verteidiger (in den erwähnten Grenzen) bedingungslos auf seiner Seite steht und für ihn kämpfen wird. Er muß spüren, daß der Verteidiger nicht ängstlich und weich ist. Er soll in dem Verteidiger keinen Beichtvater sehen[79] und auch keinen Moralapostel. Ihm ist klarzumachen:

---

75 So aber wohl *Dahs* a. a. O.

76 *Brühl*, Das Recht der Verdächtigen und Angeklagten, S. 111: „Auf gewisse Empfindlichkeiten von Anwälten sollte der Beschuldigte Rücksicht nehmen und deshalb nicht allzu plump auftreten."

77 Besser ist die Bezeichnung „Lügeverbot"; ebenso *Welp*, Die Rechtsstellung des Strafverteidigers, ZStW 1978 (90), S. 804 ff., 818. Überblick über den Streitstand bei *Bottke*, Wahrheitspflicht des Verteidigers, ZStW 1984 (96), S. 726 ff. und *Krekeler*, Strafrechtliche Grenzen der Verteidigung, NStZ 1989, S. 146 ff., 147, der von einer „prozessualen Wahrheitspflicht" spricht. Vgl. auch den Überblick bei *Beulke*, Die Strafbarkeit des Verteidigers, Rn. 17 f.

78 Konflikte im Sinne einer Strafbarkeit des Verteidigers nach § 258 StGB und im Hinblick auf eine Durchsuchung und Beschlagnahme in der Kanzlei. Vgl. dazu *Bandisch*, Verteidigung bei Zwangsmaßnahmen – Durchsuchung und Beschlagnahme –, in: Schriftenreihe der Arbeitsgemeinschaften des Deutschen Anwaltvereins/ Arbeitsgemeinschaft Strafrecht, Band 5, S. 74 ff., 82 ff.

79 So treffend *Dahs* sen., Stellung und Grundaufgaben des Verteidigers, NJW 1959, S. 1158 ff., 1159.

„Alles, was der Verteidiger sagt, muß wahr sein, aber er darf nicht alles sagen, was wahr ist."[80] Und er muß vor allem den Eindruck haben, daß sein Fall für den Verteidiger *der* Fall ist. Der Verteidiger hat jeden Fall zu dem „Fall seines Lebens" zu machen. Darin liegt (zu einem großen Teil) das Geheimnis für einen erfolgreichen Verteidiger. Gleichgültigkeit ist der Feind des Erfolges.

Wie diese allgemeinen Beratungen im einzelnen erfolgen, hängt von **33** der **Person des Mandanten** ab. Damit ist nicht nur der Unterschied zwischen den „erfahrenen Knastologen" und dem erstmals in ein Strafverfahren Verwickelten gemeint, sondern auch und gerade die Differenzierung innerhalb der letzten Gruppe. Es gibt keine zwei Fälle, die identisch sind und es gibt keine zwei Menschen, die gleich sind. Zudem befinden sich die erstmals in einem Ermittlungsverfahren Beschuldigten in einer besonderen psychischen Situation. Diese ist geprägt von Unkenntnis und dem daraus resultierenden Gefühl der Hilflosigkeit und Angst. Der Verteidiger muß dem Mandanten daher mit Einfühlungsvermögen und psychologischem Geschick begegnen. Er muß fähig sein, mit Menschen umgehen zu können. Das kann er aus Büchern und Seminaren allein nicht lernen. Dazu braucht er Erfahrung(en). Enttäuschungen werden nicht ausbleiben. Sie werden jedoch künftig Fehler vermeiden lassen.

Kommt es zu einer (endgültigen) Annahme des Mandats, sind dem **34** Mandanten **Vollmacht(en) und Mandatsbedingungen zur Unterschrift** vorzulegen. Der Mandant sollte sich beides in Ruhe durchlesen. Oft hält er das für überflüssig: „Ihnen kann ich ja vertrauen." Der Verteidiger sollte trotzdem darauf bestehen und auch anbieten, die „juristischen Formulierungen" zu erläutern. Dazu besteht um so mehr Grund, als der Mandant in diesem Zeitpunkt besonders aufgeregt ist. Hat der Verteidiger den Eindruck, der Mandant habe den Inhalt dessen, was er unterschreibt, verstanden, ist es nicht geboten, ihm ein Exemplar der Mandatsbedingungen mitzugeben[81].

Das erste Gespräch zwischen Verteidiger und Mandant mündet immer in die Fragen: „Was habe ich zu erwarten? Was soll ich tun?"

Eine Beantwortung dieser Fragen, die Erteilung eines konkreten Rates **35** und u. U. die Aufnahme einer nach außen wirkenden Tätigkeit des

---

80 *Dahs*, Rn. 44.
81 A. M. wohl *Lingenberg/Hummel/Zuck/Eich*, § 35 Rn. 7.

Verteidigers setzen voraus, daß der Verteidiger weiß, um was es geht. Die gebotene **Prüfung der Sach- und Rechtslage** ist jedoch äußerst schwierig. Denn zum einen befindet sich das Strafverfahren (als Ermittlungsverfahren) in einem ganz frühen Stadium, in dem die bekannten Tatsachen generell noch dürftig sind. Zum anderen besitzt der Mandant keine Anklageschrift bzw. keinen Eröffnungsbeschluß, woraus Konturen abzulesen wären. Und als Drittes ist der Verteidiger mangels Akteneinsicht zunächst allein auf die Informationen des Mandanten angewiesen. Sicherlich sind diese für ihn eine sehr wichtige Erkenntnisquelle. Aber eine sehr einseitige, die gelegentlich auch sehr getrübt ist, sei es absichtlich oder irrtümlich. Vorsicht ist daher geboten. Der Verteidiger, der in diesem Stadium des Verfahrens und mit diesem Wissensstand dem Mandanten einen verbindlichen Rat erteilt, handelt grob fahrlässig.

Deswegen braucht er einer Auskunft nicht auszuweichen. Er kann sie beispielsweise alternativ gestalten; er kann von seinen Erfahrungen mit ähnlichen Fällen berichten. Er sollte einer Auskunft auch nicht ausweichen. Denn damit würde er den Mandanten mutlos machen. Dieser will jedoch Hilfe, auch und gerade in diesem Verfahrensstadium.

36 Ist somit der Verteidiger in aller Regel noch nicht in der Lage, sich ein umfassendes Bild von der Sach- und Rechtslage zu machen, so kann er doch einige grundlegende Ratschläge erteilen.

37 Dazu gehört zunächst der Hinweis auf das **Aussageverweigerungsrecht** eines jeden Beschuldigten[82]. Es empfiehlt sich, den Wortlaut des § 136 Abs. 1 S. 2 StPO dem Mandanten vorzulesen. Dies gilt auch für den Mandanten, der schon bei einer Vernehmung war und dort eine entsprechende Belehrung unterschrieben hatte; in der Aufregung hat er sie entweder nicht richtig gelesen oder nicht verstanden. Der Mandant wird allerdings sofort fragen, ob ein Schweigen nicht als Eingeständnis von Schuld angesehen wird, zumindest aber als Zeichen eines schlechten Gewissens[83]. Der Verteidiger kann darauf antworten, daß aus dem (totalen) Schweigen eines Beschuldigten keine für ihn nachteiligen Schlüsse gezogen werden dürfen[84]. Diese Auskunft befriedigt den ge-

82 Ebenso die h. M. Vgl. Überblick bei *Beulke*, Die Strafbarkeit des Verteidigers, Rn. 27 mit Fn. 31.
83 *Schmidt-Leichner*, Ist und bleibt das Schweigen des Beschuldigten zweischneidig?, NJW 1966, S. 189 ff., 189.
84 *KK-Boujong*, § 136 Rn. 13 mit *KK-Hürxthal*, § 261 Rn. 39; *LR-Hanack*, § 136 Rn. 26.

genüber den Strafverfolgungsbehörden ängstlichen und mißtrauischen Beschuldigten nicht. Die Antwort des Verteidigers ist deshalb in zweifacher Hinsicht zu ergänzen. Zum einen dahingehend, daß man den eigentlichen und endgültigen Rat von dem Ergebnis der Akteneinsicht und einer erneuten Besprechung mit dem Mandanten abhängig machen werde. Zum anderen mit dem Hinweis darauf, man werde die momentane Aussageverweigerung in einer alles offen lassenden Form den Ermittlungsorganen mitteilen[85].

Der Verteidiger braucht hier viel Überzeugungskraft. Er darf jedoch der Ungeduld des Mandanten nicht nachgeben. Denn eine Einlassung des Mandanten „ins Blaue hinein" kann verhängnisvoll sein und ist fast immer irreparabel. Daher gilt: Ist der Verteidiger allein auf die Informationen des Mandanten angewiesen, so muß er ihm in der Regel den Rat geben, zunächst keine Aussagen zu machen.

Von dieser Regel gibt es Ausnahmen. Dazu gehört der Fall des Mandanten, der bereits Angaben gemacht hat, dabei jedoch in seiner laienhaften Wertung entlastende Umstände verschwiegen hat. Der Verteidiger, der dies erkennt, wird je nach Sachlage sofort handeln und die Lücken ergänzen (lassen). Ferner rechnen hierzu bestimmte Haftsachen, in denen der Haftgrund der Verdunkelungsgefahr im Raume steht. **38**

Hierzu zählen auch die Fälle einer **Selbstanzeige**. Denn wenn der Verteidiger hier wartet, kann es oft zu spät sein: Die Tat ist bereits entdeckt und eine Straffreiheit (wie z. B. in § 371 AO bei der Steuerhinterziehung) oder eine Verfahrenseinstellung (über §§ 153, 153 a StPO bzw. § 154 c StPO) ausgeschlossen. Der Verteidiger befindet sich in einer sehr prekären Situation, kann er doch allein aufgrund der Informationen des Mandanten kaum zuverlässig abschätzen, wie groß die Gefahren einer Entdeckung der Straftat und die Chancen einer Straffreiheit des Mandanten sind. Es bleibt oft gar nichts anderes übrig, als mit dem zuständigen Staatsanwalt zu sprechen. Natürlich ohne Angabe von Namen. Und mit dem Ziel, dessen Meinung zu hören. Für das erste Gespräch des Verteidigers mit dem Mandanten nützt dieser Rat freilich nicht viel. Entschließt sich der Verteidiger zu dem Rat, von einer Selbstanzeige abzusehen, so ist dies weder strafrechtlich noch standesrechtlich zu beanstanden[86]. **39**

---

85 Siehe dazu unten Rn. 142.
86 *Beulke*, Die Strafbarkeit des Verteidigers, Rn. 26 mit Nachweisen in Fn. 29.

40 Eile ist auch geboten, wenn der Mandant ein **Geständnis** ablegen will. Es kann nämlich sein, daß sein Geständnis „zu spät" kommt, die Tat bereits aufgeklärt ist. Dann erhält er für das Geständnis nichts mehr, weil er es unter dem Druck der Beweismittel und mit dem Rücken an der Wand abgelegt habe. Ein frühes Geständnis öffnet jedoch möglicherweise den Weg zu einer Verfahrensbehandlung gem. den §§ 153, 153a StPO; läßt eine Erledigung im Strafbefehlsverfahren zu; stellt ganz allgemein einen wichtigen Strafzumessungsgrund dar; führt in besonderen Fällen sogar zu einem Absehen von Strafe[87].

Allerdings gibt es auch falsche Geständnisse. Vielmehr als man gemeinhin glaubt und aus den unterschiedlichsten Gründen[88].

Das muß der Verteidiger wissen und bei seinem Mandanten überprüfen. Er braucht ihm auch nicht zu einem Geständnis zu raten[89]. Wenn der Verteidiger begründete Möglichkeiten dafür sieht, dem Mandanten könne auf prozeßordnungsgemäßem Weg die Straftat nicht nachgewiesen werden, dann wird er im allgemeinen auch nicht zu einem Geständnis raten bzw. ihm von einem solchen abraten[90]. Schließlich kommt der Beschuldigte zu dem Verteidiger, weil er sich dessen Sachverstand und Erfahrung zunutze machen will; nicht, um sich bei dem Verteidiger zu entsühnen. Etwas anderes ist es hingegen, wenn der Mandant nach Erörterung von Vor- und Nachteilen, Chancen und Risiken zum Eingeständnis seiner Schuld entschlossen ist. Dem sollte der Verteidiger sich nicht entgegenstellen. Hat der Mandant gar bereits ein (wahres) Geständnis abgelegt, so darf der Verteidiger ihn nicht dazu bringen, dieses zu widerrufen[91].

Besteht zwischen dem Verteidiger und dem Mandanten Einigkeit über die Ablegung eines Geständnisses, ist der richtige Weg zu besprechen.

---

87 Z.B. in § 31 BtMG.
88 *Hirschberg,* Das Fehlurteil im Strafprozeß, S. 17 ff.; *Peters,* Fehlerquellen im Strafprozeß, 2. Band, S. 5 ff.; siehe auch *Schlothauer,* Das falsche Geständnis – ein Prozeßbericht, StV 1981, S. 39 ff.
89 *Dahs,* Rn. 49; *Krekeler,* Strafrechtliche Grenzen der Verteidigung, NStZ 1989, S. 146 ff., 147.
90 Ob das Abraten bei einem zum Geständnis entschlossenen Mandanten zulässig ist, wird unterschiedlich beurteilt. Wie hier *Krekeler,* a.a.O., S. 147 m.w.N.
91 Streitig. Wie hier die h.M. Überblick bei *Beulke,* Die Strafbarkeit des Verteidigers, Rn. 34 mit Fn. 49/50.

Dabei sollte nicht „Versteck gespielt" werden, indem die vorangegangene Beratung des Verteidigers verschwiegen wird[92]. Warum soll der Beschuldigte nicht erklären dürfen, nach Überlegung und Rücksprache mit seinem Anwalt habe er sich entschlossen, reinen Tisch zu machen? Wie peinlich (und u.U. nachteilig), wenn die verschwiegene Beratung später offenbar wird! Der schnellste Weg ist die Abfassung eines Schriftsatzes, in dem das Geständnis enthalten ist; sei es in direkter oder indirekter Rede. Freilich verliert das Geständnis etwas an Ursprünglichkeit und Direktheit, da der Verteidiger mitformuliert hat. Besser ist daher, eine Vernehmung des Beschuldigten durch den sachbearbeitenden Polizeibeamten oder (was vorzuziehen ist) durch den zuständigen Staatsanwalt zu erreichen. Wenn man ein Geständnis ankündigt, bekommt man zumeist auch einen umgehenden Termin.

Der Verteidiger sollte bei der Vernehmung anwesend sein. Er braucht keine Bedenken zu haben, daß seine vorangegangene Beratung und nunmehrige Anwesenheit den Wert des Geständnisses mindern. Entscheidend ist: Das Geständnis ist sofort und vor Akteneinsicht abgegeben worden.

Der Mandant bringt bei der ersten Besprechung oft eine **Ladung zur** **41** **Vernehmung** mit. Er will wissen, ob er da hin muß. Ist er zur Polizei vorgeladen, muß er nicht. Eine zwangsweise Vorführung wäre unzulässig[93]. Eigenartigerweise ist das weithin unbekannt. Anders verhält es sich mit Ladungen des Staatsanwalts (§ 163a Abs. 3 StPO) und des Ermittlungsrichters (§ 133 StPO). Ihnen muß der Beschuldigte nachkommen, andernfalls droht die Vorführung.

Soll und wird der Mandant in dem anberaumten Vernehmungstermin die Einlassung zur Sache verweigern, ist es zweckmäßig, den Termin aufheben zu lassen. Staatsanwaltschaft und Gericht kommen einem solchen Verlangen zumeist auch nach. Selbstverständlich darf der Verteidiger dem Mandanten erst dann den Rat geben, den Termin nicht wahrzunehmen, wenn er sich von dessen Aufhebung überzeugt hat.

Zu den grundlegenden Ratschlägen des Verteidigers in der ersten Be- **42** sprechung gehört auch der Hinweis an den Mandanten, in seinen **Kontakten zu Mitbeschuldigten, Zeugen und Verletzten** sehr vorsichtig zu

---

92 Abzulehnen *Günther*, Strafverteidigung, S. 71.
93 *LR-Rieß*, § 163a Rn. 73.

sein. Dem Mandanten ist klarzumachen, wie wichtig deren Bekundungen und sonstiges prozessuales Verhalten sein werden und wie leicht dies durch das Verhalten des Mandanten zu seinem Nachteil verändert werden kann. Auch ein Aufmerksammachen auf den Haftgrund der Verdunkelungsgefahr kann in geeigneten Fällen geboten sein. Will der Mandant sich jedoch um die Angehörigen eines Getöteten kümmern oder will er den Verletzten aufsuchen und sich entschuldigen, sollte ihn der Verteidiger davon nicht abhalten; sowohl aus menschlichen als auch aus verfahrenstaktischen Gründen. Wobei allerdings zwei Dinge zu bedenken sind. Zum einen wird ein solches Verhalten als Eingeständnis der Schuld angesehen. Zum anderen kann es bei den durch eine Straftat schwer Getroffenen zu unliebsamen Reaktionen führen.

43 Den Mandanten drängt es oft, eine **Gegenanzeige** zu erstatten. Sei es wegen falscher Verdächtigung und Verleumdung, sei es wegen eines ganz anderen Vorganges auf Seiten des Anzeigers. Ein Abraten durch den Verteidiger wird leicht als Schwäche angesehen. Das Gegenteil ist richtig. Denn die Gegenanzeige provoziert manchmal nur weitere Anzeigen; sie steht zumeist auf den schwachen Füßen der alleinigen Argumentation durch den Beschuldigten. Der Verteidiger sollte sich die Angaben des Mandanten notieren und ihm versprechen, nach Akteneinsicht darauf zurückzukommen. Kritisch sind allerdings die Fälle, in denen der Ablauf der Strafantragsfrist unmittelbar bevorsteht. Hier bleibt dem Verteidiger gar nichts anderes übrig, als sofort Strafantrag zu stellen. Er wird jedoch dabei in geeigneter Form darauf hinweisen, daß der Strafantrag zunächst zur Fristwahrung gestellt und Näheres dazu nach Akteneinsicht ausgeführt werde[94].

---

94 Mit dieser Formulierung ist der Strafantrag unbedingt gestellt. Es würde sich zudem allenfalls um eine auflösende Bedingung handeln, die zulässig ist. Vgl. Dreher/Tröndle, § 77 Rn. 26.

Die grundlegende, allgemeine und erste Beratung sollte der Verteidiger **44** mit dem Hinweis abschließen, daß der Mandant auch das Recht habe, sich über den Verteidiger **schriftlich zu äußern** (§§ 136 Abs. 1 S. 4, 163 Abs. 3 S. 2, 163 Abs. 4 S. 2 StPO). Ob dies opportun sei und was überhaupt opportun sei, werde er mit dem Mandanten nach Akteneinsicht besprechen.

2. Die Tätigkeiten nach außen

„Der Worte sind genug gewechselt, nun laßt uns Taten sehen." Der Mandant ist ungeduldig; nicht nur in der Untersuchungshaft. Der Verteidiger soll etwas nach außen hin Sichtbares tun, er soll „verteidigen".

Also wird er sich als Verteidiger bestellen[95] und versuchen, die Akten zur Einsichtnahme zu erhalten.

a) Das Bestellungsschreiben

Der Inhalt des Bestellungsschreibens richtet sich nach dem Stand des Verfahrens und dem jeweils zuständigen Strafverfolgungsorgan.

Ist das Ermittlungsverfahren noch (und nur) bei der **Polizei** anhängig, **45** empfiehlt sich folgender Text:

---

95 Was voraussetzt, daß die Beschuldigteneigenschaft feststeht. Dazu vgl. oben Rn. 27.

Muster 5

Dr. Karl Robertus   67655 Kaiserslautern, den 5. 5. 1995
– Rechtsanwalt –   Pfalzstraße 14

Polizeipräsidium
– Kriminalpolizei, KI/2 –
Am Pfaffplatz
67655 Kaiserslautern

Betr.: Ermittlungsverfahren gegen Herrn Wilhelm Klein wegen Diebstahls;
     KI/2 1064/95

Sehr geehrte Damen und Herren!

In vorbezeichneter Angelegenheit zeige ich unter Vollmachtsvorlage an,
daß mich Herr Wilhelm Klein mit seiner Verteidigung beauftragt hat.

Ich werde für meinen Mandanten eine schriftliche Erklärung gem. §§ 163 a,
136 StPO abgeben, die an die Stelle einer polizeilichen, staatsanwaltschaftlichen oder richterlichen Vernehmung treten soll.

Ich bitte daher, mich von der Abgabe des Vorgangs an die Staatsanwaltschaft zu verständigen, damit ich dort zur Vorbereitung der von mir angekündigten Erklärung Akteneinsicht beantragen kann.

Gegenüber der Staatsanwaltschaft stelle ich schon jetzt den

Antrag

mir Akteneinsicht zu gewähren.

Mit freundlichen Grüßen

Hat der Mandant bereits eine Ladung zu einem Vernehmungstermin, ist der zweite Absatz wie folgt zu ergänzen:

> Mein Mandant wird daher – meinem Rat folgend – zu dem dortigerseits vorgesehenen Vernehmungstermin nicht erscheinen.

Die Bezeichnung des Delikts in dem Betreff darf nur vorgenommen werden, wenn insoweit (bereits) völlige Klarheit besteht. Existiert auch nur der leiseste Zweifel, ist das zu unterlassen; andernfalls bringt man nur die Polizei „auf Gedanken"[96].

Immer wieder findet man in einem solchen Bestellungsschreiben ge- **46** genüber der Polizei einen Antrag auf Akteneinsicht. Dies zeugt von Unkenntnis der Verfahrensregeln. § 147 Abs. 5 StPO bestimmt: Über die Gewährung der Akteneinsicht entscheidet während des vorbereitenden Verfahrens die Staatsanwaltschaft. Das ist eindeutig und einer Auslegung nicht zugänglich[97].

Aus diesem Grund sind die Polizeibehörden nicht befugt (ohne Zustimmung der Staatsanwaltschaft), Akteneinsicht zu gewähren[98], auch nicht in Niederschriften und schriftliche Äußerungen des Beschuldigten sowie in Sachverständigengutachten, also die Fälle des § 147 Abs. 3 StPO[99].

Der Verteidiger sollte um der Korrektheit und seines Ansehens willen sich daran halten. Die Empfehlung, eine persönliche Bekanntschaft zu dem sachbearbeitenden Polizeibeamten ausnützen und auf der Polizeidienststelle Akteneinsicht zu nehmen[100], ist daher abzulehnen.

Handelt es sich um ein Verfahren, in dem es einen Verletzten im Sinne **46a** der §§ 406d ff. StPO gibt, ist in geeigneten Fällen im Hinblick auf das **Akteneinsichtsrecht des Verletzten** nach § 406e Abs. 2 StPO neben dem Antrag auf Akteneinsicht gegenüber der Staatsanwaltschaft ein weiterer Antrag zu stellen.

---

96 Siehe auch oben Rn. 27.
97 *Krüger*, Der Verteidiger im Strafverfahren, Kriminalistik 1974, S. 392 ff., 397.
98 *LR-Lüderssen*, § 147 Rn. 148.
99 Die entgegengesetzte Meinung von *Kleinknecht/Meyer-Goßner* ist nunmehr aufgegeben, § 147 Rn. 34.
100 So *Kunigk*, Strafverteidigung, S. 172.

Nach dieser Vorschrift[101] ist dem Verletzten die Akteneinsicht zu versagen, soweit überwiegende schutzwürdige Interessen des Beschuldigten oder anderer Personen entgegenstehen; bzw. kann dem Verletzten die Akteneinsicht versagt werden, soweit der Untersuchungszweck gefährdet erscheint oder durch die Akteneinsicht das Verfahren erheblich verzögert würde.

Ob diese Voraussetzungen im konkreten Fall vorliegen, darf nur entschieden werden, wenn der Beschuldigte dazu Stellung nehmen konnte. Das folgt schon aus seinem Anspruch auf rechtliches Gehör im Sinne des Art. 103 GG[102]. Also muß dem Beschuldigten seitens der Staatsanwaltschaft mitgeteilt werden, daß der Verletzte einen Antrag auf Akteneinsicht gestellt hat. Das mag durchaus einmal übersehen/ vergessen werden. Daher sollte der Verteidiger (in entsprechenden Fällen) schon in dem Bestellungsschreiben gegenüber der Polizei formulieren:

Gegenüber der Staatsanwaltschaft stelle ich schon jetzt die

Anträge:

1. Mir Akteneinsicht zu gewähren.
2. Vor Gewährung von Akteneinsicht an den Verletzten gem. § 406 e StPO dem Beschuldigten rechtliches Gehör zu gewähren und mir zu diesem Zweck den Antrag auf Gewährung von Akteneinsicht zur Kenntnis zu bringen.

---

101 Eingeführt durch das Opferschutzgesetz vom 18. 12. 1986 (BGBl. I, 2496).
102 *Schlothauer,* Das Akteneinsichtsrecht des Verletzten nach dem Opferschutzgesetz vom 18. 12. 1986 und die Rechte des Beschuldigten, StV 1987, S. 356 ff., 359.

Befindet sich das Ermittlungsverfahren (bereits) bei der **Staatsanwalt-** 47
schaft, empfiehlt sich für das Bestellungsschreiben folgender Text:

Muster 6

Dr. Karl Robertus   67655 Kaiserslautern, den 5. 5. 1995
– Rechtsanwalt –   Pfalzstraße 14

Staatsanwaltschaft
Lauterstraße
67657 Kaiserslautern

In dem Ermittlungsverfahren
gegen

Hans Lüppke
wegen Betrug
6010 Js 9432/95

zeige ich unter Vollmachtsvorlage an, daß mich Herr Peter Steinmetz mit
seiner Verteidigung beauftragt hat.

Ich werde für meinen Mandanten eine schriftliche Erklärung gem. §§ 163 a,
136 StPO abgeben, die an die Stelle einer polizeilichen, staatsanwaltschaftlichen oder richterlichen Vernehmung treten soll.

Zur Vorbereitung dieser Erklärung stelle ich zunächst den

Antrag

mir Akteneinsicht zu gewähren.

Der Verteidiger:

37

Hat der Mandant bereits eine Ladung zu einem Vernehmungstermin, ist das Schreiben wie folgt zu ergänzen:

Soweit dortigerseits bereits Termin zur Vernehmung des Beschuldigten auf den 15. 5. 1995 bestimmt ist, stelle ich den

Antrag

diesen Termin aufzuheben.

Begründung:

Der Beschuldigte wird auf meinen Rat hin in diesem Termin von seinem Aussageverweigerungsrecht Gebrauch machen. Eine Aufrechterhaltung des Termins würde das Verfahren daher nur unnötig verzögern.

Handelt es sich um ein Verfahren mit einem Verletzten im Sinne der §§ 406 d ff. StPO, ist dem Antrag auf Akteneinsicht in geeigneten Fällen der weitere Antrag hinzuzufügen[103]

Vor Gewährung von Akteneinsicht an den Verletzten gem. § 406 e StPO dem Beschuldigten rechtliches Gehör zu gewähren und mir zu diesem Zwecke den Antrag auf Akteneinsicht zur Kenntnis zu bringen.

---

48 Der Verteidiger hat ein Recht auf Akteneinsicht. Die Staatsanwaltschaft gewährt mit der Akteneinsicht keine Gnade, sondern kommt ihrer Verpflichtung aus § 147 StPO nach. Der Verteidiger soll deshalb nicht um Akteneinsicht bitten[104], vielmehr sie beantragen. Wenig glücklich sind auch Zusätze wie „umgehende Rückgabe sichere ich

---

103 Vgl. dazu im einzelnen Rn. 46 a.
104 So jedoch *Kunigk,* Strafverteidigung, S. 172; *Günther,* Strafverteidigung, S. 71; *Müller,* Strafverteidigung im Überblick, Rn. 152.

zu". Es ist eine Selbstverständlichkeit, daß der Verteidiger die Akten umgehend zurückgibt. Zumal ihm in der Regel seitens der Staatsanwaltschaft sowieso eine entsprechende Frist gesetzt wird. Unverständlich sind Formulierungen wie „Akteneinsicht für 24 Stunden"[105]. Kein einigermaßen beschäftigter Verteidiger kann eine solche Frist einhalten. Sie fördert zudem die Neigung der Staatsanwälte, unzumutbar kurze Fristen für die Akteneinsicht zu setzen.

Ist der Mandant (bereits) zu einer **richterlichen Vernehmung** geladen, **49**
ist folgendes Schreiben anzuraten:

Muster 7

Dr. Karl Robertus   67655 Kaiserslautern, den 5. 5. 1995
– Rechtsanwalt –   Pfalzstraße 14

Amtsgericht
– Ermittlungsrichter –
Benzinoring
67657 Kaiserslautern

In dem Ermittlungsverfahren
gegen

Uwe Aberle
wegen Körperverletzung
2 a Gs 187/95

zeige ich unter Vollmachtsvorlagen an, daß mich Herr Uwe Aberle mit seiner Verteidigung beauftragt hat.

Ich stelle den

Antrag

den dortigen Vernehmungstermin vom
16. 5. 1995 aufzuheben.

---

105 Beispielsweise bei *Kunigk* a. a. O.

Begründung:

Der Beschuldigte wird auf meinen Rat in diesem Termin von seinem Recht Gebrauch machen, keine Einlassung zur Sache abzugeben. Eine Aufrechterhaltung des Termins würde das Verfahren daher nur unnötig verzögern.

Ich werde jedoch für den Beschuldigten eine schriftliche Erklärung gem. §§ 163 a, 136 StPO abgeben, die an die Stelle einer polizeilichen, staatsanwaltschaftlichen oder richterlichen Vernehmung treten soll.

Zur Vorbereitung dieser Erklärung stelle ich gegenüber der Staatsanwaltschaft den

Antrag

mir Akteneinsicht zu gewähren.

Der Verteidiger:

Es ist falsch, beim Ermittlungsrichter direkt Akteneinsicht zu beantragen. Denn über Akteneinsicht entscheidet im Ermittlungsverfahren (nur) die Staatsanwaltschaft, § 147 Abs. 5 StPO.

Handelt es sich um ein Verfahren mit einem Verletzten im Sinne der §§ 406 d ff. StPO, ist dem Antrag auf Akteneinsicht in geeigneten Fällen der weitere Antrag hinzuzufügen[106]:

Vor Gewährung von Akteneinsicht an den Verletzten gem. § 406 e StPO dem Beschuldigten rechtliches Gehör zu gewähren und mir zu diesem Zweck den Antrag auf Akteneinsicht zur Kenntnis zu bringen.

50 Schwierigkeiten gibt es mit dem Bestellungsschreiben, wenn das **Aktenzeichen** oder gar die sachbearbeitende **Dienststelle nicht bekannt** ist. „Auf Verdacht" zu schreiben ist riskant. Denn das Schreiben und die Vollmacht kommen oft zurück mit dem Vermerk „Hier kein Vorgang festzustellen". Oder aber sie werden weitergeschickt, gelangen

---

106 Vgl. dazu im einzelnen Rn. 46 a.

jedoch erst zu einem Zeitpunkt an den zuständigen Sachbearbeiter, in dem schon Nachteile für den Mandanten entstanden sind. Dem kann der Verteidiger begegnen, indem er telefonisch Aktenzeichen und/oder Dienststelle erfragt. Das klingt furchtbar einfach. Die Praxis sieht hingegen anders aus. Denn dem Verteidiger, der in diesem Zeitpunkt noch nicht durch Vorlage einer schriftlichen Vollmacht ausgewiesen ist, werden die Datenschutzgesetze entgegengehalten. Hier hilft, dem Gesprächspartner möglichst viele Daten zu nennen (Name, Geburtstag und Anschrift des Mandanten, Zeitpunkt des Vorfalls etc.), um zu dokumentieren, daß ein „Wissender" anruft. Auch sollte ein (Kontroll-)Rückruf angeboten werden. Schließlich kann sofort ein Schreiben per Telefax übermittelt werden, das das soeben geführte Telefonat „beweist". Ohne Fingerspitzengefühl und Vertrauensvorschuß wird der Verteidiger jedoch nicht auskommen. Dabei zahlt sich aus, wenn er den Ruf eines seriösen Verteidigers genießt.

b) Der Griff zum Telefon

Ist dem Verteidiger der Sachbearbeiter bekannt oder hat er ihn fernmündlich erfragt, kann schon bei dem ersten Gespräch mit dem Mandanten ein Anruf bei dem Sachbearbeiter von Nutzen sein. Denn der (Vertrauen genießende) Verteidiger wird dabei manchmal schon wertvolle Informationen erhalten. Bekommt er sie nicht, so ist doch wenigstens den Ermittlungsbehörden bekannt, daß und von wem der Beschuldigte verteidigt wird. Da die Vorlage einer schriftlichen Vollmacht zur Begründung einer Verteidigereigenschaft nicht notwendig ist[107], muß der Verteidiger nunmehr als solcher behandelt werden. Das ist von größter Wichtigkeit, beispielsweise für sein Anwesenheitsrecht bei richterlichen Vernehmungen von Zeugen (§ 168 c Abs. 2 und 5 StPO). **51**

Wenn solche Telefonanrufe mit Zurückhaltung und Takt geführt werden, bestehen gegen sie auch in Gegenwart des Mandanten keine Bedenken[108]. Warum soll der ängstliche Mandant nicht das Gefühl vermittelt bekommen: mein Anwalt kennt sich aus, er kennt sogar den Staatsanwalt, er hat sofort etwas für mich getan? Dem Mandanten ist

---

107 Vgl. oben Rn. 18.
108 Anders *Dahs*, Rn. 136.

in der Regel alles fremd: Verfahrensordnung, Verfahrensbeteiligte, Rechte und Pflichten. Es tut ihm daher gut zu wissen, daß der von ihm beauftragte Verteidiger in dieser Welt zu Hause ist.

c) Technische Maßnahmen

52 Bei der Schilderung des Mandanten sollte der Verteidiger sich **Notizen anfertigen**. Dies aus drei Gründen. Zum einen als Gedächtnisstütze. Zum anderen zur Überprüfung der „Aussagekonstanz" des Mandanten. Es gibt einen interessanten Aufschluß über die Wahrheitsliebe des Mandanten und seine Aufrichtigkeit gegenüber dem Verteidiger, wenn die Angaben in den Besprechungen wechseln. Zum dritten zur Beruhigung des Mandanten. Er gewinnt Vertrauen, wenn er sieht, mit welchem Interesse seinen Darlegungen gefolgt wird.

53 Der Verteidiger wird sodann eine **Akte anlegen** (lassen). Nun gibt es Daten, die der Verteidiger immer präsent haben muß: Name und Anschrift des Mandanten; seine Telefonnummer (privat und dienstlich), um ihn jederzeit erreichen zu können; Namen, Anschrift und Telefonnummer von Angehörigen eines in Untersuchungshaft sitzenden Mandanten; sachbearbeitende Dienststelle mit zutreffender Anschrift und Telefonnummer; Aktenzeichen; Name des Sachbearbeiters mit Telefonnummer (Durchwahl); in Haftsachen Adresse der Justizvollzugsanstalt, Datum und Aktenzeichen des Haftbefehls, Name und Telefonnummer des Haftrichters; Zeitpunkte der Akteneinsicht; Rechtsschutzversicherung mit Name, Anschrift und Versicherungsscheinnummer sowie Vermerken, ob Rechtsschutz zugesagt ist; Ansprüche Dritter (Verletzter), andere Verfahren; Wiedervorlagen.

Um nach diesen Daten nicht lange in der Akte herumsuchen zu müssen, empfiehlt es sich, die erste Innenseite des Aktendeckels mit einem entsprechenden, gedruckten Schema versehen zu lassen, in das dann die entsprechenden Angaben eingetragen werden. Ein solches Schema kann wie folgt aussehen:

Muster 8

MANDANT	RECHTSSCHUTZ-VERSICHERUNG
	ANSPRÜCHE DRITTER, ANDERE VERFAHREN
POLIZEI, STA, GERICHT	
AKTENEINSICHT	WIEDERVORLAGEN
JVA	

III. Das Verschaffen von Informationen

54 Der Verteidiger muß wissen, was dem Beschuldigten vorgeworfen wird, welche Beweismittel existieren, wie die Qualität dieser Beweismittel beschaffen ist, wie der Beschuldigte zu dem Vorwurf steht, was die Strafverfolgungsorgane darüber denken. Diese Informationen kann er sich auf mehreren Wegen besorgen. Durch Einsicht in die Ermittlungsakten, (erneute) Besprechung mit dem Mandanten, eigene Ermittlungen und durch Gespräche mit dem zuständigen Strafverfolgungsorgan.

1. Akteneinsicht

55 Das Aussageverweigerungsrecht des Beschuldigten und das Akteneinsichtsrecht des Verteidigers sind die stärksten Waffen der Verteidigung im Ermittlungsverfahren. Zumal dann, wenn sie kombiniert werden. Die Staatsanwaltschaft weiß das und verfährt oft sehr zurückhaltend[109]. Der Verteidiger muß sich daher auch in diesem Bereich bestens auskennen.

a) Grundsätzliches

56 Eine wirksame Verteidigung setzt genaue Kenntnis der zur Last gelegten Umstände voraus. Diese sind enthalten in der Strafakte. Deshalb kann der Verteidiger nicht erfolgreich verteidigen, wenn er nicht die Ermittlungsakte kennt. Es gilt die Regel: **ohne Akteneinsicht keine Einlassung** des Beschuldigten, **ohne Akteneinsicht keine Stellungnahme** des Verteidigers[110].

57 Davon gibt es **Ausnahmen**. So der Mandant, der bereits (lückenhafte) Angaben gemacht hat[111]; der Mandant, dem ein Haftbefehl wegen Verdunkelungsgefahr droht[112]; der Mandant, der eine Selbstanzeige

---

109 Symptomatisch *Ernesti*, Grenzen anwaltlicher Interessenvertretung im Ermittlungsverfahren, JR 1982, S. 221 ff., 225: „Der Antrag auf Akteneinsicht bringt frühe Zwietracht im Grundsätzlichen."
110 Siehe oben Rn. 37.
111 Siehe oben Rn. 38.
112 Vgl. oben Rn. 38.

erstatten will[113]; der Mandant, der ein Geständnis ablegen möchte[114]. Ist der Sachverhalt sehr einfach oder läßt sich die Unschuld des Mandanten leicht beweisen (z.B. Alibi), kann der Verteidiger auch in diesen Fällen von der Regel abweichen.

b) Gegenstand der Akteneinsicht

Nach § 147 Abs. 1 StPO ist der Verteidiger befugt, „die Akten, die dem Gericht vorliegen oder diesem im Falle der Erhebung der Anklage vorzulegen wären" einzusehen. Eine Beschreibung dessen, was der Begriff Akten umfaßt, gibt das Gesetz nicht. Daher besteht in manchen Punkten Streit.

Unstrittig ist, daß die **Handakten der Staatsanwaltschaft** nicht von der **58** Akteneinsicht umfaßt werden[115]. In diese Handakten gehören nur Schriftstücke, die den inneren Dienst der Staatsanwaltschaft betreffen[116]. Werden vorübergehend Ermittlungsvorgänge in ihnen aufbewahrt, weil beispielsweise die Sachakten versandt sind, müssen sie nach Rückkunft der Sachakten sofort in diese eingeheftet werden[117].

Wenn die Handakten der Staatsanwaltschaft innerdienstliche Akten **59** neben den Strafakten sind[118], dann sollte eigentlich schon daraus zu folgern sein, daß sog. **polizeiliche Spurenakten** nicht dazu gehören. Denn bei ihnen handelt es sich ja um Vorgänge, die tatbezogene Überprüfungen eines Sachverhaltes und einer Person enthalten[119]. Das Schrifttum spricht sich daher auch überwiegend für eine grundsätzliche Einbeziehung der polizeilichen Spurenakten in die Hauptakten aus[120]. Anders der Bundesgerichtshof[121]. Für ihn sind den Hauptakten nur solche Spurenakten beizufügen, die schuldspruch- oder rechtsfolgenrelevant sind; ob dies der Fall ist, prüft die Staatsanwaltschaft[122].

---

113 Näher oben Rn. 39.
114 Näher oben Rn. 40.
115 *Kleinknecht/Meyer*, § 147 Rn. 13. Siehe auch Nr. 187 Abs. 2 RiStBV.
116 Einzelheiten bei *Kleinknecht*, Die Handakten der Staatsanwaltschaft, in: Festschrift für Dreher, S. 721 ff.
117 *LR-Dünnebier*, 23. Aufl., § 147 Rn. 4.
118 *Kleinknecht*, Festschrift für Dreher, S. 726.
119 *KK-Laufhütte*, § 147 Rn. 4.
120 Überblick bei *Beulke*, Das Einsichtsrecht des Strafverteidigers in die polizeilichen Spurenakten, in: Festschrift für Dünnebier, S. 285 ff., 287; *Kleinknecht/Meyer-Goßner*, § 147 Rn. 18; *LR-Lüderssen*, § 147 Rn. 31 ff.
121 BGHSt 30, 131; siehe auch BVerfG NJW 1983, 1043.
122 A.a.O., 139.

Der Verteidiger muß also bei der Akteneinsicht einkalkulieren, daß er von der Staatsanwaltschaft u. U. nicht alles erhält, was anläßlich der Tat von der Polizei ermittelt wurde. Das ist gerade im Ermittlungsverfahren mißlich. Denn in diesem frühen Stadium des Strafverfahrens sind Hinweise und Ermittlungsanregungen des Verteidigers noch erfolgversprechend, weil die Spuren vielleicht noch nicht verwischt und die Erinnerungen potentieller Auskunftspersonen noch frisch sind. Solche Ermittlungsanträge setzen aber Kenntnis dessen voraus, was bereits ermittelt wurde. Zudem: Die Auffassungen über Schuldspruch- und Rechtsfolgenrelevanz dürften zwischen Staatsanwaltschaft und Verteidigung oft erheblich divergieren. Dem Verteidiger bleibt die Möglichkeit, in einem Gespräch mit dem zuständigen Staatsanwalt zu eruieren, „ob da noch was ist". Freilich ein schwacher Ausweg aus dem Dilemma. Ob und inwieweit der Rechtsweg über § 23 EGGVG zum Erfolg führt[123], ist fraglich. Das Bundesverfassungsgericht[124] und ihm folgend das OLG Hamm[125] haben die grundsätzliche Zulässigkeit dieses Rechtsweges bejaht.

60 Zu den Akten i. S. des § 147 StPO gehören auch **Beiakten**, die die Staatsanwaltschaft beigezogen hat[126]. Das wird in der Praxis gelegentlich übersehen. Um dem vorzubeugen, ist anzuraten, den Antrag auf Akteneinsicht ausdrücklich auch auf Beiakten zu erstrecken.

61 Von dem Recht auf Akteneinsicht wird auch der **Strafregisterauszug** umfaßt. Eigenartigerweise war das vielen Strafverfolgungsorganen unbekannt, obwohl sich dies schon aus Nr. 187 Abs. 3, 16 Abs. 2 RiStBV ergibt, in Rechtsprechung und Schrifttum völlig unbestritten war und eine möglichst frühzeitige Kenntnis des Strafregisterauzuges für die Verteidigung offenkundig von Bedeutung ist. So mußte erst das Bundesverfassungsgericht ein (sehr) deutliches Wort sprechen[127].

61a Bei **elektronisch gespeicherten Dateien** auf Disketten oder Festplatten ist (zunächst) zu differenzieren. Handelt es sich um von den Strafverfolgungsorganen *sichergestellte* Daten und Programme, so unterliegen sie unzweifelhaft dem Akteneinsichtsrecht des Verteidigers; entweder als Beweisstücke oder, wenn die Daten in ausgedruckter Form vorliegen,

---

123 Siehe dazu eingehend *Meyer-Goßner*, Die Behandlung kriminalpolizeilicher Spurenakten im Strafverfahren, NStZ 1982, S. 353 ff., 358.
124 BVerfG NStZ 1983, 273.
125 StV 1984, 194.
126 *LR-Lüderssen*, § 147 Rn. 66.
127 BVerfG NStZ 1983, 131.

als Aktenbestandteile[128]. Handelt es sich um von den Strafverfolgungs-organen (speziell der Staatsanwaltschaft) neu *erstellte* Dateien sowie zu ihrer Berechnung verwandte Programme, gehen die Meinungen auseinander. Einerseits[129] wird abgestellt auf die größere Nähe zu den Handakten und den technischen Hilfsmitteln mit der Konsequenz, daß kein Recht auf Akteneinsicht besteht. Andererseits[130] wird unterschie-den: geht es lediglich um die persönliche Aufbereitung des Stoffes durch den Staatsanwalt zwecks Arbeitserleichterung, so unterliegen diese Unterlagen (wie auch herkömmliche persönliche Notizen) nicht dem Akteneinsichtsrecht; geht es jedoch um Dateien, aus denen sich schuldspruch- oder rechtsfolgenrelevante Umstände ergeben können, so sollen diese Bestandteile der Akten i. S. des § 147 StPO sein[131].

Ausgehend von dem sog. Volkszählungsurteil des Bundesverfassungs-gerichts[132] wird neuerdings problematisiert[133], ob nicht für sog. „**be-sonders sensible Daten**"[134] eine grundsätzliche Einschränkung des Ak-teneinsichtsrechts des Verteidigers vorzunehmen ist. Zu Recht wird dies jedoch verneint[135]. **61b**

c) Gewährung der Akteneinsicht

Der **Zeitpunkt** der Akteneinsicht ist wichtig. Es gilt für den Verteidiger **62** der Grundsatz: je früher desto besser. Der Realisierung dieses Prinzips stehen jedoch mehrere Hindernisse entgegen. So darf die Polizei, die meist zuerst mit dem Verfahren befaßt ist, keine Akteneinsicht gewäh-ren[136]. Und der Staatsanwalt kann sich auf § 147 Abs. 2 StPO berufen. Danach darf dem Verteidiger bis zu dem Zeitpunkt, in dem der Ab-schluß der Ermittlungen in den Akten vermerkt ist, Einsicht in die

---

128 *Meier* und *Böhm,* Strafprozessuale Probleme der Computerkriminalität, wistra, 1992, S. 166 ff., 170.
129 So *Meier* und *Böhm* wie Fn. 128.
130 So *Fetzer,* Einsichtsrecht des Strafverteidigers in gerichtliche Dateien, StV 1991, S. 142–143.
131 Die „Relevanzeinschränkung" bedarf freilich noch der Abklärung.
132 BVerfGE 65, 1 ff.
133 *Groß* und *Fünfsinn,* Datenweitergabe im strafrechtlichen Ermittlungsverfahren, NStZ 1992, S. 105 ff.
134 Z. B. medizinische oder psychologische Gutachten, Zentralregisterauszüge; näheres bei *Groß* und *Fünfsinn,* (Fn. 133), S. 106.
135 *Groß* und *Fünfsinn,* (Fn. 133), S. 107.
136 Dazu oben Rn. 46.

Akten oder einzelne Aktenstücke sowie die Besichtigung der amtlich verwahrten Beweismittel versagt werden, wenn sie den Untersuchungszweck gefährden kann. Dringende Gründe sind hierfür nicht erforderlich[137]. Verlangt wird (nur), daß zu befürchten ist, bei Gewährung von Akteneinsicht werde die Sachaufklärung beeinträchtigt[138]. Diese Befürchtung braucht einerseits nicht konkret und naheliegend zu sein, darf aber andererseits auch nicht nur vage und entfernt sein[139]. So kann die Vorbereitung bestimmter überraschender Untersuchungshandlungen (z.B. Durchsuchung) der Akteneinsicht entgegenstehen, nicht aber ermittlungstaktische Erwägungen der Staatsanwaltschaft (z.B. die Absicht, den Beschuldigten überraschend mit neuen Ermittlungsergebnissen zu konfrontieren)[140], oder gar das Bestreben der Staatsanwaltschaft, ihre Ermittlungen ungestört durchführen zu können[141]. Erst recht nicht die Erwägung, daß und weil der Beschuldigte bisher keine Angaben gemacht habe[142]. Auch nicht die Besorgnis, der Verteidiger komme durch die Aktenkenntnis in einen Pflichtenwiderstreit[143]; dies Problem zu lösen, ist der Verteidiger allein in der Lage[144].

So gut das alles klingt, der Verteidiger hat hier mit vielen Schwierigkeiten zu kämpfen. Das beginnt damit, daß er auf seinen Akteneinsichtsantrag überhaupt keine Antwort erhält. Hilft auch ein Erinnerungsschreiben nicht und ist auch (in geeigneten Fällen) ein Gespräch mit dem sachbearbeitenden Staatsanwalt ohne Erfolg, ist in einem weiteren Schreiben der Hinweis angebracht, der Vorgang möge nunmehr dem Abteilungsleiter vorgelegt werden. Das wirkt manchmal Wunder. Wird dem Verteidiger geantwortet, jedoch eine Akteneinsicht abgelehnt, fehlt oft jegliche Begründung (..."wird mitgeteilt, daß z.Zt. keine Akteneinsicht gewährt werden kann."). Wendet sich der Verteidiger dagegen, erhält er vielleicht nur den lapidaren Hinweis auf § 147 Abs. 2 StPO. Der Verteidiger befindet sich hier in einer sehr schwachen Position. Sie ist vom Gesetzgeber anscheinend gewollt, da er bewußt

---

137 *KK-Laufhütte*, § 147 Rn. 9.
138 *KK-Laufhütte*, § 147 Rn. 9.
139 *Kleinknecht/Meyer-Goßner*, § 147 Rn. 25.
140 *Dahs*, Rn. 216.
141 *Krekeler*, Probleme der Verteidigung in Wirtschaftsstrafsachen, wistra 1983, S. 43 ff., 47.
142 *Dahs*, Rn. 216, 238.
143 Dazu unten Rn. 84 und 85.
144 *Dahs*, Rn. 216.

der Staatsanwaltschaft im Ermittlungsverfahren einen Informationsvorsprung eingeräumt hat[145]. Die rechtlichen Überprüfungsmöglichkeiten der Versagung von Akteneinsicht sind zudem erst in den Anfängen und sehr umstritten[146].

Der Verteidiger sollte deshalb das Gespräch mit dem Staatsanwalt suchen[147]. Es kann dann ein bestimmter Zeitpunkt vereinbart werden, ab dem die Akten dem Verteidiger zur Verfügung stehen; der Verteidiger kann dem Staatsanwalt klarmachen, daß die Gewährung von Akteneinsicht der Verfahrensbeschleunigung dient, weil nach Akteneinsicht sofort eine Beschuldigtenerklärung abgegeben werde; u. U. kann auch eine ganz kurze (ansonsten nicht hinnehmbare) Frist zur Aktenrückgabe vereinbart werden. Möglich ist auch eine Vereinbarung mit dem Staatsanwalt (im Einverständnis mit dem Mandanten!) dergestalt, daß der Verteidiger zwar Akteneinsicht erhält, der Mandant jedoch noch nicht über den Akteninhalt informiert werden darf[148]. Auf diese Weise kann der Verteidiger wenigstens mit der Aktenarbeit beginnen. Er befindet sich gegenüber seinem Mandanten allerdings in einer unangenehmen Lage. Daher sollte diese Vorgehensweise auf Ausnahmefälle beschränkt bleiben.

Bei seinen Anträgen und Gesprächen muß der Verteidiger die Vorschrift des **§ 147 Abs. 3 StPO** im Auge behalten. Diese Bestimmung ist nicht nur vielen Verteidigern unbekannt, sondern auch manchem Staatsanwalt. Danach darf dem Verteidiger in keiner Lage des Verfahrens die Einsicht verwehrt werden in 63

– Niederschriften über die Vernehmung des Beschuldigten,[149]
– Niederschriften über solche richterlichen Untersuchungshandlungen, bei denen ihm als Verteidiger die Anwesenheit gestattet worden ist oder hätte gestattet werden müssen,[150]
– Gutachten von Sachverständigen.

---

145 BVerfG NStZ 1984, 228; *Peters*, Strafprozeß, 4. Aufl., S. 233; *Meyer-Goßner*, NStZ 1982, S. 353 ff., 357.
146 Siehe unten Rn. 69 ff.
147 *Kunigk*, Strafverteidigung, S. 172/173.
148 These 50 mit Begründung zu These 48.
149 Damit sind polizeiliche, staatsanwaltschaftliche und gerichtliche Protokolle gemeint (*KK-Laufhütte*, § 147 Rn. 11).
150 Ist in einer richterlichen Zeugenvernehmung Bezug genommen worden auf Niederschriften über polizeiliche Vernehmungen dieses Zeugen, unterliegen diese polizeilichen Protokolle § 147 Abs. 3 StPO; so OLG Hamm StV 1987, 479.

Das ist schon eine ganze Menge und läßt bei Kenntnis weitere Schlußfolgerungen zu. Sind die Akten versandt, braucht der Verteidiger sich
damit nicht abzufinden; dann müssen sie eben zurückgefordert werden. Können ihm die Originalakten nicht zur Verfügung gestellt werden, müssen ihm Fotokopien ausgehändigt werden[151]. Versagung der
Akteneinsicht in den Fällen des § 147 Abs. 3 StPO bedeutet Verweigerung des rechtlichen Gehörs[152]. Um die Staatsanwaltschaft zur Beachtung dieser Vorschrift zu „zwingen", ist in Abwandlung/Ergänzung des
Bestellungsschreibens (Muster 6) zu formulieren.

Sollte unter Hinweis auf § 147 Abs. 2 StPO Akteneinsicht nicht gewährt
werden, stelle ich die

Anträge:

1. Mir die unter § 147 Abs. 2 StPO fallenden Unterlagen zur
Einsicht zu übersenden;
2. hilfsweise: mir **verbindlich** zuzusichern, daß sich solche
Unterlagen nicht bei den Akten befinden.

Dies führt oft zu einem (aufgeregten/verwunderten) Anruf des Staatsanwaltes – und der Verteidiger ist damit im Gespräch mit ihm. Näheres
kann sodann erörtert werden.

64 Ist der **Abschluß der Ermittlungen** in den Akten vermerkt, darf das
Akteneinsichtsrecht nicht mehr beschränkt werden. Dem Verteidiger
müssen auf Antrag nunmehr die vollständigen Akten zur Verfügung
gestellt werden. War zuvor von § 147 Abs. 2 StPO Gebrauch gemacht
worden, ist dem Verteidiger jetzt Mitteilung zu machen, daß sein Recht
auf Akteneinsicht wieder uneingeschränkt besteht (§ 147 Abs. 6 S. 2
StPO).
Das wird manchmal seitens der Staatsanwaltschaft übersehen. Der
Verteidiger sollte daher in den entsprechenden Fällen ausdrücklich
„Akteneinsicht nach Abschluß der Ermittlungen" beantragen. Manche Staatsanwälte haben die Angewohnheit, in der Abschluß- und

---

151 BGHSt 18, 369; *Krekeler*, wistra 1983, S. 43 ff., 47.
152 BVerfG NJW 1965, 1171, 1172.

Zuleitungsverfügung an das Gericht zu schreiben: „Akteneinsicht bitte ich von dort aus zu gewähren." Das ist schlicht rechtswidrig, weil eindeutig gegen § 147 Abs. 2 und 6 StPO verstoßend. Außerdem widerspricht es Nr. 109 Abs. 1 RiStBV, wonach bei Fertigung des Vermerkes über den Abschluß der Ermittlungen § 147 Abs. 2 StPO besonders zu beachten ist. Der Verteidiger darf das nicht hinnehmen.

Erhält der Verteidiger Akteneinsicht, sieht er sich oft mit dem Problem **65** der **Länge der Akteneinsicht** konfrontiert. Fristen von drei Tagen sind keine Seltenheit, Fristen von einem Tag durchaus keine Ausnahme. Für einen einigermaßen beschäftigten Anwalt sind sie einfach nicht einzuhalten. Die gesetzte Frist stillschweigend zu überschreiten, geht nicht an[153]. Der Verteidiger muß den Ruf absoluter Zuverlässigkeit genießen. Dazu gehört die pünktliche Einhaltung von Fristen. Die Akten unbearbeitet zurückzugeben mit dem Antrag, nunmehr eine angemessene Frist zu bestimmen[154], ist ein zweifelhafter Rat. Nicht jeder Staatsanwalt ist für Ironie empfänglich. Er kann sich zudem auf den Standpunkt stellen, daß durch eine erneute Aktenversendung der Fortgang des Verfahrens verzögert wird, dies aber nicht zulässig sei[155]. Besser ist, rechtzeitig schriftlich eine Fristverlängerung zu beantragen. Reicht dazu die Zeit nicht, hilft ein Telefonat mit dem zuständigen Staatsanwalt. Oft stellt sich dabei heraus, daß die kurze Fristsetzung nur auf Unkenntnis der Abläufe in der Kanzlei eines beschäftigten Anwalts beruhte oder nur „der Form halber" geschah.

Bei allem sollte der Verteidiger darauf achten, sich nicht in die Schar der Rechtsanwälte einzuordnen, die an der erörterten Problematik selbst mit Schuld tragen. Gemeint sind die Anwälte, die Akteneinsicht für einen Tag oder 24 Stunden beantragen. So etwas kann in Ausnahmefällen einmal vertretbar sein. Ansonsten ist es eine Unsitte. Sie gibt ein falsches Bild und erschwert angemessene Fristsetzungen.

Nach § 147 Abs. 4 StPO sollen dem Verteidiger, soweit nicht wichtige **66** Gründe entgegenstehen, die Akten mit Ausnahme der Beweisstücke zur **Einsichtnahme in seine Geschäftsräume** oder in seine Wohnung mitgegeben werden. In Nr. 189 Abs. 2 RiStBV wird dies noch einmal betont. Fast eine Selbstverständlichkeit, denn anders ist eine sachge-

---

153 *Dahs*, Rn. 223 mit Rn. 149 a. E.
154 So *Dahs*, a. a. O.
155 *KK-Laufhütte*, § 147 Rn. 14: „Der Fortgang des Verfahrens darf durch die Einsicht nicht verzögert werden."

rechte Verteidigung nicht zu führen[156]. Der Verteidiger muß in Ruhe die Akten durcharbeiten und fotokopieren können. Dazu fehlt es bei der Staatsanwaltschaft schon an den äußeren Voraussetzungen.

Bei elektronisch gespeicherten Daten wird verlangt, daß der Verteidiger (zunächst) auf eigene Kosten die technischen Voraussetzungen für die Anfertigung einer Kopie schafft[157]. Kann oder will er dies nicht, müßte er (gegebenenfalls mehrmals) Einsicht am Computer des Staatsanwalts nehmen; dem stehen jedoch die gleichen Bedenken wie bei der „normalen" Akteneinsicht entgegen. – Begehrt der Verteidiger Einsicht in eine Videoaufzeichnung, was vornehmlich in Straßenverkehrssachen vorkommen dürfte, so ist ihm eine Kopie des einschlägigen Teils des Videobandes zu machen[158]. Zweckmäßigerweise legt der Verteidiger seinem Antrag auf Akteneinsicht eine leere Videokassette zwecks Anfertigung der Kopie bei.

Soweit es sich um Aktenteile mit sog. „besonders sensiblen Daten"[159] handelt, werden auch diese von § 147 Abs. 4 StPO umfaßt[160].

67   In der Regel wird der zuverlässige Verteidiger auch keine Schwierigkeiten haben, die Akten in seine Kanzlei zu bekommen. Probleme kann es allenfalls mit den insoweit vom Gesetz ausgenommenen „**Beweisstükken**" geben. Darunter versteht man alle als Beweismittel dienenden Sachen – z.B. gefälschte Urkunden, beleidigende Briefe, hochverräterische Schriften oder sonstige Gegenstände – an denen Tatspuren haften oder die sonst zum Beweis der Tat oder zur Entlastung dienen können[161]. Kommt es bei ihnen nur auf den in ihnen verkörperten Inhalt an, sind sie keine „Beweisstücke"[162]. Dazu gehören jedoch die Geschäftsunterlagen eines einer Wirtschaftsstraftat Beschuldigten[163]. Das kann, zumal in umfangreicheren Ermittlungsverfahren wegen Wirtschaftsstraftaten, zu erheblichen Schwierigkeiten führen. Ob das

---

156 Die Rechtsprechung verneint jedoch einen Rechtsanspruch auf Mitgabe! Nachweise bei *Eisenberg*, Aspekte der Rechtsstellung des Strafverteidigers, NJW 1991, S. 1257ff., 1259.
157 So *Fetzer*, (Fn. 130), S. 142.
158 BayObLG NStZ 1991, 190 mit zustimmender Anmerkung *Beck*, DAR 1991, S. 275.
159 Dazu näher oben Rn. 61 b.
160 *Groß* und *Fünfsinn*, (Fn. 133), S. 108.
161 *LR-Lüderssen*, § 147 Rn. 107.
162 *LR-Lüderssen*, a.a.O.
163 A.M. *Krekeler*, wistra 1983, S. 43ff., 47; differenzierend *Rieß*, Amtlich verwahrte Beweisstücke (§ 147 StPO), in: Festgabe für *Peters*, 1984, S. 113ff., 122; wie hier *LR-Lüderssen*, § 147 Rn. 117.

Recht des Beschuldigten auf ein faires Verfahren es gebietet, dem Verteidiger auch die Beweismittel in solchen Verfahren zur Einsichtnahme auf sein Büro zu überlassen[164], ist angesichts des deutlichen Wortlauts des § 147 Abs. 4 StPO fraglich. Der BGH wird es aufgrund bisher bekannter Entscheidungen sicherlich nicht zulassen[165]. Beiakten von justizfremden Behörden sind nur dann und nur insoweit Beweismittel, als sie wegen der individuellen Beschaffenheit ihrer Substanz Bedeutung erlangen können[166].

Bleibt somit der Weg, sich von der Staatsanwaltschaft Fotokopien der Beweismittel (Urkunden) anfertigen zu lassen. Einem entsprechenden Antrag wird in der Regel stattgegeben. Ein Anspruch darauf soll jedoch nicht bestehen[167]. Gegen diese Auffassung muß der Verteidiger immer wieder angehen. Denn eine sachgerechte Verteidigung ist nicht möglich, wenn der Verteidiger nicht ständig all das zur Hand hat, was auch dem Staatsanwalt zur Verfügung steht. Das gebietet das aus dem Rechtsstaatsprinzip herzuleitende Recht des Beschuldigten auf ein faires Verfahren[168]. Wer (zunächst) die Kosten für die Ablichtungen zu tragen hat, ist umstritten[169]. Eine andere Möglichkeit ist die, daß der Verteidiger selbst mit einem eigenen Kopiergerät an Ort und Stelle Kopien anfertigt.

Fallen amtlicher Verwahrungsort der Akten und Kanzleisitz des Verteidigers auseinander, soll es zulässig sein, die Einsichtnahme der Beweismittel beim Amtsgericht des Kanzleisitzes des Verteidigers zu gewähren[170]. Das spart wenigstens Zeit.

Freilich befindet sich der Verteidiger bei alledem in einer sehr schwachen Position. Denn § 147 Abs. 4 S. 2 StPO entzieht ausdrücklich die Entscheidung über die Akteneinsicht in der Kanzlei einer Anfechtung. **68**

---

164 So *Krekeler*, a. a. O.
165 Vgl. BGH bei *Pfeiffer* NStZ 1981, 95. *Kleinknecht/Meyer-Goßner*, § 147 Rn. 30, sprechen sogar davon, daß Beweisstücke „niemals" aus amtlichem Gewahrsam entlassen werden dürfen.
166 *LR-Lüderssen*, § 147 Rn. 108 mit Rn. 68.
167 *Dahs*, Rn. 220 a. E.; *KK-Laufhütte*, § 147 Rn. 6.
168 Insoweit zutreffend *Krekeler*, wie Fn. 139; im Ergebnis auch für einen Anspruch *Rieß*, (Fn. 139), S. 127 sowie *LR-Lüderssen*, § 147 Rn. 117 mit Fn. 163 und – bei „wesentlichen Beweisurkunden" – *Schäfer*, Die Einsicht in Strafakten durch Verfahrensbeteiligte und Dritte, NStZ 1985, S. 198 ff., 199.
169 *LR-Lüderssen*, § 147 Rn. 118: zunächst die Staatskasse. *Rieß*, (Fn. 139), S. 128: zunächst der Verteidiger.
170 So LG Heilbronn StV 1988, 293.

d) Versagung der Akteneinsicht

69 Mit Rechtsbehelfen bei Problemen der Akteneinsicht ist der Verteidiger sowieso nicht gut dran. Wird ihm im Ermittlungsverfahren durch die Staatsanwaltschaft die Einsicht verweigert, steht ihm nämlich nach h. M. dagegen kein förmliches Rechtsmittel zu; insbesondere soll ihm auch der Weg des Verfahrens gem. §§ 23 ff. EGGVG verschlossen sein[171].

70 Begründet wird dies mit dem Hinweis auf die Intentionen des Gesetzgebers. Dieser habe der Staatsanwaltschaft im Ermittlungsverfahren durchaus einen Informationsvorsprung einräumen wollen. Entscheidend sei, daß dem Verteidiger Gelegenheit zur Akteneinsicht gegeben werde und dies zwingend sei, wenn der Abschluß der Ermittlungen in den Akten vermerkt sei. Dahinter stehen wohl mehr praktische Überlegungen (Gefahr einer Verzögerung der Ermittlungen durch richterliche Kontrolle).

Gegen diese h. M. anzugehen, war für den Verteidiger früher so gut wie aussichtslos. Nunmehr existieren jedoch höchstrichterliche Entscheidungen, die da lauten: „Gegen die Versagung des besonderen Akteneinsichtsrechts i. S. d. § 147 Abs. 3 StPO im Vorverfahren ist der Rechtsweg nach §§ 23 ff. EGGVG eröffnet."[172] Sicherlich betrifft dies nur die Akteneinsicht im Falle des § 147 Abs. 3 StPO. Der Verteidiger kann (und sollte) aber mit diesen Entscheidungen im Rücken bei „seinem" Oberlandesgericht die Problematik erneut einer Überprüfung unterziehen lassen. Freilich muß er sich dabei auf Überraschungen gefaßt machen. So ist zwischenzeitlich entschieden worden[173], daß bei einem Sachverständigengutachten § 147 Abs. 3 StPO dann keine Anwendung finden soll, wenn Gegenstand des Gutachtens die Übersetzung

---

171 Überblick bei *Meyer-Goßner*, NStZ 1982, S. 353 ff., 357 Fn. 35 ff.; *Keller*, Zur gerichtlichen Kontrolle prozessualer Ermessensentscheidungen der Staatsanwaltschaft, GA 1983, S. 497 ff., 497 Fn. 4; *Welp*, Probleme des Akteneinsichtsrechts, in: Festgabe für Peters, 1984, S. 309 ff., 323 ff.; OLG Hamm NStZ 1984, 280. Siehe auch BVerfG NJW 1985, 1019 und NJW 1994, 573. – Zu den Argumenten gegen die h. M. vgl. *Bottke*, StV 1986, S. 120 ff., 123. – Siehe auch OLG Frankfurt, StV 1989, 96 und StV 1993, 292 mit abl. Anm. *Taschke* a. a. O., 294.
172 OLG Celle StV 1983, 192 = NStZ 1983, 379; OLG Hamm StV 1987, 479. – Bei polizeilichen Spurenakten hat OLG Hamm StV 1984, 191 den Rechtsweg nach §§ 23 ff. EGGVG bejaht; siehe oben Rn. 59.
173 OLG Hamburg StV 1986, 422.

von Urkunden oder Vernehmungsniederschriften in die deutsche Sprache sei[174].

Ausnahmsweise wird eine Anfechtbarkeit der Versagung der Akteneinsicht im Verfahren nach den §§ 23 ff. EGGVG dann bejaht, wenn die Grenze erreicht ist, „jenseits derer der effektive Rechtsschutz eines Betroffenen in Frage gestellt würde"[175]. Da man darüber wahrlich verschiedener Ansicht sein kann[176], ist für die Praxis nicht viel gewonnen.

Ob für einen sich in Untersuchungshaft befindenden Beschuldigten etwas anderes gilt, wird unter Hinweis auf eine Entscheidung des EGMR[177] in der Literatur vereinzelt bejaht[178]; die Praxis folgt dem nicht[179].

Die h. M. verweist den Verteidiger auf den Weg der **Dienstaufsichtsbe-** **71** **schwerde**[180]. Ein Weg, den zu gehen, verstanden sein will. Der Verteidiger, der ihn zu oft geht, wird bald nicht mehr ernst genommen. An ihm bewahrheitet sich der Spruch von den „3 F bei der Dienstaufsichtsbeschwerde": formlos, fristlos, fruchtlos. Er schadet im Einzelfall dem Mandanten mehr als er ihm nützt. Der Verteidiger, der nur selten und auch nur in wirklich krassen Fällen Dienstaufsichtsbeschwerde erhebt, erfährt hingegen oft einen überraschenden Erfolg.

Die Dienstaufsichtsbeschwerde muß in der Sache so hart sein, wie das richtig verstandene Interesse des Mandanten und eine sachgerechte Verteidigung es erfordern. In den Formulierungen sollte sie sich persönlicher Angriffe enthalten. Wer sich in der Sache stark fühlt, bedarf keiner persönlichen Angriffe. Sie sind zudem berufsrechtlich bedenklich. Auch muß bedacht werden, in Zukunft mit dem Staatsanwalt noch reden zu können. Zweckmäßig ist ein Hinweis auf die Entscheidung des Bundesverfassungsgerichts, wonach § 147 StPO gebiete, die Akten dem Verteidiger so früh wie möglich offenzulegen[181].

---

174 Dagegen überzeugend *Welp*, Rechtsschutz gegen verweigerte Akteneinsicht, StV 1986, S. 446 ff.
175 OLG Hamm StV 1993, 299, 300.
176 In dem zu entscheidenden Fall dauerte das Ermittlungsverfahren fünf bzw. sechs Jahre – ohne Akteneinsicht!
177 Vom 30. 3. 1989, wistra 1993, 333.
178 *Ziegler*, Akteneinsichtsrecht des Verteidigers bei Untersuchungshaft, StV 1993, 320; *Schmitz*, Das Recht auf Akteneinsicht bei Anordnung von Untersuchungshaft, wistra 1993, 319.
179 KG wistra 1994, 38. Siehe aber auch KG StV 1993, 370 mit Anm. *Schlothauer* und KG StV 1994, 318 mit Anm. *Schlothauer*.
180 Vgl. *Meyer-Goßner*, a. a. O. m. w. N.
181 StV 1983, 177, 178.

Der Verteidiger sollte auch an eine **Gegenvorstellung** denken. Wie die Dienstaufsichtsbeschwerde beanstandet sie das Verhalten des Beamten. Während die Dienstaufsichtsbeschwerde sich an die übergeordnete Stelle richtet, hat die Gegenvorstellung jedoch den Beamten selbst zum Adressaten. Sie verfolgt somit das Ziel, daß die Stelle, die entschieden hat, ihre Entscheidung selbst überprüft. Die Staatsanwälte sind meist recht dankbar, wenn sich der Verteidiger zunächst noch einmal an sie wendet und nicht gleich den Vorgesetzten mobilisiert. Die Dienstaufsichtsbeschwerde bleibt dem Verteidiger ja immer noch[182].

72 Ein „indirekter Rechtsbehelf" gegen die Versagung von Akteneinsicht ist die **Aussageverweigerung** des Beschuldigten. Der Staatsanwalt, der ohne Einlassung des Beschuldigten mit den Ermittlungen nicht vorankommt, wird eher zur Akteneinsicht bereit sein, wenn eine Äußerung des Beschuldigten (danach) in Aussicht gestellt wird[183]. Der Verteidiger, der entsprechend taktiert, „erpreßt" nicht. Er macht nur von den Möglichkeiten der Strafprozeßordnung Gebrauch.

73 Ob Verfahren nach §§ 23 ff. EGGVG, ob Dienstaufsichtsbeschwerde, ob Aussageverweigerung – der Verteidiger sollte vor und über allem das **Gespräch mit dem Staatsanwalt** nicht vergessen. Oft kann in einer vernünftigen Unterredung ein Zeitpunkt für die Akteneinsicht festgelegt werden; oder ein Teil der Akten, z.B. die bereits durchermittelten Komplexe, wird zur Verfügung gestellt; oder der Staatsanwalt teilt dem Verteidiger wenigstens mündlich Einzelheiten aus den Ermittlungen mit. Ersetzen kann das die Akteneinsicht natürlich nicht. Aber es ist besser als nichts. Und bei mehrfacher Wiederholung eines solchen Gesprächs erfährt der Verteidiger doch eine ganze Menge.

73a Gewährt die Staatsanwaltschaft dem **Verletzten** unter Verkennung der Voraussetzungen des § 406e Abs. 2 StPO **Akteneinsicht**, ist dagegen vorzugehen, indem eine gerichtliche Entscheidung beantragt wird. Zwar steht diesbezüglich nichts im Gesetz. Die Notwendigkeit einer solchen richterlichen Überprüfung folgt jedoch aus der vom Opfer-

---

182 Zur Gegenvorstellung grundlegend, allerdings in erster Linie auf richterliche Entscheidungen bezogen, vgl. *Werner*, Strafprozessuale Gegenvorstellung und Rechtsmittelsystem, NJW 1991, S. 19 ff.; *Hohmann*, Die Gegenvorstellung – „Stiefkind" des Strafverfahrens?, JR 1991, S. 10 ff.; *Matt*, Die Gegenvorstellung im Strafverfahren, MDR 1992, S. 820–826.
183 *Kunigk*, Strafverteidigung, S. 171.

schutzgesetz[184] intendierten „Waffengleichheit" zwischen dem Beschuldigten und dem Verletzten[185]: Wenn der Verletzte eine richterliche Entscheidung herbeiführen kann – § 406 e Abs. 4 S. 2 StPO –, dann muß es der Beschuldigte auch können[186].

Der Weg der gerichtlichen Überprüfung durch den Beschuldigten ist umstritten. Einerseits wird eine analoge Anwendung der §§ 406 e Abs. 4 S. 2, 161 a Abs. 3 StPO befürwortet[187]. Andererseits wird der Rechtsweg nach §§ 23 ff. EGGVG für richtig gehalten[188]. Um nicht für ein und denselben Vorgang – Akteneinsicht durch den Verletzten – den Rechtsweg „aufzuspalten" (für den Verletzten § 161 a Abs. 2 S. 2 StPO über § 406 e Abs. 4 S. 2 StPO, für den Beschuldigten §§ 23 ff. EGGVG), ist der ersteren Meinung der Vorzug zu geben

e) Umgang mit den Akten

Erhält der Verteidiger die Akten auf sein Büro ausgehändigt, muß er für **74** eine sorgfältige **Behandlung der Akten** Sorge tragen. Die Akten dürfen nicht beschädigt werden, geschweige denn verloren gehen. Unbefugte dürfen in sie keinen Einblick nehmen können. Rückgabefristen sind pünktlich einzuhalten[189]. Akten auswärtiger Staatsanwaltschaften, die dem Verteidiger direkt, also nicht über das Amtsgericht geschickt werden, sollten per Einschreiben zurückgesendet werden; in geeigneten Fällen als Wertpaket. Das vermindert ein wenig die Gefahr des Verlustes und macht einen guten Eindruck. Über Eingang und Ausgang der Akten ist eine Liste zu führen, die wie folgt aussehen kann:

---

184 Vgl. oben Fn. 101.
185 *Schlothauer*, Das Akteneinsichtsrecht des Verletzten nach dem Opferschutzgesetz vom 18. 12. 1986 und die Rechte des Beschuldigten, StV 1987, S. 356 ff., 359.
186 Bei einer **richterlichen** Entscheidung gem. § 406 e Abs. 4 S. 2 StPO, in der Akteneinsicht gewährt wurde, hat der BGH (NStZ 1991, 95) eine Anfechtbarkeit durch den Beteiligten verneint.
187 *Rieß* und *Hilger*, Das neue Strafverfahrensrecht, NStZ 1987, S. 145 ff., 155 Fn. 226; OLG Hamm NStZ 1991, 352; jetzt auch BGH StV 1993, 118. Siehe auch Begründung des Regierungsentwurfs, BT-Dr 10/5305, S. 18.
188 *Schlothauer*, a. a. O.; OLG Koblenz NStZ 1988, 89.
189 Dazu vgl. oben Rn. 65.

Muster 9

AKTE	BEHÖRDE	EINGANG	AUSGANG	BEARBEITER
Hutten 3001 Js 12/95	StA Mannheim	16. 5. 1995 Post	22. 5. 1995 Post	Klein

Enthalten muß sein: Name des Mandanten, Aktenzeichen, aktenver-
sendende Behörde, ggf. Anzahl der Bände, Datum des Eingangs, Datum
des Ausgangs, ob die Akte per Post kam oder durch das Kanzleipersonal
direkt geholt wurde, Handzeichen des insoweit Verantwortlichen. Bei
mit der Post versandten Akten sind die Akten mit einem entsprechenden Begleitschreiben zurückzuschicken, von dem ein Durchschlag in
die Akte des Verteidigers kommt; besteht die Akte aus mehreren Stük-
ken, ist dies in dem Schreiben aufzuführen (...3 Leitzordner mit den
Aufschriften „Hauptakte I, II, III"). Bei direkt übergebenen Akten lassen sich die Geschäftsstellen ein Empfangsbekenntnis unterschreiben,
das bei Rückgabe der Akte an das Kanzleipersonal ausgehändigt wird;
es ist ebenfalls aufzubewahren.

75 Der Verteidiger ist berechtigt, von den ihm zur Einsicht überlassenen
Akten Abschriften oder **Fotokopien** anzufertigen oder anfertigen zu
lassen[190]. Dies wird in der Regel in der Kanzlei durch das Büropersonal
mit dem eigenen Fotokopiergerät geschehen.

76 Der **Umfang des Aktenauszuges** bestimmt sich nach der Sache selbst
und dem persönlichen Arbeitsstil des Verteidigers. Dabei gilt die Regel:
lieber zuviel als zuwenig. Was prima facie unwichtig erscheint, stellt
sich bei näherer Befassung als wichtig heraus. Spätere Ermittlungen
lassen ursprünglich Irrelevantes relevant werden.

Nicht nur Vernehmungsprotokolle, Polizeiberichte, Sachverständigengutachten, Skizzen und Fotografien sind bedeutsam. Verfügungen
des Staatsanwalts lassen in Art und Zielrichtung oft wertvolle Auf-
schlüsse zu. Aus Unterstreichungen, Anmerkungen, Frage- und Ausru-
fezeichen sowie Korrekturen ergeben sich interessante Rückschlüsse.

---

190 BGHSt 18, 369, 371; *KK-Laufhütte*, § 147 Rn. 6.

Ein sog. Fehlblatt gibt Anlaß zur Nachprüfung, was „fehlt" und wo es jetzt ist. Rechnungen von Sachverständigen zeigen, welche Zeit für die Untersuchung aufgewendet wurde. Bei Vernehmungen ausländischer Zeugen ist das Original mitzukopieren, um ggf. Übersetzungsfehler nachzuweisen.

Bei alledem hat der Verteidiger die Kostenerstattungsprobleme im Auge zu behalten[191]. Er muß irgendwann dem Mandanten, einer Rechtsschutzversicherung oder der Staatskasse Rechenschaft über die Notwendigkeit der Anfertigung der von ihm in Rechnung gestellten Fotokopien ablegen.

Der Zeitpunkt der Akteneinsicht ist festzuhalten. In den Akten des Verteidigers durch einen Vermerk in der dafür vorgesehenen Rubrik[192]. In den Akten der Staatsanwaltschaft durch einen Stempel oder ein entsprechendes Schreiben. Auf diese Weise ist festgehalten bis wann der Verteidiger „Bescheid weiß".

Kommt es zu einem **Verlust der Akten**, wird seitens der Strafverfol- 77 gungsbehörden eine Rekonstruktion derselben in die Wege geleitet. Ob und inwieweit der Verteidiger daran mitzuwirken hat, ist umstritten. Man wird hierbei differenzieren müssen. Geschah der Aktenverlust bei der Justiz, ist der Verteidiger ohne Zustimmung des Mandanten nicht verpflichtet und berechtigt, seine Fotokopien zur Verfügung zu stellen. Ereignete sich der Aktenverlust beim Verteidiger, ist er zur Mithilfe bei der Rekonstruktion der Akten verpflichtet[193].

f) Verwertung der Akteneinsicht

„Sachgerechte Strafverteidigung setzt voraus, daß der Beschuldigte 78 weiß, worauf sich der gegen ihn erhobene Vorwurf stützt, und daß er den Verteidiger informieren kann, wie er sich dazu einlassen wird. Der Verteidiger ist deshalb in der Regel berechtigt und u. U. sogar verpflichtet, dem Beschuldigten zu Verteidigungszwecken mitzuteilen, was er aus den Akten erfahren hat"[194]. Das ist der Grundsatz.

---

191 Vgl. dazu näher unten Rn. 224 ff.
192 Vgl. oben Rn. 53 und Muster 8.
193 *Waldowski*, Verteidiger als Helfer des Staatsanwaltes?, NStZ 1984, S. 448 ff.
194 BGHSt 29, 99, 102.

79 Wie der Verteidiger ihn in die Praxis umsetzt, welche **Form der Informierung** des Mandanten er wählt, hängt vom Einzelfall ab. Er kann dem Mandanten den von ihm gefertigten Aktenauszug zum Durchlesen und Durcharbeiten überlassen. Das ist eindeutig zulässig[195]. Freilich wird der Beschuldigte mit dem Aktenauszug in der Hand gelegentlich immer noch mit Mißtrauen beobachtet. Das darf der Verteidiger nicht dulden. Ein Hinweis auf die einschlägige BGH-Rechtsprechung ist angebracht und hilft.

80 Von der rechtlichen Zulässigkeit ist die Zweckmäßigkeit zu unterscheiden. Der Rat, in der Regel dem Mandanten die gefertigten Fotokopien zu überlassen[196], ist nicht unproblematisch. Denn manche Mandanten lesen „zuviel". Sie vermögen Unwesentliches von Wesentlichem nicht zu trennen; in der Praxis durchaus gängige Formulierungen wollen sie zum Gegenstand entsprechender Schritte (Dienstaufsichtsbeschwerden, Strafanzeigen) machen; Form und Inhalt belastender Aussagen veranlassen sie zu Gegenanzeigen. In einfach gelagerten und umfangsmäßig unbedeutenden Verfahren empfiehlt es sich daher, dem Mandanten aus dem Aktenauszug vorzulesen.

81 Überläßt der Verteidiger dem Mandanten die angefertigten Fotokopien, hat er ihn darauf hinzuweisen, daß diese nur für ihn als Beschuldigten und auch nur im Rahmen seiner Verteidigung bestimmt sind. Zweckmäßigerweise läßt der Verteidiger sich ein Formular unterschreiben, das wie folgt lautet:

Muster 10

Mir ist bekannt, daß ich den mir überlassenen Aktenauszug in der Sache 6013 Js 2444/95 StA Kaiserslautern dritten Personen nicht zugänglich machen darf und daß der Aktenauszug nur den Zwecken meiner Verteidigung zu dienen hat.

Kaiserslautern, den 22. 5. 1995, gez. Frieda Dahm.

---

195 BGH a. a. O.
196 So *Dahs*, Rn. 227.

Spätestens nach Abschluß des Verfahrens sollte der Verteidiger den 82
überlassenen Aktenauszug von dem Mandanten zurückfordern. Eine
Rechtspflicht dazu besteht jedoch nicht[197].

Originalakten darf der Verteidiger dem Mandanten niemals aushändi- 83
gen[198]. Eine andere Frage ist, ob er ihn wenigstens in die Originalakten
einsehen lassen darf. Von Bedeutung ist dies insbesondere in umfangreichen (Wirtschafts-)Strafsachen. Der Verteidiger vermag in der kur-
zen ihm zwecks Akteneinsicht zur Verfügung stehenden Zeit und bei
der erstmaligen Befassung mit den Akten oft nicht vollständig die
Bedeutung zu erkennen. Nicht selten stehen auch technische Probleme (Umfang der Geschäftsunterlagen) entgegen. § 147 StPO gibt
dem Beschuldigten zwar ein Recht auf Akteneinsicht; die Ausübung
dieses Rechtes steht aber nur dem Verteidiger zu[199]. Mit ausdrückli-
cher Zustimmung der Staatsanwaltschaft und unter ständiger Aufsicht
des Verteidigers oder eines seiner Mitarbeiter wird jedoch eine Einsichtnahme des Mandanten in die Originalakten beim Verteidiger für
zulässig gehalten[200]. Peinlichste Sorgfalt ist geboten, denn der Verteidiger ist für den unversehrten Aktenbestand verantwortlich[201].

Ob der Grundsatz des Informierungsrechts des Verteidigers (sei es 84
durch mündliche Mitteilung des Akteninhalts, sei es durch Überlassung des angefertigten Aktenauszuges) **Einschränkungen** erleidet, ist
umstritten. Nach der Rechtsprechung des BGH kommen Ausnahmen
von dem Grundsatz – abgesehen von dem Sonderfall der Verschlußsa-
che – (nur) in Betracht, wenn die Aushändigung der Abschriften den
Untersuchungszweck gefährden würde oder zu befürchten ist, daß die
Auszüge oder Abschriften zu verfahrensfremden Zwecken mißbraucht
werden; dabei entscheiden jeweils die Umstände des Einzelfalles[202].
Dem ist weitgehend gefolgt worden[203]. Anders jedoch ein großer Teil

---

197 *Kleinknecht/Meyer-Goßner*, § 147 Rn. 23.
198 Das folgt schon aus einem Umkehrschluß von BGHSt 29, 99, 102; vgl. auch
   These 48.
199 BVerfG NStZ 1983, 131, 132; *LR-Lüderssen*, § 147 Rn. 9; *Mehle*, NStZ 1983,
   S. 557 ff., 557; *Keller*, GA 1983, S. 497 ff., 499 Fn. 16; *Welp*, Probleme des Akteneinsichtsrechts, in: Festgabe für Peters, 1984, S. 309 ff., 312, 323.
200 *Dahs*, Rn. 229; *Lingenberg/Hummel/Zuck/Eich*, § 15 Rn. 4; *Krekeler*, wistra 1983,
   S. 43 ff., 47; OLG Zweibrücken NJW 1977, 1699.
201 *Lingenberg/Hummel/Zuck/Eich*, § 15 Rn. 4 a. E.; These 46.
202 BGHSt 29, 99, 103.
203 KG NStZ 1983, 556; *KK-Laufhütte*, § 147 Rn. 8; *Kleinknecht/Meyer-Goßner*, § 147
   Rn. 21; *Beulke*, Die Strafbarkeit des Verteidigers, Rn. 42 ff. mit eingehendem Überblick in Fn. 68 und 69.

des Schrifttums[204] und der Strafrechtsausschuß der Bundesrechtsanwaltskammer[205]. Letzterer hat beschlossen: „Der Verteidiger ist berechtigt, dem Beschuldigten den gesamten Inhalt der Ermittlungsakte bekanntzugeben, den er, der Verteidiger, in Ausübung seines Rechtes auf Akteneinsicht zulässigerweise erfahren hat."[206] Kein Wunder, daß bei dieser Rechtslage unter den Verteidigern große Unsicherheit herrscht[207]. Zwar hat die Meinung des anwaltlichen Schrifttums viel für sich. Denn wenn der Verteidiger dem Beschuldigten sein Wissen verschweigen muß, tritt eine Belastung des Vertrauensverhältnisses ein; letzteres ist aber die Voraussetzung einer sachgerechten Verteidigung. Der Verteidiger besitzt zudem keine „Filterfunktion"[208]; die Staatsanwaltschaft hat anhand des § 147 Abs. 2 StPO zu prüfen, ob mit der Akteneinsicht eine Gefährdung des Untersuchungszwecks verbunden ist. Schließlich legt dem Verteidiger seine Stellung als Organ der Rechtspflege nicht auf, eine Gefährdung des Untersuchungszwecks dort noch zu bejahen, wo die Staatsanwaltschaft sie durch die Gewährung von Akteneinsicht verneint hat. Trotzdem muß der Verteidiger in Anbetracht der Entscheidung des BGH, der divergierenden Meinungen der Literatur und der Umstrittenheit selbst unter den Verteidigern sehr vorsichtig sein.

Möglicherweise bahnt sich jedoch hier ein Wandel in der Rechtsprechung an. So hat das OLG Hamburg[209] für den Fall „befugter" Einsichtnahme in die Akten durch den Verteidiger entschieden: „Die Auffassung, daß einem Verteidiger schlechthin verboten sei, seinem Mandanten über drohende Zwangsmaßnahmen zu informieren und ihm etwa auch darauf gerichtete, aus den Akten ersichtliche Schritte mitzuteilen, findet im Gesetz keinen Anhalt." Das OLG Hamburg läßt mithin eine Weitergabe der Informationen zu, wenn der Verteidiger die Akten

---

204 *Dahs*, Rn. 227 und 50; *Krekeler*, wistra 1983, S. 43 ff., 47; *Tondorf*, StV 1983, S. 257 ff.; *Mehle*, NStZ 1983, S. 557 ff.; *Welp*, in: Festgabe für Peters, 1984, S. 309 ff., 323; Formularbuch-*Hassemer*, S. 9 und S. 23 mit Überblick über den Meinungsstand; *LR-Lüderssen*, § 147 Rn. 127; *Krekeler*, Strafrechtliche Grenzen der Verteidigung, NStZ 1989, S. 146 ff., 149.
205 Beschluß vom 16. Febr. 1979, abgedruckt bei Tondorf, a. a. O., S. 258.
206 Siehe jetzt auch These 51.
207 Vgl. dazu das Ergebnis einer Umfrage unter Verteidigern (*Tondorf* a. a. O., S. 257), das freilich wegen der geringen Zahl der Antworten keinen repräsentativen, allenfalls indiziellen Charakter besitzt.
208 *Krekeler* a. a. O.
209 Beschluß vom 17. 2. 1987 – (33) 28/86 Ns, 51 Js 85/84, BRAK-Mitt. 3/1987, S. 163 f. mit Anm. *Dahs* ebenda.

„befugt" eingesehen hat und wenn er bei der Weitergabe der Informationen in Erfüllung seines Verteidigerauftrages handelt (also nicht die Absicht hat, die Durchführung des Strafverfahrens ganz oder zum Teil zu vereiteln, § 258 StGB); in Kurzform: bei zulässiger Einsicht und Information zu Verteidigungszwecken[210]. In einer späteren Entscheidung[211] hat das OLG Hamburg jedoch die Streitfrage offengelassen[212].

Die Problematik stellt sich vor allem dann, wenn der Beschuldigte durch die Information des Verteidigers erfahren würde, daß beispielsweise eine Durchsuchung seiner Wohnung bevorsteht oder die Staatsanwaltschaft den Erlaß eines Haftbefehls gegen ihn beantragt hat. Nicht hingegen, wenn der Beschuldigte durch die Unterrichtung über das Ergebnis der bisherigen Ermittlungen, insbesondere der Zeugenaussagen, die Möglichkeit erhält, den Sachverhalt zu verdunkeln und z.B. ein falsches Alibi aufzubauen. Hier hält (sogar) der BGH eine Informierung für zulässig und fügt hinzu: „Zweifel, Vermutungen und selbst ein erheblicher Verdacht des Verteidigers, der Beschuldigte könne ihm überlassene Unterlagen zur Verschleierung des Sachverhalts mißbrauchen, können... kein Grund sein, dem Verteidiger Handlungen zu untersagen, die üblicherweise im Interesse der Verteidigung liegen[213]. Eine Einschränkung soll insoweit nur gelten, wenn der Verteidiger positiv weiß, eine Zeugenaussage zugunsten des Beschuldigten ist falsch[214].

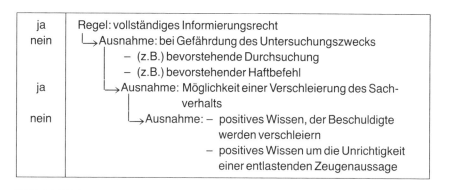

ja	Regel: vollständiges Informierungsrecht
nein	└→Ausnahme: bei Gefährdung des Untersuchungszwecks
	– (z.B.) bevorstehende Durchsuchung
	– (z.B.) bevorstehender Haftbefehl
ja	└→Ausnahme: Möglichkeit einer Verschleierung des Sachverhalts
nein	└→Ausnahme: – positives Wissen, der Beschuldigte werden verschleiern
	– positives Wissen um die Unrichtigkeit einer entlastenden Zeugenaussage

---

210 *Dahs* a.a.O.
211 StV 1991, 551.
212 Für § 147 Abs. 1 StPO bejaht das OLG Hamburg hingegen ein unbeschränktes Informierungsrecht des Verteidigers.
213 BGHSt 29, 99, 103.
214 BGH a.a.O.

Die Meinung des BGH läßt sich demnach übersichtartig wie auf S. 63 darstellen[215].

85 Die vorstehenden Ansichten und Grundsätze gelten für den Fall, daß der Verteidiger sein Wissen in Ausübung seines Rechts auf Akteneinsicht zulässigerweise erlangt hat. Anders sieht es aus, wenn er seine **Kenntnisse auf anderen Wegen** erhalten hat. Als da sind: Akteneinsicht „auf kurzem Wege" (durch das Geschäftsstellenpersonal ohne entsprechende Verfügung des Staatsanwalts), Zufall (in seiner Gegenwart wird sich über die Sache unterhalten, jemand „verplaudert" sich), vertrauliche Unterredung mit dem Staatsanwalt. In allen diesen Fällen erhält der Verteidiger seine Informationen aufgrund von Umständen, die in der „Risikosphäre" der Justiz[216] liegen. Deswegen wird eine Weitergabe teilweise generell für zulässig erachtet[217], teilweise mit der Einschränkung, daß *alle* Umstände, die zum Wissen des Verteidigers geführt haben, in der „Risikosphäre" der Justiz liegen[218]. Allgemeingut ist diese Auffassung beileibe nicht[219], zumal auch die Standesrichtlinien schweigen. Außerdem ist die Verletzung der Vertraulichkeit eines Gesprächs eine „Todsünde des Verteidigers"[220]. Es dürfte zudem sein letztes vertrauliches Gespräch mit dem Staatsanwalt gewesen sein. Ein Patentrezept gibt es nicht. Der Verteidiger muß mit großem psychologischen Geschick auf der einen Seite seinen guten Kontakt zu den Strafverfolgungsorganen aufrechterhalten (im Interesse seiner Mandanten generell) und auf der anderen Seite das Interesse seines Mandanten (im konkreten Fall) wahren.

86 Ob und inwieweit **dritte Personen** durch den Verteidiger von dem Akteninhalt informiert und ihnen ggf. Aktenauszüge übergeben werden dürfen, ist z.Z. nicht einfach zu beantworten. § 14 RichtlRA (i.V.

---

215 Ja: Informierung des Beschuldigten durch den Verteidiger zulässig; nein: Informierung unzulässig.
216 *Dahs*, Rn. 50.
217 *Tondorf*, StV 1983, S. 257 ff., 260; *Krekeler*, Strafrechtliche Grenzen der Verteidigung, NStZ 1989, S. 146 ff., 149.
218 *Dahs*, Rn. 50.
219 A.M. z.B. *Pfeiffer* (Der Verteidiger dürfe solche Informationen „erst recht nicht" an den Mandanten weitergeben), DRiZ 1984, S. 341 ff., 348. A.M. auch *Beulke*, Die Strafbarkeit des Verteidigers, Rn. 46 ff.; für ihn entscheidet nicht, *wie* die Informationen erlangt wurden, sondern um *welche* Informationen es sich handelt: gehen diese in Richtung solcher Strafverfolgungsmaßnahmen, die „als besondere Eingriffsbefugnisse auf dem Überraschungsmoment beruhen", dann müsse eine Warnung unterbleiben.
220 *Dahs*, Rn. 135.

mit § 67 RichtlRA)[221] untersagte eine Bekanntgabe des Akteninhalts (nur) soweit, als eine mißbräuchliche Verwendung zu außerhalb des Verfahrens liegenden Zwecken zu befürchten ist. Nach § 15 RichtlRA (i. V. mit § 67 RichtlRA) bestanden grundsätzlich keine Bedenken gegen die Aushändigung von Abschriften oder Ablichtungen aus den Akten an

– den gesetzlichen Vertreter des Mandanten,
– eine zur Verständigung mit dem Mandanten eingeschaltete Person (z. B. Dolmetscher) oder
– einen vom Verteidiger beauftragten Sachverständigen.

An diese Grundsätze sollte sich der Verteidiger weiterhin halten[222].

Der Verteidiger hat dabei die Gesamtumstände des Falles und den Zweck des Strafverfahrens zu beachten. Mit Sachverständigen ist auch der Sachverständige gemeint, der nicht nach außen hin als solcher auftritt, sondern nur intern dem Verteidiger Hilfestellung leistet.

Der Verteidiger in Verkehrsstrafsachen erhält oft von der gegnerischen **87** Haftpflichtversicherung den Auftrag, ihr gegen „Erstattung der üblichen Gebühren" einen **Aktenauszug** zu besorgen. Kommt er dem nach, gerät er in den Bereich des § 356 StGB und eines berufsrechtlichen Vergehens. Eine einhellige Meinung zu diesem Problem existiert nicht. Im Schrifttum[223] wird teilweise differenziert. So soll die *Überlassung* des (schon angefertigten) Aktenauszuges zulässig sein[224], nicht aber die Annahme des Auftrages zur *Beschaffung* des Aktenauszuges[225]. Ganz überzeugend ist das nicht. Die Praxis verfährt anders. Anscheinend wird dies auch stillschweigend geduldet; anders ist das Fehlen ehrengerichtlicher Entscheidungen nicht zu erklären. Es wird daher auf die Umstände des konkreten Einzelfalles ankommen[226], wobei die Zulässigkeit als Regel und die Pflichtwidrigkeit als Ausnahme angesehen werden kann[227].

---

221 Die Weitergeltung dieser Vorschriften wurde auch nach den Entscheidungen des Bundesverfassungsgerichts bejaht; vgl. *Feuerich*, AnwBl 1988, S. 502 ff., 506, 513.
222 Vgl. insoweit auch These 49 und § 59 b Abs. 2 Nr. 6 a BRAO.
223 Rechtsprechung dazu existiert anscheinend nicht. *EGE V*, 256 behandelt nicht das eigentliche Problem.
224 *Lingenberg/Hummel/Zuck/Eich*, § 15 Rn. 10; *Dahs*, Rn. 233 (siehe auch Rn. 73) mit der Einschränkung, daß dann nur die Fotokopie-Gebühren in Rechnung gestellt werden dürfen, nicht jedoch die Pauschalgebühr für den Aktenauszug als solchen.
225 *Lingenberg/Hummel/Zuck/Eich*, § 15 Rn. 11; *Dahs*, wie Fn. 190.
226 So *Dahs*, Taschenbuch des Strafverteidigers, 4. Aufl., Rn. 199.
227 „Wenn sich aus den Akten Dinge ergeben, die Abträgliches über den eigenen Mandanten nachweisen": *Feuerich*, Bundesrechtsanwaltsordnung, 2. Aufl., § 43 Rn. 168.

g) Verschiedenes

88 In ein und demselben Ermittlungsverfahren ist **mehrfache Aktenein-sicht** möglich und zulässig. Sie ist notwendig, wenn seit der letzten Akteneinsicht neue Ermittlungen getätigt wurden. Auch hier gilt: lieber zuviel als zuwenig. Eine mehrfache Akteneinsicht mit dem alleinigen Ziel, dadurch das Verfahren zu verzögern, ist hingegen unseriös und (berufs-)rechtlich bedenklich[228].

89 Nicht alles, was für den Verteidiger wichtig ist, steht in den Akten. So z. B. nicht die Gedanken des Staatsanwalts[229]. Der Verteidiger kann sie mittelbar ableiten aus den entsprechenden Anträgen, Ermittlungsverfügungen, Vermerken und Anmerkungen des Staatsanwalts in den Akten. Die jeweiligen Schlußfolgerungen sind naturgemäß jedoch unvollkommen. Besser ist das die Akteneinsicht **begleitende Gespräch mit dem Staatsanwalt**. Der Verteidiger sollte daher den direkten mündlichen Kontakt mit dem Staatsanwalt suchen. Aber nicht in jedem Fall und nicht ständig. Sondern nur dann, wenn die konkrete Sache in ihrem jeweiligen Ermittlungsstand es gebietet.

90 Hat der Verteidiger Akteneinsicht gehabt und das Wichtigste fotokopiert, wird er nun die **Akte** eingehend **durcharbeiten**. Wie er das tut, ist eine Frage seines persönlichen Arbeitsstils. Ein allgemeingültiges Patentrezept gibt es nicht, aber den einen oder anderen Hinweis. So empfiehlt es sich, mit farbigen Unterstreichungen oder Hervorhebungen zu differenzieren: Personen, Daten, negative Umstände für den Mandanten, positive Umstände für den Mandanten. Jeder spontane Gedanke ist sofort zu notieren. Stellt er sich später als unrichtig heraus, kann man ihn immer noch streichen. Vergessen ist er hingegen schnell. Bei zahlreichen Einzelkomplexen und/oder Beteiligten sind Übersichten anzufertigen. Umfangreiche Akten erfordern die Aufstellung eines Inhaltsverzeichnisses.

Empfehlenswert ist die Anfertigung eines sog. **Arbeitsvermerks**. In ihm werden zusammenfassend die (ersten) Gedanken zum Tatsächlichen, zum Rechtlichen und zum Taktischen festgehalten. Bei der zweiten Befassung mit der Sache wird so Zeit gespart. Außerdem geht auf diese Weise nichts „verloren".

---

228 *Kunigk*, Strafverteidigung, S. 166/167.
229 Er braucht sie in den Akten auch nicht zu fixieren, etwa im Sinne einer (vorläufigen) Beweiswürdigung. Dazu *Schäfer*, Das Recht des Beschuldigten auf Gehör im Ermittlungsverfahren, wistra 1987, S. 165 ff., 169.

2. Unterredung mit dem Mandanten

Kennt der Verteidiger die Akten und hat er seine Kenntnisse dem **91**
Mandanten weitervermittelt[230], wird er mit diesem die Sach- und
Rechtslage (erneut) erörtern. Nun schon auf etwas sichererem Boden
als beim ersten Gespräch[231]. Unumstößlich fest muß der Boden freilich
nicht sein, denn der Mandant kann dem Verteidiger die Unwahrheit
sagen; sei es aus Angst, Unwissenheit oder Unsicherheit. Der Verteidiger sollte versuchen, dies herauszubekommen. Sonst kann er mit seinen späteren Erklärungen und Anträgen böse Überraschungen erleben.
Dadurch, daß er dem Mandanten nach dem Mund redet und alles
richtig findet, weil der Mandant es so will, erfährt er die Wahrheit
allerdings nicht. Der Verteidiger muß bei diesem Gespräch die Rolle
des Staatsanwaltes einnehmen[232], natürlich mit entsprechender Ankündigung und psychologischer Vorbereitung des Mandanten. Die
meisten Mandanten verstehen das dann schon richtig. Sie sind dem
Verteidiger zudem dankbar, wenn sie am Ende der Unterredung
merken, wie sie andernfalls sehenden Auges „in das Messer gerannt"
wären.

Diese Besprechung kann schon zur Festlegung einer Verteidigungsstrategie und darauf folgender Maßnahmen führen. Sie muß es aber nicht,
denn aus der internen (gegenüber dem Verteidiger) und qualifizierten
(auf Aktenkenntnis und Befragung durch den Verteidiger beruhenden)
Einlassung des Mandanten kann sich die Notwendigkeit weiterer Ermittlungen ergeben.

3. Eigene Ermittlungen[233]

Der Verteidiger kann die ihm notwendig erscheinenden Ermittlungen
bei der Staatsanwaltschaft beantragen[234], er kann sie aber (teilweise)
auch selbst anstellen.

---

230 Oben Rn. 79.
231 Oben Rn. 35.
232 *Hamm*, Entwicklungstendenzen der Strafverteidigung, Festschrift für Sarstedt,
S. 49 ff., 57/58.
233 Man spricht auch von eigenen Erhebungen; so z. B. Thesen 25 ff.

a) Die rechtliche Zulässigkeit

92 Entschließt sich der Verteidiger zu letzterem, muß er das **Mißtrauen** einkalkulieren, das **in der Praxis** den Ermittlungen eines Verteidigers entgegengebracht wird. Nicht nur auf Seiten der Strafverfolgungsorgane, sondern auch auf Seiten derer, die von den Ermittlungen des Verteidigers tangiert sind. Wer kennt nicht den Zeugen, der vor dem Richter auf entsprechendes Befragen hochroten Kopfes bejaht, bei dem Verteidiger gewesen zu sein und dabei ein Verhalten an den Tag legt, als ob er „sich mit dem Teufel eingelassen hätte"[235].

Genährt werden solche Vorstellungen durch Überlegungen wie: eigene Ermittlungen können den Verteidiger zu nahe an den Beschuldigten heranbringen; das Anwaltsbüro sollte nicht Ermittlungsbüro werden; ein vom Verteidiger vorweg gehörter Zeuge könnte als nicht mehr unbefangen erscheinen; in Zweifelsfällen fände sich der Verteidiger im Zeugenstand wieder; der Verteidiger könne durch die Ermittlungen der Wahrheit seinem Mandanten in den Rücken fallen; der Verteidiger könne in Konflikt geraten zwischen Schweigepflicht im Interesse des Mandanten und strenger Wahrheitspflicht gegenüber den Strafverfolgungsorganen[236].

93 Zwar ist nirgendwo ein eigenes **Ermittlungsrecht des Verteidigers** expressis verbis gesetzlich normiert. Verschiedene gesetzliche Regelungen setzen jedoch eine eigene Ermittlungstätigkeit des Verteidigers voraus, wie z. B. §§ 222 Abs. 2, 246 Abs. 2 und 3, 364 a, 364 b StPO[237]. Das Beweisantragsrecht kann der Verteidiger oft nicht sachgerecht ausüben, ohne in geeigneten Fällen entsprechende Recherchen anzustellen[238]. § 97 Abs. 2 BRAGO regelt den Ersatz der dem Pflichtverteidiger durch Nachforschungen zur Vorbereitung des Wiederaufnahmeverfahrens entstandenen Auslagen. (Schon) § 6 RichtlRA verhielt sich ausführlich über die Befragung und Beratung von Zeugen durch den Rechtsanwalt. All das ist nur verständlich, wenn dem Verteidiger eine

---

234 Dazu unten Rn. 148 ff.
235 *Dahs*, Rn. 167.
236 Alle Argumente von *Ernesti*, Grenzen anwaltlicher Interessenvertretung im Ermittlungsverfahren, JR 1982, S. 221 ff., 227, 228.
237 Einzelheiten bei *Jungfer*, Eigene Ermittlungstätigkeit des Strafverteidigers, StV 1981, S. 100 ff., 101/102.
238 *Richter II*, Grenzen anwaltlicher Interessenvertretung im Ermittlungsverfahren, NJW 1981, S. 1820 ff., 1823.

entsprechende Befugnis zukommt. Demgemäß ist allgemein anerkannt, daß der Verteidiger berechtigt ist, eigene Ermittlungen zu führen[239].

b) Die praktische Notwendigkeit[240]

Ein Anlaß für eigene Ermittlungen ergibt sich für den Verteidiger **94** manchmal aus der Notwendigkeit, die ihm gegebene **Einlassung des Mandanten** zu **überprüfen**. Die Mandanten sagen nun einmal nicht immer die Wahrheit, auch nicht dem Verteidiger gegenüber. Es ist daher zumindest mißverständlich, wenn in diesem Zusammenhang behauptet wird, der Verteidiger erlange die wesentlichen tatsächlichen Erkenntnisse durch die Auskünfte seines Klienten[241]; allenfalls nach einer „Kontrolle", sei es durch ein entsprechendes Gespräch, sei es durch eigene Ermittlungen.

Bevor der Verteidiger die (überprüfte) Einlassung des Mandanten hin- **95** ausgibt, wird er danach trachten, für die Richtigkeit **Beweise vorlegen** zu können. Anhaltspunkte dafür erhält er durch die Informationen des Mandanten. Aber oft eben auch nur Anhaltspunkte. Nicht selten bestätigt ein benannter Zeuge zwar die Darstellung des Beschuldigten, sagt aber gleichzeitig Belastendes aus. Oder er bekundet nur Negatives. Die psychologische Wirkung eines solchen Zeugen kann für den Mandanten verheerend sein[242]. Die Beistandsfunktion des Verteidigers gebietet diesem jedoch, keine den Beschuldigten belastenden Umstände in das Verfahren einzuführen. Somit kann er sich ggf. einer Pflichtwidrigkeit schuldig machen, wenn er es vor offizieller Benennung eines Zeugen unterläßt, sich vorher davon zu überzeugen, was dieser Zeuge aussagen kann und wird[243]. Entsprechendes gilt für die Einführung eines Sachverständigen. Und auch für den Antrag auf Vornahme eines Ortstermins (Augenscheins).

---

239 OLG Frankfurt StV 1981, 28; *KK-Laufhütte*, vor § 137 Rn. 3; *Beulke*, Der Verteidiger im Strafverfahren, S. 148; *ders.*, Strafprozeßrecht, Rn. 158; *Wetterich*, Der Strafverteidiger im Ermittlungsverfahren, Schriftenreihe der Polizei-Führungsakademie Nr. 2177 S. 70 ff., 73. Weitere (umfangreiche) Nachweise bei *Rückel*, Strafverteidigung und Zeugenbeweis, Rn. 8 Fn. 44.
240 Siehe dazu auch *Rückel*, Die Notwendigkeit eigener Ermittlungen des Strafverteidigers, in: Festgabe für Peters, 1984, S. 265 ff.
241 So aber *Ernesti*, JR 1982, S. 221 ff., 228.
242 Vgl. *Peters*, Fehlerquellen im Strafprozeß, 2. Band, S. 2 und Strafprozeß, S. 234.
243 *Krekeler*, Probleme der Verteidigung in Wirtschaftsstrafsachen, wistra 1983, S. 43 ff., 48.

96 Bei manchen Straftaten, insbesondere Verkehrsvergehen, sind **Spuren zu sichern**. Dafür ist zwar die Polizei da. Auch diese macht Fehler, teilweise kaum vorstellbare (in einer Verkehrssache wird die Breite der Straße falsch vermerkt). Irrtümlich falsch festgestellte Spuren später jedoch als solche zu erkennen und „gegen die Polizeibeamten" einzuführen, ist fast aussichtslos, es sei denn, der Verteidiger hat selbst oder durch von ihm beauftragte Personen Spuren gesichert.

c) Die tatsächliche Handhabung

97 Die rechtliche Zulässigkeit und die praktische Notwendigkeit eigener Ermittlungen des Verteidigers dürfen nicht darüber hinwegtäuschen, daß die **Bedeutung in der Praxis** nicht allzu groß ist[244]. Die Gründe dafür sind nicht so sehr in dem Wesen unseres Strafprozesses zu suchen, in dem die Inquisitionsmaxime gilt und schon die Staatsanwaltschaft im Ermittlungsverfahren verpflichtet ist, auch die den Beschuldigten entlastenden Umstände zu ermitteln (§ 160 Abs. 2 StPO). Die eigentlichen Ursachen sind ganz banal: Mangel an Zeit und Geld.

Der Verteidiger wird zumeist nicht die Zeit haben, eigene Beobachtungen, Nachforschungen und Befragungen anzustellen. Müßte er doch notgedrungen dadurch andere Mandate vernachlässigen (was aus mehreren Gründen nicht angeht). Oder er dürfte andere (neue) Klienten erst gar nicht annehmen (was er sich finanziell in der Regel wird nicht leisten können). Das führt zu dem zweiten Problem, der finanziellen Seite eigener Ermittlungen. Mandanten, die den Verteidiger so honorieren, daß er (viele) andere Mandate ablehnen kann, sind die Ausnahme. Somit bleibt die Übertragung der Ermittlungstätigkeit des Verteidigers auf dritte Personen, z.B. Privatdetektive. Damit verlagert sich die finanzielle Problematik nur. Denn nun muß der Mandant auch den vorschuß- und spesenfreudigen Detektiv bezahlen. Eine Erstattung dieser Kosten durch die Staatskasse dürfte so gut wie nie vorkommen. Endet das Ermittlungsverfahren mit einer Einstellung, fehlt es an einer entsprechenden Kostenvorschrift[245]. Endet das Strafverfahren in der Hauptverhandlung mit einem Freispruch, sind nach h.M. Aufwendun-

---

244 *Welp*, Die Rechtsstellung der Strafverteidiger, ZStW 1978 (90), S. 804 ff., 813.
245 Dazu vgl. unten Rn. 225.

gen für private Ermittlungen in der Regel keine notwendigen Auslagen
i. S. von § 464 a Abs. 2 StPO[246].

Hinzu kommt die Scheu mancher Verteidiger vor eigenen Ermittlungen. Oft ist die Scheu gepaart mit Unkenntnis der Rechtslage. Auch befürchten einige Verteidiger, man würde sie zu sehr identifizieren mit ihrem Mandanten. Nicht selten wird auch die Überlegung angestellt, die eigene Überprüfung eines Beweismittels (Befragung eines Zeugen) könne dem Mandanten nur schaden, weil das Beweismittel (die Aussagen des Zeugen) dann von vornherein kritischer betrachtet werden[247].

Folgende **Arten eigener Ermittlungen** des Verteidigers sind möglich: **98**
- Einholung von Auskünften
- Besichtigung des Tat-(Unfall-)ortes mit Anfertigung von Fotografien und Skizzen
- Beauftragung eines Privatdetektivs
- Beauftragung eines Sachverständigen
- Befragung von Zeugen.

Bei der **Tatortbesichtigung** ist Eile vonnöten. Wenn der Verteidiger hier   **99**
zu spät informiert wird oder zu lange zögert, sind die Spuren bereits verwischt und/oder überlagert.

Bei der **Beauftragung von Privatdetektiven**[248] „ist Vorsicht geboten.   **100**
Ihre Methode und ihre persönliche Zuverlässigkeit sind nicht immer unanfechtbar."[249] Aber gerade ihnen muß der Verteidiger oft einen Teil seiner Kenntnisse aus den Akten und den Gesprächen mit dem Mandanten anvertrauen, da andernfalls der Auftrag und seine Zielrichtung nicht deutlich werden. Problematisch ist auch die Bezahlung. Im Zeitpunkt der Beauftragung lassen sich der Umfang und der Nutzen ihrer Arbeit selten voraussagen. Da helfen dann auch Honorarvereinbarungen nicht völlig. Einen gewissen Schutz bietet, sich von den Verbandsorganisationen Anschriften geeigneter Detektive nennen zu lassen[250].

---

246 Überblick bei KK-Schikora/Schimansky, § 464 a Rn. 7. Zu Ausnahmen vgl. LG Marburg StV 1990, 362 mit Anm. Nix, a. a. O., S. 363 und OLG Düsseldorf NStZ 1991, 353 mit Anm. *Dahs* a. a. O., S. 354.
247 *Dahs*, Rn. 166.
248 Einen umfassenden Überblick über alle damit zusammenhängenden Probleme gibt *Jungfer*, Strafverteidiger und Detektiv, in: Schriftenreihe der Arbeitsgemeinschaften des Deutschen Anwaltvereins/Arbeitsgemeinschaft Strafrecht, Band 5, S. 136–182.
249 *Dahs*, Rn. 256.
250 Bundesverband Deutscher Detektive, Köhlstr. 16, 53125 Köln.

Keinesfalls darf der Verteidiger versäumen, mit dem Detektiv ein sog. freies Mitarbeiterverhältnis zu begründen. Das geschieht, indem er ihn in einer schriftlichen Vereinbarung zur Verschwiegenheit ermahnt[251] und jeden neuen Auftrag unter Bezugnahme auf diese Vereinbarung erteilt[252]. Dann bestehen keine Bedenken, dem Detektiv Einsicht in die fotokopierten Akten zu geben[253]. Auch soll dem Detektiv dadurch ein Zeugnisverweigerungsrecht gem. § 53 a StPO zustehen[254].

101 Die **Beauftragung eines Sachverständigen** bringt erhebliche Schwierigkeiten. Zunächst muß der Verteidiger einen kompetenten Sachverständigen finden. Dann muß dieser bereit sein, „für den Beschuldigten" tätig zu werden[255]. Und schließlich muß der Mandant in der Lage sein, den Sachverständigen zu bezahlen. Nur wenige Beschuldigte können sich neben dem Wahlverteidiger auch noch einen Wahlsachverständigen leisten[256]. Zumal auch nicht sicher ist, ob der Sachverständige zu einem für den Mandanten positiven Ergebnis kommt. Aus diesem Dilemma gibt es in vielen Fällen einen brauchbaren Ausweg: Der Verteidiger bittet den Sachverständigen, für den Fall eines negativen Resultates dies nur kurz und mit den allerwichtigsten Argumenten mitzuteilen; nur bei positivem Ergebnis soll er ein ausführliches, dem Staatsanwalt vorzulegendes Gutachten erstellen.

d) Die Befragung von Zeugen

102 Im Mittelpunkt eigener Ermittlungstätigkeit des Verteidigers steht die Befragung von Zeugen. Nicht umsonst widmeten schon die Grundsätze des anwaltlichen Standesrechts dem eine eigene Vorschrift: § 6 RichtlRA. Unabhängig von der Frage einer Weitergeltung dieser Bestimmung[257] sind in ihr Verhaltensregeln enthalten, die zu beachten dem Verteidiger (weiterhin) empfohlen werden kann.

103 § 6 Abs. 1 RichtlRA bestätigt die **grundsätzliche Zulässigkeit**: „Der Rechtsanwalt darf Personen, die als Zeugen in Betracht kommen, außergerichtlich über ihr Wissen befragen." Die Fortsetzung, „wenn dies

---

251 Muster bei Formularbuch-*Danckert*, S. 73.
252 *Jungfer*, a. a. O., S. 150, 167.
253 *Lingenberg/Hummel/Zuck/Eich*, § 15 Rn. 6.
254 So *Jungfer*, a. a. O., S. 167 mit Übersicht über den Streitstand S. 165 ff.
255 Dazu *Cabanis*, Gerichts- und „Privatgutachten", StV 1986, S. 451 ff.
256 *Günther*, Strafverteidigung, S. 84.
257 Dazu oben Rn. 3.

zur pflichtgemäßen Sachaufklärung, Beratung oder Vertretung notwendig ist", stellt keine Einschränkung dar. Nach § 43 BRAO ist der Rechtsanwalt ohnehin zur gewissenhaften Ausübung seines Berufes verpflichtet[258]. § 6 Abs. 1 RichtlRA spricht allgemein von Personen, die als Zeugen in Betracht kommen. Es wird nicht unterschieden zwischen neuen, bisher noch nicht in das Verfahren eingeführten Zeugen und bereits in das Verfahren eingeführten, gar vernommenen Zeugen. Der Verteidiger kann also auch letztere befragen[259]. Allerdings ist dabei Zurückhaltung geboten[260].

Der Verteidiger muß überhaupt **mit großer Vorsicht** vorgehen. Er gerät **104** leicht in den Verdacht der Zeugenbeeinflussung. Dabei wird gemeinhin übersehen, daß Zeugenbeeinflussung durchaus zulässig sein kann[261]. In § 6 Abs. 5 RichtlRA[262] hieß es denn auch nur: „In jedem Falle ist schon der Anschein einer unzulässigen Beeinflussung zu vermeiden." So darf der Verteidiger einen Zeugen nicht nur über ein etwaiges Zeugnisverweigerungsrecht belehren, sondern er darf ihm auch zureden, von seinem Aussageverweigerungsrecht Gebrauch zu machen[263]. Gleiches gilt für das Auskunftsverweigerungsrecht gem. § 55 StPO[264]. Unzulässig wird sein Handeln erst, wenn Täuschung, Drohung oder Zwang angewandt werden. Darunter kann auch das Anbieten von Geldzahlungen fallen[265]. Selbstverständlich ist es ihm auch nicht erlaubt, einen Zeugen zu entlastenden Falschaussagen aufzufordern[266]. Der zweite Gefahrenpunkt besteht in der Möglichkeit, daß der Verteidiger in die Zeugenrolle gerät. Das hat zwar nicht seinen Ausschluß als Verteidiger zur Folge. Denn der Verteidiger kann zugleich Zeuge sein[267]. Es führt aber manchmal zu unangenehmen Schwierigkeiten (Fall der notwendigen Verteidigung, Würdigung der

---

258 *Jungfer*, StV 1981, S. 100 ff., 102.
259 A. M. *Mörsch*, Zur Rechtsstellung des Beschuldigten und seines Verteidigers im Vorverfahren, 1968, S. 105/106; anscheinend auch *Günther*, Strafverteidigung, S. 83. A. M. auch *Beulke*, Die Strafbarkeit des Verteidigers, Rn. 90.
260 *Dahs*, Rn. 166.
261 *Lingenberg/Hummel/Zuck/Eich*, § 6 Rn. 21.
262 Dieses Anscheinsverbot galt allerdings bereits nach den Entscheidungen des Bundesverfassungsgerichts von 1987 (vgl. oben Fn. 18) nicht mehr.
263 BGHSt 10, 393, 395.
264 So auch *Rückel*, Strafverteidigung und Zeugenbeweis, Rn. 22 unter zutreffendem Hinweis darauf, daß die Qualität des Zeugnisverweigerungsrechts und des Auskunftsverweigerungsrechts vergleichbar ist; vgl. auch a. a. O. Rn. 27.
265 Sehr str. Vgl. *Beulke*, Die Strafbarkeit des Verteidigers, Rn. 58.
266 BGH NStZ 1983, 503, 504 mit Anm. *Beulke* a. a. O.
267 *Kleinknecht/Meyer-Goßner*, vor § 48 Rn. 18.

eigenen Aussage, Konflikt zwischen Beistandsfunktion und Wahrheitspflicht).

105 Die **Kontaktaufnahme zwischen dem Verteidiger und dem Zeugen** ist in mehrfacher Weise möglich. Der Verteidiger kann den Zeugen aufsuchen. Davon sollte er jedoch grundsätzlich absehen[268]; die Gefahr von Mißdeutungen ist zu groß. Der Verteidiger kann den Zeugen anrufen (oder umgekehrt). Dies sollte er möglichst vermeiden; ein Telefonat kann nicht den Eindruck eines Gesprächs von Angesicht zu Angesicht vermitteln, die Hinzuziehung eines Gesprächszeugen ist nicht möglich[269]. Der Verteidiger kann den Zeugen zu einer Unterredung in seine Kanzlei bitten. Tut er dies (fern)mündlich, sind Mißverständnisse nicht auszuschließen. Daher empfiehlt es sich, die Einbestellung schriftlich vorzunehmen. Der Zeuge kann so in Ruhe lesen, überlegen und sich entschließen. Dem Verteidiger ist es möglich, die Korrektheit seines Vorgehens urkundlich nachzuweisen.

106 Freilich muß das **Aufforderungsschreiben** dann auch die erforderlichen Informationen enthalten. Der Verteidiger soll sich zunächst als solcher vorstellen. Er hat dem Zeugen zu schildern, daß er in seiner Funktion als Verteidiger das Recht hat, selbständig Zeugen zu befragen und demgemäß der Zeuge gegenüber Polizei, Staatsanwaltschaft und Gericht unbefangen von seinem Gespräch mit dem Verteidiger berichten kann. Der Verteidiger muß darauf hinweisen, daß der Zeuge nicht verpflichtet ist, ihn aufzusuchen und ihm Auskunft zu geben. Ein solches Schreiben kann wie folgt aussehen[270]:

---

268 *Dahs*, Rn. 167; *EGE II*, 219 (220).
269 Vgl. BGH 2 ARs 231/79, Beschluß vom 8. August 1979, auszugsweise abgedruckt bei *Jungfer*, StV 1981, S. 100 ff., 105 Nr. 8.
270 In Anlehnung an *Jungfer*, StV 1981, S. 100 ff., 103 Fn. 28.

Muster 11

Dr. Karl Robertus 67655 Kaiserslautern, den 26. 5. 1995
– Rechtsanwalt – Pfalzstraße 14

Herrn
Joachim Wonak
Leipziger Straße 24 a
67663 Kaiserslautern

Sehr geehrter Herr Wonak!

In einem gegen Frau Simone Weitzel anhängigen Strafverfahren bin ich als ihr Verteidiger tätig. In dieser Eigenschaft möchte ich Ihnen gern einige Fragen stellen. Ich wäre Ihnen daher sehr verbunden, wenn Sie mich in meiner Kanzlei am 2. 6. 1995, 14.00 Uhr zu einer Unterredung aufsuchen würden.

Sie sind nicht verpflichtet zu mir zu kommen. Im Interesse meiner Mandantin wäre ich Ihnen jedoch für eine Unterredung sehr dankbar. Wer einmal in die Rolle eines Beschuldigten gerät, weiß, wie notwendig Zeugen für ihn sind!

Abschließend darf ich darauf hinweisen, daß ich als Verteidiger das Recht habe, Zeugen zu befragen. Selbstverständlich können Sie über diesen Brief und über unsere Unterredung Polizei, Staatsanwaltschaft und Gericht unbefangen unterrichten.

Mit freundlichen Grüßen

Erscheint ein Zeuge ohne schriftliche Aufforderung, sollte der Verteidiger eine Erklärung mit vergleichbarem Inhalt erstellen und von dem Zeugen unterschreiben lassen. Eine solche Erklärung kann wie folgt aussehen[271]:

---

271 Wie Fn. 270.

Muster 12

Am 29 5. 1995 bin ich, Wolfgang Zimmermann, Breite Straße 12, 67655 Kaiserslautern, bei Herrn Rechtsanwalt Dr. Karl Robertus in seiner Kanzlei, Pfalzstraße 14, 6750 Kaiserslautern, erschienen. Mir ist bekannt, daß Herr Rechtsanwalt Dr. Robertus der Verteidiger von Herrn August Fröhlich in dem gegen diesen anhängigen Strafverfahren ist.

Herr Rechtsanwalt Dr. Robertus hat mich darauf hingewiesen, daß es mir ihm gegenüber freisteht, über meine Wahrnehmungen Auskunft zu geben.

Er hat mich ferner darüber informiert, daß er als Verteidiger das Recht hat, Zeugen zu befragen. Er hat mich außerdem davon unterrichtet, daß ich über die Unterredung Polizei, Staatsanwaltschaft und Gericht unbefangen berichten kann.

Kaiserslautern, den 29. 5 1995

gez. Wolfgang Zimmermann

---

107   Kommt es in der Kanzlei des Verteidigers zu einer Befragung des Zeugen, ist es nicht ratsam, den Zeugen zu bewirten. Ihm gar eine Vergütung anzubieten, ist untersagt[272]. Die Erstattung tatsächlicher Auslagen ist zulässig.

108   Die Durchführung der Zeugenbefragung birgt mannigfache Probleme. Sie beginnen mit der Frage, wer **dabei anwesend** sein soll. So wird empfohlen, daß nicht der Verteidiger die Befragung durchführen (und anwesend sein) soll, sondern ein anderer Rechtsanwalt[273]. Dem ist entgegenzuhalten: Der Verteidiger kennt die Sache am besten, ist eingearbeitet und weiß um die Gefahrenpunkte. In vielen Kanzleien wird zudem ein weiterer auf Strafsachen spezialisierter Rechtsanwalt nicht zur Verfügung stehen. Ob der (befragende) Verteidiger einen Gesprächszeugen hinzuzieht, ist eine andere Sache. Notwendig ist es nicht[274]. Es kann aber zweckmäßig sein; sei es, um ggf. die Korrektheit der Unterre-

---

272 *Lingenberg/Hummel/Zuck/Eich*, § 6 Rn. 8 für die Zeit der Geltung des § 6 Richtl-RA.
273 So *Krekeler*, wistra 1983, S. 43 ff., 48.
274 *Lingenberg/Hummel/Zuck/Eich*, § 6 Rn. 9; *Dahs*, Rn. 166.

dung nachweisen zu können; sei es, weil der Zeuge lieber jemanden dabei hat. Die Art des Verfahrens, die Person des Beschuldigten, die Rolle des Zeugen und die Person des Zeugen werden die diesbezügliche Entscheidung des Verteidigers bestimmen. Hat der Verteidiger insoweit Zweifel, sollte er einen Gesprächszeugen anwesend sein lassen. Das kann die Sekretärin, eine sonstige Angestellte oder ein Kollege sein, soweit es um die „Eigensicherung" geht. Das kann ein naher Angehöriger sein, soweit der Zeuge nicht allein befragt werden möchte. Der Mandant sollte dagegen zumindest bei der ersten Anhörung des Zeugen nicht anwesend sein. Der Verteidiger kann den Zeugen so besser „prüfen".

Vor der Befragung des **Zeugen** soll der Verteidiger den Zeugen über **109** seine Rechte und Pflichten, insbesondere seine Wahrheitspflicht, **belehren**. § 6 Abs. 2 RichtlRA verhielt sich zwar nur über die entsprechende Befugnis. Der korrekte Verteidiger wird daraus jedoch eine Verpflichtung ableiten. Dem Zeugen ist zu verdeutlichen, daß es mit der Aussage bei dem Verteidiger nicht sein Bewenden haben wird, er vielmehr möglicherweise offiziell in das Verfahren eingeführt und dann durch den Staatsanwalt oder Richter vernommen werden wird. Ein Hinweis auf die §§ 153 ff. StGB soll sich anschließen, ggf. kann die eine oder andere Vorschrift vorgelesen werden. Das alles hat in ruhiger und freundlicher Form zu geschehen. Schließlich erwartet der Verteidiger Hilfe von dem Zeugen für seinen Mandanten, aber eben auch nur völlig einwandfreie Hilfe.

Will der Verteidiger Inhalt und Ergebnis der **Zeugenbefragung schrift- 110 lich festhalten**, so kann er dies in Form eines Aktenvermerkes oder mittels einer von dem Zeugen unterzeichneten schriftlichen Erklärung tun. Beides gestattete § 6 Abs. 3 RichtlRA. Entschließt sich der Verteidiger zu letzterem, müssen ihm die Gefahren einer solchen anwaltlichen Protokollierung von Zeugenaussagen bewußt sein. Seine Wahrheitspflicht gebietet, die Aussage vollständig aufzunehmen, also auch belastende Bekundungen. Seine Beistandspflicht verbietet, belastende Umstände zu ermitteln, geschweige denn in das Verfahren einzuführen. Um dem daraus zwangsläufig entstehenden Gewissenskonflikt zu entgehen, sollte der Verteidiger in Zweifelsfällen und in der Regel den Aktenvermerk vorziehen[275].

---

275 A.M. wohl *Rückel*, Strafverteidigung und Zeugenbeweis, Rn. 25, der für den empfehlenswertesten Weg „eine vom Zeugen selbst gelesene und unterschriebene einfache Erklärung mit dem Inhalt der Mitteilung" hält.

111 Die beste **Aufzeichnung** (gleichgültig, in welcher der beiden Formen) nützt nichts, wenn der Verteidiger sie nicht offiziell **verwerten** kann. Hierzu bestimmte § 6 Abs. 3 S. 2 und 3 RichtlRA: „Von einer solchen Aufzeichnung darf der Rechtsanwalt zum Zwecke des Vorhalts an den Zeugen in einem gerichtlichen oder behördlichen Verfahren Gebrauch machen. Er darf jedoch die Aufzeichnung selbst nur in Ausnahmefällen dem Gericht oder der Behörde vorlegen, zum Beispiel, wenn der Zeuge weder im Wege der Beweissicherung noch im Verfahren seine Aussagen machen kann." Der Verteidiger kann es sich etwas erleichtern, indem er den Zeugen vor Herstellung der Aufzeichnung fragt, ob er bei Beweisnot die Aufzeichnung vorlegen darf[276].

112 Einen Sonderfall schriftlicher Fixierung zeugenschaftlicher Bekundungen stellt die **eidesstattliche Versicherung** dar. Der Mißbrauch, der damit von manchen Verteidigern getrieben wird, ist unverständlich. In § 6 Abs. 4 RichtlRA[240] wurde deutlich gesagt, daß der Rechtsanwalt eidesstattliche Versicherungen „nur" für solche Verfahren aufnehmen oder verwerten darf, in denen eine Glaubhaftmachung gesetzlich zulässig ist. Das ist im Strafprozeß nur ausnahmsweise der Fall; so bei der Ablehnung von Richtern (§ 26 StPO), bei der Ablehnung von Sachverständigen (§ 74 Abs. 3 StPO), bei der Wiedereinsetzung in den vorigen Stand (§ 45 StPO) und bei der Zeugnisverweigerung (§ 56 StPO); nach Auffassung des BGH[277] auch dann, wenn es sich um die Feststellung von Tatsachen als Grundlage von Neben- oder Zwischenentscheidungen (z.B. Beschlüsse gem. § 111 a StPO) handelt. Es ist daher (zumindest) bedenklich, eidesstattliche Versicherungen in anderen Fällen einzureichen[278].

e) Die Verwertung

113 Von der rechtlichen Zulässigkeit der Verwertung eigener Zeugenbefragungen[279] und eigener Ermittlungen des Verteidigers überhaupt, ist deren Zweckmäßigkeit zu unterscheiden. Dazu gibt es keine Regel. Es kommt auf die Umstände des Einzelfalles an. Sowohl was den Zeitpunkt als auch die Form der Einführung in das offizielle Ermittlungsverfahren betrifft. Das führt zu der Frage der Erstellung eines Verteidigungskonzeptes.

---

276 *Lingenberg/Hummel/Zuck/Eich*, § 6 Rn. 17 a. E.
277 BGH GA 1973, 109, 110.
278 *Dahs*, Rn. 168.
279 Oben Rn. 111.

IV. Die Verteidigungsstrategie

Nach Einsichtnahme in die Akten, Unterredung(en) mit dem Mandan- **114**
ten, begleitenden Gesprächen mit dem Staatsanwalt und eventuell
eigenen Ermittlungen muß der Verteidiger sich eine Meinung bilden.
Er muß nun wissen, *was* er will. Und er muß wissen, *wie* er das
(erreichen) will. Der Gegenstand des Verfahrens, die Beweislage sowie
die geistig/seelische und beruflich/soziale Situation des Mandanten
bestimmen Ziel und Methode des Verteidigers.

1. Das Ziel

Drei verschiedene Ziele sind möglich: die Einstellung des Verfahrens, **115**
der Erlaß eines Strafbefehls, die Vorbereitung einer Hauptverhandlung.

a) Einstellung des Verfahrens

Das Ermittlungsverfahren endet entweder mit der Erhebung der öffent- **116**
lichen Klage (§ 170 Abs. 1 StPO) oder mit der Einstellung des Verfahrens (§ 170 Abs. 2 S. 1 StPO). Letzteres bedeutet, daß der Mandant nicht
bestraft wird und es nicht einmal eine Hauptverhandlung gibt. Das ist
das Optimum dessen, was der Verteidiger im Vorverfahren für seinen
Mandanten erreichen kann. Folglich hat es sein **Hauptziel** zu sein. „Er
hat mit allen Mitteln auf die Einstellung des Verfahrens hinzuwirken."[280] Überlegungen wie: ungenügende Honorierung im Ermittlungsverfahren und „Show in der Hauptverhandlung" sind sachfremd.
Gedanken wie: Beweismittel zurückhalten, Überraschungseffekt in
der Hauptverhandlung einkalkulieren, die Zeit arbeiten zu lassen –
sind gefährlich.

Erwägungen wie: das Ermittlungsverfahren ist nur vorläufig und der
Verteidiger kann in ihm sowieso nichts Rechtes tun – sind falsch[281].

---

280 *Dahs*, Rn. 203. Zu – freilich sehr riskanten – Ausnahmen vgl. *Gillmeister*, Die
Erledigung des Strafverfahrens außerhalb der Hauptverhandlung, Strafverteidiger-
Forum 3/94, S. 39.
281 Vgl. zu allem auch oben Einleitung.

Die Rechtsprechung geht sogar soweit, eine Verpflichtung des Verteidigers anzunehmen, Verfahrenshindernisse wie z.B. Verfolgungsverjährung geltend zu machen; andernfalls ihn nachteilige Konsequenzen treffen können[282].

117 Die Staatsanwaltschaft stellt das Verfahren ein, wenn die Ermittlungen **keinen genügenden Anlaß zur Erhebung der öffentlichen Klage** bieten (§ 170 Abs. 1, Abs. 2 S. 1 StPO). Genügender Anlaß zur Erhebung der öffentlichen Klage besteht, wenn der Beschuldigte der Tat hinreichend verdächtig ist (§ 203 StPO). Hinreichender Tatverdacht liegt vor, wenn die Verurteilung des Beschuldigten mit Wahrscheinlichkeit zu erwarten ist. Ob eine solche Wahrscheinlichkeit gegeben ist, beurteilt die Staatsanwaltschaft. Dabei ist sie an den Grundsatz „in dubio pro reo" nicht gebunden[283]. Somit kann sie auch bei tatsächlichen Zweifeln öffentliche Klage erheben und die Klärung von Widersprüchen der Hauptverhandlung überlassen[284].

118 Dieser „nicht unerhebliche Beurteilungsspielraum"[285] bietet das Einfallstor für manche **sachfremde Überlegung des Staatsanwalts.** So ist für ihn mit der Erhebung öffentlicher Klage die Sache „vom Tisch"; die Statistik stimmt; eine Beschwerde des Anzeigers bei einer Verfahrenseinstellung ist vermieden. Der Eindruck in Richtung Generalstaatsanwalt und Öffentlichkeit vermittelt das Bild eines unnachsichtig durchgreifenden Staatsanwaltes. Nicht selten trifft der Verteidiger auch auf einen Staatsanwalt, der im Laufe der Zeit sich angewöhnt hat, alles nur „negativ" zu sehen. Solche Unwägbarkeiten im konkreten Fall zu erkennen, ist für den Verteidiger sehr schwer; gegen sie vorzugehen, fast unmöglich. Manchmal hilft ein Gespräch mit dem Staatsanwalt. Wenn nicht, sollte in geeigneten Fällen der Verteidiger sich nicht scheuen, bei dem Dienstvorgesetzten vorstellig zu werden; sei es mündlich, sei es mit einer schriftlichen Dienstaufsichtsbeschwerde. Auch kann ein Hinweis hilfreich sein, daß die Staatsanwaltschaft eine Amtspflicht hat, ein Ermittlungsverfahren mit Rücksicht auf den Grundsatz der Verhältnismäßigkeit nach § 170 Abs. 2 StPO einzustellen; und daß dies im Amtshaftungsprozeß überprüft werden kann[286].

---

282 BGH NJW 1964, 2402, 2403.
283 *KK-Wache/Schmid,* § 170 Rn. 5.
284 BGH NJW 1970, 1543, 1544.
285 *Kleinknecht/Meyer,* § 170 Rn. 1.
286 BGH NJW 1989, 96.

Andererseits sollte der Verteidiger sich vor Augen halten, daß stati- **119**
stisch gesehen **gute Chancen** für eine Einstellung bestehen. Rund die
Hälfte aller bei den Staatsanwaltschaften anhängigen Ermittlungsverfahren werden nämlich eingestellt[287], wovon ⅔ auf Einstellungen nach
§ 170 Abs. 2 StPO entfallen[288].

Die Einstellung des Verfahrens kann aus **tatsächlichen Gründen** erfol- **120**
gen. Dies ist der Fall, wenn es an einem hinreichenden Tatverdacht
fehlt, weil nach Auffassung der Staatsanwaltschaft die Beweismittel
nicht ausreichen. Der Verteidiger hat daher insoweit sein Hauptaugenmerk auf die Beweislage zu richten.

Die Einstellung des Verfahrens kann auch auf **rechtlichen Gründen** **121**
beruhen. Dazu rechnen das Fehlen einer Prozeßvoraussetzung (z.B.
Strafantrag) und das Vorliegen eines Prozeßhindernisses (z.B. Verjährung, dauernde Verhandlungsunfähigkeit). Auch die Verweisung auf
den Privatklageweg fällt darunter[289]. Der Verteidiger sollte dies bei den
entsprechenden Delikten (§ 374 StPO) nicht übersehen und unterschätzen. Denn nur ein sehr kleiner Teil der auf den Privatklageweg
Verwiesenen erhebt tatsächlich Privatklage[290]. Außerdem machen
die Staatsanwälte gern von dieser Möglichkeit Gebrauch, zumal ihre
diesbezügliche Ermessensentscheidung gerichtlich nicht nachprüf-
bar ist[291].

Aus rechtlichen Gründen erfolgt die Verfahrenseinstellung auch, wenn **122**
sie in Anwendung des Opportunitätsprinzips geschieht. Die §§ 153 ff.
StPO, insbesondere § 153 StPO und § 153 a StPO, bieten dem geschickt
vorgehenden Verteidiger ein sehr fruchtbares Betätigungsfeld. Zwar
bedeutet eine Einstellung des Verfahrens unter Heranziehung dieser
Vorschriften keinen „Freispruch". Aber eben auch nicht die Feststellung von Schuld. Für § 153 StPO ergibt sich das schon aus dem Geset-
zeswortlaut (... „wenn die Schuld des Täters als gering anzusehen
wäre"...). Damit ist klargestellt, daß offen bleibt, ob sich der Beschuldigte wirklich schuldig gemacht hat[292]. Für § 153 a StPO wird hingegen

287 *Rieß*, Zur weiteren Entwicklung der Einstellungen nach § 153 a StPO, ZRP 1985,
 S. 212 ff., 213 Tabelle 4: für 1983 55,9%. Siehe auch *Rieß*, Beiträge zur Wirklichkeit des Strafverfahrens, Festschrift für Sarstedt, S. 253 ff., 262 Tabelle 3.
288 *Rieß*, ZRP 1985, S. 213 Tabelle 4: für 1983 35,4% aller Einstellungen.
289 *KK-Wache/Schmid*, § 170 Rn. 16.
290 Nach *Rieß*, Festschrift für Sarstedt, S. 253 ff., 263 für 1978 nur 16,5% bzw. 10%.
291 BVerfG NJW 1979, 1591 = BVerfGE 51, 176, 182 ff.
292 *KK-Schoreit*, § 153 Rn. 7.

für den Schuldvorwurf hinreichender Tatverdacht gefordert, also die Wahrscheinlichkeit einer Verurteilung[293]. Aber auch das ist natürlich nicht etwa die positive Feststellung von Schuld[294]. Freilich darf der Verteidiger dabei nicht übersehen, daß in der zivilrechtlichen Praxis (vor allem von Versicherungen) häufig anders verfahren wird. Insbesondere eine Sachbehandlung gem. § 153a StPO wird als Schuldfeststellung angesehen. Der Anwalt wird das im konkreten Fall jeweils richtigzustellen haben. Er kann dabei darauf hinweisen, daß in der staatsanwaltlichen Praxis großzügiger verfahren und nicht etwa immer der ganze Tatbestand „durchermittelt" wird[295].

123 Eine Einstellung des Verfahrens gem. §§ 153, 153a StPO bietet hingegen mannigfaltige Vorzüge. Zunächst wird mit Sicherheit eine Verurteilung vermieden. Dies ist äußerst wichtig. Denn welcher Verteidiger kann mit Sicherheit dem Mandanten eine Verfahrenseinstellung mangels hinreichenden Tatverdachts oder einen Freispruch voraussagen? Wohl keiner, der ein wenig Erfahrung mit den oft überraschenden und manchmal nicht nachvollziehbaren Entscheidungen von Staatsanwälten und Richtern hat. Freilich wird ein dahingehender Rat von dem Mandanten nicht selten äußerst skeptisch aufgenommen. Vermutet er doch dahinter „Feigheit vor dem Feind" oder fehlende Überzeugung von seiner Unschuld. Hier gibt es für den Verteidiger ein recht probates Mittel. Er wird dem Mandanten erläutern, daß er mit seinem Ratschlag persönlich viel Geld verliert. Denn wenn das Verfahren im jetzigen Stadium eingestellt wird, bekomme er nur eine Gebühr; wenn das Verfahren hingegen weiterläuft, gar durch drei Instanzen, erhalte ich ein Mehrfaches an Honorar. Der Mandant könne daran sehen, daß sein Rat ganz uneigennützig sei und wirklich nur in seinem, des Mandanten, Interesse erfolge.

---

293 *Kleinknecht/Meyer-Goßner*, § 153a Rn. 7; *KK-Schoreit*, § 153a Rn. 11; *KMR-Müller*, § 153a Rn. 2 = erhebliche Wahrscheinlichkeit.

294 *LR-Rieß*, § 153a Rn. 31. Vgl. auch BVerfG StV 1988, 31; *Kühl*, NJW 1988, S. 3233ff., 3237f. unter ausführlicher Darlegung der Gesetzesmaterialien; *G. Schäfer*, Praxis der Strafzumessung, 2. Aufl. 1995 (= NJW-Schriftenreihe Band 51), Rn. 13. Daran hat sich mit der Neufassung des § 153a StPO durch das Gesetz zur Entlastung der Rechtspflege vom 11. 1. 1993 – BGBl. I S. 50ff. – nichts geändert: In den Materialien (BT-Dr 12/1217, S. 34) ist ausdrücklich von „potentieller Schuld" die Rede. Ebenso *Siegismund/Wickern*, Das Gesetz zur Entlastung der Rechtspflege…, wistra 1993, S. 81ff., 86. Ähnlich *KK-Schoreit*, § 153a Rn. 10.

295 Vgl. *KK-Schoreit*, § 153a Rn. 10.

Der Verteidiger sollte dem Mandanten aber auch die weiteren Vorteile auflisten. So erfolgt keine Eintragung in das Bundeszentralregister und das Verkehrszentralregister[296]. In der „Anordnung über Mitteilungen in Strafsachen" (MiStra) ist festgelegt, wann die Justizbehörden wen über welche Vorgänge aus Strafverfahren zu unterrichten haben. In vielen Fällen, so z.B. bei Angehörigen des öffentlichen Dienstes, ist (erst) die Erhebung öffentlicher Klage mitzuteilen[297]. Mit einer Verfahrenseinstellung vermeidet der Verteidiger somit, daß die entsprechende Stelle (offiziell) Kenntnis von dem Strafverfahren erhält. Nicht jeder Mandant ist den psychischen Belastungen eines langen Strafverfahrens, noch dazu unter den Augen der Öffentlichkeit, gewachsen. Eine Sachbehandlung gem. §§ 153, 153 a StPO im Ermittlungsverfahren erspart dem Mandanten dies. Der Mandant sollte auch wissen, daß ein in der Hauptverhandlung errungener Freispruch oft nicht viel mehr nützt. Die Begründung („Das Gericht konnte letzte Zweifel nicht überwinden, obwohl sehr viel für die Strafbarkeit des Angeklagten spricht"), die Vorverurteilung durch die Öffentlichkeit, die Erfahrung „semper aliquid haeret", all das läßt den Freispruch vielfach nur noch zu einem Pyrrhussieg werden. Die Einstellung gem. §§ 153, 153 a StPO in dem nichtöffentlichen Ermittlungsverfahren ist demgegenüber geräuschlos.

Die angeführten Vorteile gelten auch für die anderen Einstellungsmöglichkeiten der §§ 153 ff. StPO. Insbesondere die §§ 154, 154 a StPO sollte der Verteidiger beachten. Nach diesen Vorschriften kann der Staatsanwalt Nebenstraftaten und abtrennbare Teile einer Tat ausscheiden, wenn ihre Bestrafung neben der Bestrafung der Haupttat nicht beträchtlich ins Gewicht fällt. Wann diese Voraussetzung erfüllt ist, läßt sich nicht allgemein verbindlich formulieren. Die Umstände des Einzelfalles entscheiden[298]. Der Verteidiger findet für sein Vorbringen bei der Staatsanwaltschaft häufig offene Ohren. Vor allem, wenn der einzustellende Komplex im Tatsächlichen und Rechtlichen Schwierigkeiten bereitet. Zumal die Anwendung der §§ 154, 154 a StPO nicht erfordert, daß die Ermittlungen abgeschlossen sind[299]. Hilf-

124

---

296 Für § 153 a StPO und das Verkehrszentralregister allerdings erst seit dem Gesetz zur Änderung des Straßenverkehrsgesetzes vom 28. Dez. 1982; vgl. dazu § 28 StVG und die amtliche Begründung, abgedruckt bei Jagusch/Hentschel, Straßenverkehrsrecht, § 28 StVG Rn. 4.
297 Nr. 15 MiStra.
298 *KK-Schoreit*, § 154 Rn. 8, § 154 a Rn. 7.
299 *Schmidt-Hieber*, Verständigung im Strafverfahren, Rn. 71; KK-*Schoreit*, § 154 Rn. 22.

reich kann auch ein Hinweis auf Nr. 101 Abs. 1 S. 1 RiStBV sein, wonach der Staatsanwalt „von den Möglichkeiten einer Einstellung nach § 154 Abs. 1 StPO ... in weitem Umfang und in einem möglichst frühen Verfahrensstadium Gebrauch machen" soll; Entsprechendes gilt gem. Nr. 101 a Abs. 1 S. 2 RiStBV für eine Beschränkung nach § 154 a StPO. Nicht übersehen sollte der Verteidiger den § 153 b StPO. Danach kann die Staatsanwaltschaft mit Zustimmung des Gerichts von der Erhebung öffentlicher Klage absehen, wenn die Voraussetzungen vorliegen, unter denen das Gericht von Strafe absehen könnte. Bisher spielte diese Möglichkeit in der Praxis keine große Rolle. Dies wird sich aber unter Umständen ändern durch den neugeschaffenen § 46 a StGB[300]. Liegt ein Täter-Opfer-Ausgleich, eine Schadenswiedergutmachung i. S. dieser Bestimmung vor, kann das Ermittlungsverfahren eingestellt werden. In geeigneten Fällen muß somit der Verteidiger entsprechend auf den Mandanten einwirken. Freilich sind Überschneidungen mit den §§ 153, 153 a StPO denkbar[301].

125 Bei dem anzuvisierenden Ziel einer Verfahrenseinstellung muß der Verteidiger sich über deren **rechtliche Wirkung** im klaren sein. Ein nach § 170 Abs. 2 S. 1 StPO eingestelltes Verfahren kann jederzeit wiederaufgenommen werden, wenn Anlaß dazu besteht[302]. Neue Tatsachen oder Beweismittel sind dafür nicht erforderlich. Gleiches gilt für ein nach § 153 Abs. 1 StPO eingestelltes Verfahren. Dabei macht es keinen Unterschied, ob mit Zustimmung des Gerichts (Satz 1) oder ohne (Satz 2) von der Verfolgung abgesehen wurde[303]. Bei einer Sachbehandlung gem. § 153 a StPO hingegen entsteht mit der Erfüllung der Auflagen und Weisungen durch den Beschuldigten ein Prozeßhindernis. Das Strafverfahren ist endgültig beendet[304]. Lediglich eine Strafverfolgung unter dem rechtlichen Gesichtspunkt eines Verbrechens ist lt. § 153 a Abs. 1 S. 4 StPO nicht ausgeschlossen. Ein nach § 154 Abs. 1 StPO eingestelltes Verfahren kann die Staatsanwaltschaft jederzeit wiederaufnehmen. Neuer Tatsachen oder Beweismittel bedarf sie

---

300 Verbrechensbekämpfungsgesetz vom 28. 10. 1994, BGBl. I, 3186; in Kraft seit 1. 12. 1994.
301 Siehe zu § 153 StPO unten Rn. 180 Kriterium „Schadenswiedergutmachung". – *KK-.Schoreit*, § 153 b Rn. 9.
302 *Kleinknecht/Meyer-Goßner*, § 170 Rn. 9.
303 *LR-Rieß*, § 153 Rn. 54.
304 *KK-Schoreit*, § 153 a Rn. 41–42.

nicht. An Fristen ist sie nicht gebunden[305]. Ebenso verhält es sich mit einer Verfolgungsbeschränkung gem. § 154 a Abs. 1 StPO[306].

Obwohl somit außer im Fall des § 153 a StPO bei einer Verfahrensein- **126** stellung durch die Staatsanwaltschaft kein Strafklageverbrauch eintritt, kann der Verteidiger unbesorgt sein. Die Neigung, ein bereits eingestelltes Verfahren wiederaufzunehmen, ist in der Praxis gering.

b) Erlaß eines Strafbefehls

Kann der Verteidiger eine Einstellung des Verfahrens nicht erreichen, **127** hat er in geeigneten Fällen an das Strafbefehlsverfahren zu denken. Dieses Verfahren ist **zulässig**, wenn nur ein Vergehen in Betracht kommt und eine Geldstrafe, Verwarnung mit Strafvorbehalt, Absehen von Strafe sowie bestimmte Maßnahmen wie Fahrverbot und Entziehung der Fahrerlaubnis mit einer Sperre bis zu zwei Jahren auszuwerfen sind; hat der Beschuldigte einen Verteidiger, kann auch eine (zur Bewährung ausgesetzte) Freiheitsstrafe bis zu einem Jahr festgesetzt werden (§ 407 StPO). Es wird in der Praxis sehr häufig gehandhabt.

Die **Vorteile** für den Beschuldigten liegen auf der Hand. Unterwirft er **128** sich dem Strafbefehl, vermeidet er die öffentliche Hauptverhandlung mit allen Nachteilen: unerwünschte Publizität, seelische Belastung, erhöhte Kosten. Zudem verkürzt sich das Verfahren. Das ist klar in den Fällen, in denen eine Verurteilung mit Sicherheit erfolgt (Geständnis, erdrückende Beweislage). Es gilt aber auch für die Fälle, in denen ein Freispruch möglich erscheint[307], zumal der Verteidiger nur sehr selten in der Lage sein wird, einen Freispruch voraussagen zu können. Hinzu kommt, daß dem „summarischen schriftlichen Massencharakter"[308] des Strafbefehlsverfahrens sehr häufig nicht besonders intensive Ermittlungen entsprechen. So kann manches im Verborgenen bleiben.

Zwar ist der Mandant nunmehr „vorbestraft"[309]. Hier gilt es jedoch für **129** den Verteidiger aufzupassen. Die **Nachteile** einer Vorstrafe halten sich

---

305 *Kleinknecht/Meyer-Goßner*, § 154 Rn. 15 und 21.
306 *Kleinknecht/Meyer-Goßner*, § 154 a Rn. 19.
307 Vgl. dazu oben Rn. 123 a. E.
308 *KK-Wolfgang Müller*, 1. Aufl. 1982, vor § 407 Rn. 2.
309 Nicht jedoch bei einer Verwarnung mit Strafvorbehalt gem. § 59 StGB. Zu diesem, bei vielen Verteidigern unbekannten und bei vielen Richtern unbeliebten Rechtsinstitut vgl. *Buschbell*, Verwarnung mit Strafvorbehalt im verkehrsrechtlichen Straf-

u. U. nämlich in Grenzen, wenn die Regelungen des Bundeszentralregistergesetzes erkannt und ausgenützt werden. So wird beispielsweise eine Verurteilung zu einer Geldstrafe von nicht mehr als 90 Tagessätzen in ein Führungszeugnis nicht eingetragen (vorausgesetzt, im Register ist keine weitere Strafe eingetragen, § 32 Abs. 2 Nr. 5 a BZRG).
Die Rechtskraft des Strafbefehls entspricht der eines Urteils. Die Staatsanwaltschaft kann daher nach einem rechtskräftig gewordenen Strafbefehl eine erneute Verfolgung wegen derselben Tat nur im förmlichen Wiederaufnahmeverfahren nach den §§ 359 ff. StPO betreiben[310].

130 Das Strafbefehlsverfahren ist bei vielen Verteidigern nicht beliebt. Denn es bringt in der Regel nur geringe Gebühren. Außerdem kann der Verteidiger sich nicht in einer Hauptverhandlung „entfalten". Honorarfragen und ein Hang zur Publicity sind jedoch keine Leitlinien seriöser anwaltlicher Tätigkeit. Richtschnur hat allein das wirkliche Interesse des Mandanten zu sein.

c) Vorbereitung der Hauptverhandlung[311]

131 Sind weder eine Verfahrenseinstellung noch eine Erledigung im Strafbefehlsverfahren realistisch, muß der Verteidiger weiter denken. Nämlich an das Zwischen- und das Hauptverfahren, insbesondere an die Hauptverhandlung. Das Ermittlungsverfahren hat urteilsprägende Kraft. Aufklärungsmittel werden von einem zum anderen Verfahrensabschnitt mitgeschleppt[312]. Was der Verteidiger hier unterläßt, kann er später oft nicht wiedergutmachen. Er hat daher alles zu tun, um „eine optimale Ausgangsposition für den Beschuldigten im Eröffnungsverfahren und in der Hauptverhandlung" zu schaffen[313]. Das bezieht sich nicht nur auf einen evtl. Schuldspruch, sondern auch auf die Strafzumessungsfaktoren. Gerade letzteres wird in der Praxis nur allzu häufig

---

verfahren, DAR 1991, S. 168 ff. – Natürlich auch nicht bei einem Abscheu vor Strafe; hier wird aber zumeist schon die Staatsanwaltschaft im Ermittlungsverfahren nach § 153 b StPO verfahren.
310 So seit 1. 4. 1987 durch das Strafverfahrensänderungsgesetz 1987. Der Streit um die sog. beschränkte Rechtskraft des Strafbefehls ist damit obsolet. Die Besonderheit des § 373 a StPO bei nunmehriger Annahme eines Verbrechens spielt in der Praxis keine Rolle.
311 Ausführlich: *Schlothauer*, Vorbereitung der Hauptverhandlung, 1988, PdSt Bd. 10.
312 Vgl. dazu näher oben Einleitung.
313 *Dahs*, Rn. 203.

vernachlässigt. In blindem Eifer wird nur der Freispruch gesehen. Dabei ist es dann in der Hauptverhandlung für manche Strafzumessungstatsache zu spät; sei es aus tatsächlichen Gründen (der Besuch des Verletzten im Krankenhaus ist nicht mehr möglich), sei es aus prozessualtaktischen Erwägungen (Geständnis erst unter dem Druck der Beweise in der Hauptverhandlung, Entschuldigung bei dem Opfer sowie eine Schadenswiedergutmachung nicht spontan, sondern erst unter der Einwirkung des Gerichts). Der Verteidiger muß demnach die Beweismittel sichern (lassen), die sowohl für den Schuldspruch als auch für die Strafzumessung in Betracht kommen.

2. Die Methode

Patentrezepte gibt es auch hier nicht. Jeder Fall liegt anders. Jeder **132** Mandant ist anders. Jeder Staatsanwalt verhält sich anders.

a) Verfahrensverzögerung

„Die schlichteste Methode ist die Verfahrensverzögerung. Sie wird **133** gern von unsicheren Verteidigern gewählt, in dem Glauben, man könne dabei am wenigsten falsch machen."[314]

Darin steckt ein Quentchen Wahrheit. Denn die Länge des Verfahrens **134** kann durchaus **Vorteile** für den Beschuldigten haben. So ist es denkbar, daß die Strafverfolgung in toto unzulässig wird, weil Verjährung eingetreten ist. In normalen Strafverfahren kommt das jedoch relativ selten vor. Denn die Verjährungsfristen sind ziemlich lang (§ 78 StGB). Zudem können sie durch Unterbrechungshandlungen bis zum Doppelten verlängert werden (§ 78 c StGB). Außerdem passen die Staatsanwälte besonders in diesem Punkt höllisch auf[315]. Der Zeitgewinn kann sich aber für den Schuldspruch auszahlen. Die Erinnerung der Zeugen verblaßt. Ihre Bekundungen werden unsicher. Sie vermögen einen anderen Geschehensablauf als in der Anklage nicht mehr zweifelsfrei auszuschließen. Für eine Verfahrenseinstellung nach § 170 Abs. 2 StPO oder einen Freispruch mag das nicht immer reichen. Staatsanwaltschaft und

---

314 *Kunigk*, Strafverteidigung, S. 166.
315 Siehe auch Nr. 22 RiStBV.

Gericht sind jedoch geneigter, eine Sachbehandlung gem. §§ 153, 153 a StPO vorzunehmen. Große Bedeutung entfaltet die Verfahrensdauer im Rechtsfolgenbereich. Die Strafe fällt niedriger aus, weil der Geschädigte die Tat längst verschmerzt hat; weil der Schaden zwischenzeitlich wiedergutgemacht ist; weil Vorstrafen nunmehr getilgt sind; weil dem Staatsanwalt nach so vielen Jahren auch nicht mehr allzuviel an einer harten Bestrafung liegt. Eine Strafaussetzung zur Bewährung wird realistisch, weil der Mandant sich die ganze Zeit über straffrei geführt hat; weil er nunmehr in fester Arbeit steht; weil sich seine persönlichen Verhältnisse konsolidiert haben (Verheiratung, Lösung aus dem bisherigen Milieu). Eine Maßregel der Besserung und Sicherung erübrigt sich, weil jetzt kein Bedürfnis mehr dafür besteht (der Mandant ist durch die Länge der verstrichenen Zeit nicht mehr als ungeeignet zum Führen von Kraftfahrzeugen anzusehen; der alkoholabhängige Mandant hat eine Entziehungskur absolviert).

135 So verlockend das alles klingt und so erfolgreich der Verteidiger damit in dem einen oder anderen Fall sein mag – es existieren manche **Nachteile und Bedenken**. So ist nicht jeder Beschuldigte in der Lage, die psychische Belastung eines langen Strafverfahrens durchzuhalten. Erst recht nicht, wenn er sich in Untersuchungshaft befindet. Anträge auf und Durchführung von Vernehmungen von Zeugen (möglichst noch im Ausland) und Erstattung von Gutachten sowie Einlegung von Beschwerden erhöhen die Verfahrenskosten erheblich. Im Falle einer Verurteilung muß der Mandant sie tragen (§ 465 StPO). Im Falle einer Verfahrenseinstellung formell zwar nicht (§ 467 StPO). Wird jedoch nach § 153 a StPO eingestellt, besteht in der Praxis die weitverbreitete Neigung, die Verfahrenskosten durch Auferlegung eines entsprechenden Geldbetrages zugunsten der Staatskasse (§ 153 a Abs. 1 S. 1 Nr. 2 StPO) wieder „hereinzuholen". Der Verteidiger riskiert zudem mit einer allzu offenbar werdenden Verzögerungstaktik eine Ablehnung seiner Beweisanträge wegen Prozeßverschleppung. Zwar gilt die insoweit einschlägige Vorschrift des § 244 Abs. 3 S. 3 StPO nur für die Hauptverhandlung. Im Ermittlungsverfahren kann ihr Grundgedanke jedoch um so mehr Anwendung finden, als Beweisanträge überhaupt nicht verbeschieden zu werden brauchen[316]. Der Verteidiger sollte auch daran denken, daß bewußte Verfahrensverzögerung strafbare Strafvereitelung sein kann[317]. Abgesehen einmal von berufsrecht-

---

316 Dazu näher unter Rn. 149.
317 *Dahs*, Rn. 54.

lichen Bedenken. Schließlich muß dem Verteidiger die höchstrichterliche Rechtsprechung zur Überlänge von Strafverfahren gegenwärtig sein. Danach ist zwar die Überlänge grundsätzlich kein Verfahrenshindernis, kann aber u. U. ein solches sein; zumindest kann sie bei der Rechtsfolgenentscheidung Berücksichtigung finden und auch zu einer Einstellung gem. §§ 153, 153 a StPO führen[318]. Nur: Der Beschuldigte darf die Verzögerung nicht zu vertreten haben, geschweige denn darf er das Verfahren bewußt verschleppt haben[319].

Die **Art und Weise**, wie eine Verfahrensverzögerung im Ermittlungsverfahren erreicht werden kann, ist mannigfaltig. Der Beschuldigte schweigt auf Anraten des Verteidigers. Polizei und Staatsanwaltschaft sind daraufhin zu zeitraubenden Ermittlungen gezwungen. Der Verteidiger stellt ständig neue Anträge auf Akteneinsicht. Wird ihnen stattgegeben, geht durch die Aktenüberlassung Zeit verloren. Wird ihnen nicht stattgegeben, kann der Verteidiger dagegen angehen[320] und gewinnt dadurch Zeit. Der Beschuldigte und der Verteidiger reichen eine umfangreiche schriftliche Stellungnahme ein. Deren Überprüfung nimmt einen erheblichen Zeitraum in Anspruch. Der Verteidiger benennt schwer erreichbare Zeugen (Ausland). Ihre Vernehmung läßt sich nur unter großen Schwierigkeiten bewerkstelligen. Der Verteidiger beantragt die Erstattung bestimmter Gutachten. Die dafür in Frage kommenden Sachverständigen sind zumeist hoffnungslos überlastet. **136**

b) Schweigen des Beschuldigten

Konnte der Verteidiger seinen bisherigen Rat an den Mandanten, die Einlassung zur Sache zu verweigern, als vorläufig bezeichnen und mit mangelnder Information begründen[321], muß er sich nun, mit seinem jetzigen Wissensstand[322], entscheiden. Dabei hat er die Nachteile gegenüber den Vorteilen einer Aussageverweigerung sorgfältig abzuwägen. **137**

---

318 BGHSt 24, 239; BGHSt 27, 274; BVerfG NStZ 1984, 128; *Kleinknecht/Meyer-Goßner*, Art. 6 MRK Rn. 9.
319 BGHSt 24, 239, 241; *Kleinknecht/Meyer-Goßner* a.a.O.
320 Vgl. oben Rn. 69–71.
321 Dazu oben Rn. 37.
322 Vgl. oben Rn. 114.

138 Ausgangspunkt der Überlegungen ist die eindeutige Rechtslage, wonach der Beschuldigte das Recht hat, zu den gegen ihn erhobenen Beschuldigungen zu schweigen (§§ 136 Abs. 1 S. 2, 163 a Abs. 3 S. 2 StPO) und wonach aus einem Gebrauchmachen von diesem Recht ihm keine **Nachteile** erwachsen dürfen[323]. Auch dann nicht, wenn er sich in einem späteren Verfahrensstadium doch noch für eine Aussage entscheidet[324]. So die Theorie. Anders (oft) die Praxis. In ihr wird – und das beileibe nicht nur von Laienrichtern – Schweigen immer noch als Schuldbekenntnis angesehen. „Wer schweigt, hat etwas zu verbergen." „Wer ein reines Gewissen hat, kann alles offen sagen." „Die Wahrheit braucht sich nicht zu verstecken." Zu hören bekommt der Verteidiger solche Sätze nicht. Aber zu spüren. Denn zumindest unbewußt sind sie bei manchen Strafverfolgungsorganen vorhanden. Und wer will ausschließen, daß sie dann in eine Überzeugungsbildung mit einfließen? Ein weiterer Nachteil besteht darin, daß eine fehlende Einlassung des Beschuldigten dem Staatsanwalt oft die Beweisführung erleichtert. Hat er nämlich keine Äußerung, kann er seine Beweisüberlegungen „frei" anstellen. Liegt hingegen eine Aussage des Beschuldigten vor, muß er sich mit ihr auseinandersetzen und sie zu widerlegen versuchen. Das kann ihm insbesondere im Bereich personaler Momente (Vorsatz, Absicht, Irrtum, Beweggründe) erhebliche Schwierigkeiten bereiten. So kann es zur Anklage kommen, die bei einer Einlassung vermieden worden wäre. Nicht zu übersehen ist auch der Nachteil einer Aussageverweigerung, wenn der Verteidiger eine Verfahrenseinstellung gem. §§ 153, 153 a StPO anstrebt. Staatsanwälte und Richter kommen dem meist nur nach, wenn sie von dem Beschuldigten etwas gehört haben. Ein Schweigenlassen des Beschuldigten entfällt schließlich, wenn die Umstände ein Geständnis oder eine Selbstanzeige indizieren[325]. Nachteile kann eine Aussageverweigerung des Beschuldigten in bestimmten Haftsachen bringen, in denen der Haftgrund der Verdunkelungsgefahr im Raume steht. Der schweigende Beschuldigte läuft manchmal auch Gefahr, daß die Ermittlungsorgane mangels näherer Anhaltspunkte „in der Gegend herumermitteln". Dadurch kann es zu einem unliebsamen Aufsehen kommen. Oder gar zum Aufdecken von Dingen, die der Beschuldigte lieber weiter im Verborgenen gesehen hätte.

---

323 Einzelheiten bei *KK-Boujong*, § 136 Rn. 13 mit *KK-Hürxtal*, § 261 Rn. 39.
324 BGH StV 1984, 143.
325 Einzelheiten oben Rn. 39 und 40.

Auf der anderen Seite darf der Verteidiger die **Vorteile** nicht übersehen, **139** die eine Aussageverweigerung dem Beschuldigten bringen können. So kann der Beschuldigte zunächst einmal in Ruhe abwarten, ob überhaupt und ggf. was der Staatsanwalt ermittelt und zu welchem Resultat er kommt. Er kann sich dann gezielter wehren. Die Möglichkeit sich einzulassen, bleibt ihm ja immer noch; sei es nach erneuter Akteneinsicht und vor Abschluß der Ermittlungen, sei es im Zwischen- oder Hauptverfahren. Die Chance, daß der Staatsanwalt ohne eine Aussage des Beschuldigten nicht weiterkommt, sollte der Verteidiger nicht unterschätzen. Manchmal ist es auch die Einlassung selbst, die den Beschuldigten „überführt". Sie weist solche Ungereimtheiten und Widersprüche auf, daß sie entsprechende Rückschlüsse geradezu herausfordert. Zumindest aber Anlaß zu weiteren Nachforschungen gibt. Wer nichts sagt, kann nichts Falsches sagen und kann sich auch nicht in Widersprüche verwickeln. Das führt zu der Persönlichkeit des Mandanten. Sie muß der Verteidiger gerade an dieser Stelle in seine Überlegungen mit einbeziehen. Ein ungewandter, unbeholfener, ungeschickter, verbohrter Mandant wird mit seiner Einlassung sich mehr schaden als nützen. Daran ändert nichts, daß der Beschuldigte sich schriftlich äußern kann und der Verteidiger hierbei Hilfestellung leisten darf. Denn der Formulierungshilfe sind Grenzen gesetzt. „Der sachliche Wahrheitsgehalt darf nicht verfälscht werden."[326] Der Schritt von der zulässigen Strafverteidigung zu der strafbaren Strafvereitelung ist hier besonders klein. Ein weiterer Vorteil der Aussageverweigerung liegt in der Vermeidung einer vorzeitigen Festlegung. Hat der Beschuldigte sich zur Sache eingelassen, gleichgültig in welcher Form, kommt er davon schlecht wieder weg. Fand die Einlassung im Rahmen einer Vernehmung statt, kann die Verhörsperson als Zeuge gehört werden. Geschah die Einlassung in einem Schriftsatz des Verteidigers, hält man dem Beschuldigten entgegen, er wolle doch wohl nicht behaupten, seinem Verteidiger etwas Falsches gesagt zu haben.

Der Verteidiger steht bei der Frage Aussageverweigerung ja oder nein **140** vor einer **schwierigen Entscheidung**. Die Meinung, ein Schweigen empfehle sich nur ausnahmsweise[327], ist ebenso skeptisch zu betrachten wie die Ansicht, im Zweifel sei das Schweigen vorzuziehen[328]. Es

326 *Dahs*, Rn. 241.
327 So noch *Wagner/Schneider/Engels*, Bürohandbuch 28. Aufl., Rn. 54.
328 *Brühl*, Die Rechte der Verdächtigten und Angeklagten, S. 166, 30, 34.

kommt auf die Umstände des Einzelfalles an[329], wobei Erfahrung, Geschick, Fingerspitzengefühl des Verteidigers den Ausschlag geben. Als Faustregel (aber auch nicht mehr!) gilt: Einlassung dann, wenn der Verteidiger mit an Sicherheit grenzender Wahrscheinlichkeit weiß, damit etwas für den Mandanten zu erreichen.

141 Das Verbot, aus dem Schweigen des Beschuldigten nachteilige Schlußfolgerungen zu ziehen, gilt nicht bei nur **teilweisem Schweigen**; wenn also der Beschuldigte sich grundsätzlich zur Sache einläßt, zu bestimmten Punkten jedoch die Einlassung verweigert[330]. Eine für den Beschuldigten äußerst gefährliche Rechtsprechung. Insoweit gilt deshalb für den Verteidiger die eindeutige Empfehlung an den Mandanten: entweder in vollem Umfang schweigen oder reden. Dabei hat der Verteidiger in besonderem Maße zu prüfen, ob der Mandant das Schweigen auch durchhält[331]. Unschädlich ist jedoch bei einer Aussageverweigerung die Hinzufügung einer schlichten, die Täterschaft bestreitenden Erklärung. Z.B.: Ich bin nicht der Täter; ich bin unschuldig; ich bestreite die mir zur Last gelegte Tat; ich weise den Vorwurf zurück[332].

142 Sind Verteidiger und Mandant zu dem Entschluß gekommen, die Einlassung zur Sache zu verweigern, bleibt bei dem Mandanten allzu oft doch ein unbehagliches Gefühl. Der Verteidiger kann das durch eine entsprechende **Formulierung** mildern. Ein solches Schreiben könnte etwa wie folgt aussehen:

Muster 13

| Dr. Karl Robertus | 67655 Kaiserslautern, den 30. 5. 1995 |
| – Rechtsanwalt – | Pfalzstraße 14 |

Staatsanwaltschaft
Lauterstraße
67657 Kaiserslautern

---

329 *Dahs*, Rn. 239.
330 BGHSt 20, 298, 300.
331 *Warburg*, Die anwaltliche Praxis in Strafsachen, Rn. 39.
332 Vgl. dazu *KK-Boujong*, § 136 Rn. 13 mit *KK-Hürxthal*, § 261 Rn. 39.

In dem Ermittlungsverfahren
gegen

Friedrich Muhn
wegen Diebstahl

6010 Js 2530/95

teile ich nach Einsichtnahme in die Akten und Rücksprache mit dem Beschuldigten mit, daß dieser im gegenwärtigen Zeitpunkt von seinem Recht
Gebrauch macht, keine Einlassung zur Sache abzugeben.

Der Verteidiger:

Der Hinweis auf ein Gebrauchmachen von einem Recht und die Einschränkung „im gegenwärtigen Zeitpunkt" werden von dem Mandanten meist wohltuend empfunden. Gegebenenfalls kann der Verteidiger
in geeigneter Form und an geeigneter Stelle darauf hinweisen, daß er
dem Beschuldigten das Schweigen „befohlen" habe[333].

c) Einlassung des Beschuldigten

Sind Verteidiger und Mandant übereingekommen, eine Einlassung zur **143**
Sache abzugeben, ist zu überlegen in welcher Form. Die Strafprozeßordnung kennt vier **Möglichkeiten**: polizeiliche, staatsanwaltschaftliche und (ermittlungs-)richterliche Vernehmung, Abgabe einer schriftlichen Äußerung. Wofür sich der Verteidiger entschließt, hängt hauptsächlich von den Umständen des konkreten Falles ab. Einige Grund-
überlegungen hat er jedoch immer anzustellen.

Eine **polizeiliche Vernehmung** des Mandanten ist mit zahlreichen Risi- **144**
ken behaftet. Der Verteidiger hat kein Anwesenheitsrecht[334]. Der Mandant ist somit in der Regel „allein". Auf ihm lastet der Druck des
Ermittlungsverfahrens. Die Umgebung ist ungewohnt. Der Verneh-

---

333 *Warburg*, Die anwaltliche Praxis in Strafsachen, Rn. 37 Fn. 2. Z. B. durch die Einfü-
gung der Worte – auf meinen Rat hin – nach „im gegenwärtigen Zeitpunkt" im
obigen Muster.
334 Dazu näher unten Rn. 152.

mungsbeamte ist ihm unbekannt. Frage- und Vorhaltetechnik sind ihm fremd. Er wird aufgeregt, unsicher, unbeholfen. Wichtiges und Unwichtiges vermag er nicht mehr zu unterscheiden. So vergißt er, Entlastendes vorzubringen. Die (mißverständliche) Bedeutung mancher Formulierungen erkennt er nicht. In dem Bestreben, diese Sache möglichst bald hinter sich zu bringen, unterschreibt er das Vernehmungsprotokoll, ohne sich über dessen Inhalt noch einmal genau zu vergewissern. Tut er es doch (einmal), scheut er sich, eine Korrektur zu verlangen und sich auf einen diesbezüglichen Disput einzulassen.

Dem steht ein Polizeibeamter gegenüber, dessen Beruf zum großen Teil aus Vernehmungen besteht. Er wird in der Vernehmungstechnik geschult[335]. Er besitzt Erfahrung. Ihm kann nichts passieren. Überführt er einen Beschuldigten, gar noch in der ersten Vernehmung, so ist dies ein Erfolg. Verständlicherweise versucht er, diesen Erfolg zu erringen[336]. Dabei betrachtet er den (bestreitenden) Beschuldigten und seine Einlassung von vornherein mit Skepsis, wenn nicht gar Mißtrauen. Zu oft ist er schon angelogen worden, wie ihm später Gerichte in den Urteilen bestätigt haben. Von der Richtigkeit seiner oder der Kollegen Ermittlungen ist er überzeugt. Nicht selten steht er unter Zeitdruck: Der Vorgesetzte will den Vorgang abgeschlossen haben, der Staatsanwalt drängt auf Vorlage der Akten, die nächste Vernehmung wartet[337].

In diesem Spannungsfeld werden die polizeilichen Vernehmungen durchgeführt. Hinzu kommt eine Rechtsprechung, die dem Vernehmungsbeamten anhand des § 136 a StPO einen großen Spielraum läßt. So soll er dem Beschuldigten Fragen stellen dürfen, die dazu bestimmt sind, ihn in Widersprüche zu verwickeln. Auch Fangfragen sind nicht unzulässig. Er braucht dem Beschuldigten nicht alle Ermittlungsergebnisse mitzuteilen, kann also zu bestimmten Punkten schweigen und den Beschuldigten im Ungewissen lassen. So sind Vorhalte aus den Ermittlungsakten oft nur unvollständig. Nicht einmal das Vorspiegeln einer freundschaftlichen Gesinnung ist ihm untersagt[338]. Die Grenze

---

335 Vgl. z.B. *Banscherus*, Polizeiliche Vernehmung: Formen, Verhalten, Protokollierung, BKA-Forschungsreihe Nr. 7, 1977; *Fischer*, Die polizeiliche Vernehmung, Schriftenreihe des BKA, 1975/2–3; *Schubert*, Die Vernehmung im Ermittlungsverfahren; siehe auch *Rottenecker*, Modelle der kriminalpolizeilichen Vernehmung des Beschuldigten, jur. Dissertation 1976.

336 Ähnlich – in aller Offenheit – *Burghard*, Auf Biegen oder Brechen? Zum Verhältnis von Polizeibeamten zu Strafverteidigern, Kriminalistik 1991, S. 610 ff., 612.

337 Ähnlich wieder Burghard, wie Fn. 336.

338 Zu den angeführten Beispielen Nachweise jeweils bei *KK-Boujong*, § 136 a Rn. 20–22.

soll erst dort liegen, wo die Verhörsperson bewußt irreführt. Ein nur fahrlässiges Verhalten genügt nicht[339]. Auch Hinweise dergestalt, daß sich ein Geständnis für die Strafzumessung oder die Entlassung aus der Untersuchungshaft günstig auswirken können, sind nicht verboten[340]. Ebenso nicht wie Belehrungen, Vorhalte und Warnungen allgemein[341]. Der Polizeibeamte darf nur nicht mit einer verfahrensrechtlich unzulässigen Maßnahme drohen oder einen gesetzlich nicht vorgesehenen Vorteil versprechen. Sagt er beispielsweise für den Fall eines Geständnisses Haftentlassung bzw. Nichtverhaftung zu, ist dies unzulässig, weil er darüber nicht entscheiden kann. Sagt er (nur) zu, sich für eine Haftentlassung bzw. Nichtverhaftung einzusetzen, ist dies zulässig[342]. Bei so fließenden Grenzen, bei einer den § 136 a StPO so einschränkend auslegenden Rechtsprechung und bei Berücksichtigung des „Alleinseins" des Beschuldigten gelingt dem Verteidiger der Nachweis einer prozessual unverwertbaren Aussage fast nie. Dies gilt auch für sonstige „formale Unkorrektheiten". So beispielsweise bei der Frage, ob die Beschuldigtenbelehrung den Anforderungen des § 136 Abs. 1 StPO entsprach[343] oder ob überhaupt eine Belehrung über das Schweigerecht stattgefunden hat. Zwar nimmt der Bundesgerichtshof nunmehr[344] bei Verletzung der Belehrungspflicht vom Grundsatz her ein Verwertungsverbot an, nur: wenn sich (im Freibeweisverfahren) nicht klären läßt, ob der Hinweis gegeben worden ist oder nicht, darf das Gericht den Inhalt der Vernehmung verwerten[345].

Andererseits entfalten die polizeilichen Vernehmungsprotokolle eine weitreichende Bedeutung. Im Ermittlungsverfahren bilden sie die Grundlage für viele vorläufigen Maßnahmen (vorläufige Entziehung der Fahrerlaubnis, Anordnung der Untersuchungshaft). In der Hauptverhandlung werden sie dem Angeklagten vorgehalten, wenn er von seiner früheren Einlassung abweicht. Oder der Vernehmungsbeamte

---

339 *KK-Boujong*, § 136 a Rn. 19 und 23.
340 BGHSt 20, 268.
341 *KK-Boujong*, § 136 a Rn. 31.
342 *KK-Boujong*, § 136 a Rn. 33.
343 Bei 100 beobachteten Vernehmungen im Rahmen einer wissenschaftlichen Untersuchung war nur eine einzige Belehrung (und damit Vernehmung) korrekt. *Wulf*, Strafprozessuale und kriminalpraktische Fragen der polizeilichen Beschuldigtenvernehmung auf der Grundlage empirischer Untersuchungen; zitiert nach MschrKrim 1986, S. 304.
344 BGHSt 38, 214.
345 BGHSt 38, 224.

wird als Zeuge vernommen ("Wenn ich das so protokolliert habe, dann hat der Angeklagte es auch so gesagt.") Auf diese Weise ist ein polizeiliches Vernehmungsprotokoll eingeführt. Daß es als solches nicht verlesen und verwertet werden darf, spielt nur noch eine untergeordnete Rolle. Durch Vorhalt gegenüber dem Angeklagten und durch Vernehmung der Verhörsperson hat sich der Inhalt bei den Richtern festgesetzt.

Das ist um so gefährlicher, als die polizeilichen Vernehmungsprotokolle keine Wortprotokolle sondern nur Inhaltsprotokolle (Ergebnisprotokolle) sind. Aus ihnen geht nicht hervor, wie es zu der jeweiligen Aussage kam, was ihr jeweils vorausging. Die Formulierungen stammen meist von dem Vernehmungsbeamten, nicht von dem Beschuldigten. Dessen (späterer) Einwand, so habe er es nicht gesagt und gemeint, wird nicht beachtet, denn er habe das Protokoll ja "selbst gelesen, genehmigt und unterschrieben".

Aus all diesen Überlegungen resultiert der Rat: Der Verteidiger sollte in der Regel davon absehen, den Mandanten (allein) durch die Polizei vernehmen zu lassen. Das gilt grundsätzlich auch für Haftsachen[346]. Gerade hier ist die Gefahr am größten, daß der Beschuldigte in seiner Ausnahmesituation und seinem Verlangen nach Freiheit an einem Vernehmungsprotokoll mitwirkt, das nicht den tatsächlichen Gegebenheiten entspricht. Freilich bedarf der Verteidiger hier besonderer Überzeugungskraft. Denn der vorläufig festgenommene oder schon verhaftete Beschuldigte will "reden". Er hofft dadurch freizukommen. Zumal dann, wenn ihm seitens der Polizei entsprechende Hinweise gegeben werden.

145 Die dargelegten Bedenken gelten bei einer **staatsanwaltschaftlichen Vernehmung** des Beschuldigten nur teilweise. Der Verteidiger hat ein Anwesenheitsrecht (§ 163a Abs. 3 S. 1 i. V. mit § 168c Abs. 1 StPO)[347]. Der Beschuldigte ist also nicht "allein". Für den Staatsanwalt gilt § 160 Abs. 2 StPO. Danach hat er nicht nur die zur Belastung, sondern auch die zur Entlastung dienenden Umstände zu ermitteln und für die Erhebung der Beweise Sorge zu tragen, deren Verlust zu besorgen ist. Außerdem hat er die Richtlinien für das Straf- und Bußgeldverfahren zu beachten, die vornehmlich für ihn bestimmt sind[348]. Dort heißt es in

---

346 A. M. *Wagner/Schneider/Engels*, Bürohandbuch, Rn. 116.
347 Siehe auch unten Rn. 153.
348 Einführung RiStBV.

Nr. 45 Abs. 2: „Für bedeutsame Teile der Vernehmung empfiehlt es sich, die Fragen, Vorhalte und Antworten möglichst wörtlich in die Niederschrift aufzunehmen. Legt der Beschuldigte ein Geständnis ab, so sind die Einzelheiten der Tat möglichst mit seinen eigenen Worten wiederzugeben."

Trotzdem muß der Verteidiger vorsichtig sein. „Er darf sich nicht darauf verlassen, daß die Staatsanwaltschaft schon alles berücksichtigen werde."[349] Sie kann das schon deswegen nicht, weil sie nicht alles weiß. Der Verteidiger muß auch daran denken, daß die Staatsanwaltschaft nicht „alle Karten auf den Tisch" zu legen braucht. Denn es ist umstritten, in welchem Umfang sie den Beschuldigten bei seiner Vernehmung in tatsächlicher und rechtlicher Hinsicht zu unterrichten hat[350].

Der Verteidiger sollte eine staatsanwaltschaftliche Vernehmung des Mandanten dann suchen, wenn er sich durch den persönlichen Eindruck des Beschuldigten beim Staatsanwalt etwas Positives verspricht. Außerdem ergibt sich im Rahmen des Anwesenheitsrechtes des Verteidigers die Möglichkeit, sich über die Sache zu unterhalten. Nicht selten ist hier schon Einigkeit zu erzielen über eine Verfahrenseinstellung. Zumindest erfährt der Verteidiger „einiges" von dem Staatsanwalt. Er kann seine weitere Taktik darauf einstellen.

Der Beschuldigte kann seine Einlassung auch bei einer **richterlichen 146 Vernehmung** abgeben. Der Verteidiger hat ein Anwesenheitsrecht (§ 168c Abs. 1 StPO). Ein entsprechender Antrag des Verteidigers will jedoch gut bedacht sein. Denn einer solchen Vernehmung, gar in Anwesenheit des Verteidigers, wird seitens der Staatsanwaltschaft und des erkennenden Gerichts ein besonderer Wert zugemessen. Dem entspricht die prozessuale Seite. Ein richterliches Vernehmungsprotokoll, das ein Geständnis enthält, kann gem. § 254 StPO in der Hauptverhandlung verlesen und im Wege des Urkundenbeweises verwertet werden. Natürlich kann auch der Vernehmungsrichter vernommen werden. Seine Bekundungen haben bei den Richterkollegen einen entsprechenden Beweiswert. Von daher erklärt sich die Beliebtheit richterlicher Beschuldigtenvernehmungen bei den Staatsanwälten. Ein weiterer Nachteil besteht für den Verteidiger darin, anläßlich der Verneh-

349 *Dahs*, Rn. 207.
350 Einzelheiten bei *Schäfer*, Das Recht des Beschuldigten auf Gehör im Ermittlungsverfahren, wistra 1987, S. 165 ff.

mung kein Sachgespräch führen zu können. Der Staatsanwalt nimmt manchmal an der Vernehmung nicht teil; der (Ermittlungs-)Richter ist mit dem Sachverhalt nicht genügend vertraut und kann auch in der Sache keine Entscheidung fällen. Bei einem Antrag des Verteidigers auf richterliche Vernehmung seines Mandanten kann es vorkommen, daß ein Termin bestimmt wird, den er aufgrund anderer Termine nicht wahrzunehmen vermag. Wird der Termin nicht verlegt (§ 168 Abs. 5 S. 3 StPO), steht der Mandant auf einmal alleine da. Ihn nun die Aussage verweigern zu lassen, ist ein unglücklicher Rat.

Der Verteidiger wird daher nur selten den Weg einer richterlichen Vernehmung für die Einlassung des Mandanten wählen. Er wird es dann tun, wenn er sich von dem persönlichen Eindruck des Mandanten bei dem Richter etwas verspricht. Dies vor allem in Haftsachen, oder um der Einlassung ein größeres Gewicht zu verschaffen (sich also die prozessuale Verwertbarkeit dieser Vernehmungsform zunutze macht). Auch das überwiegend in Haftsachen.

147 Statt einer Vernehmung kann der Beschuldigte sich **schriftlich zur Sache äußern**. Dies gilt für alle Fälle[351]. Soweit es in § 136 Abs. 1 S. 4 StPO heißt: „In geeigneten Fällen soll der Beschuldigte auch darauf hingewiesen werden, daß er sich schriftlich äußern kann", bezieht sich das nur auf die Belehrung[352]. Der Beschuldigte kann zudem durch jeweilige Aussageverweigerung sich selbst die Möglichkeit einer schriftlichen Stellungnahme verschaffen.

Polizei und Staatsanwälte stehen einer schriftlichen Einlassung oft skeptisch gegenüber. Da diese zumeist über den Verteidiger abgegeben wird, fallen Ausdrücke wie „impfen" und „präparieren"[353]. Ein ironisch-verständnisvolles Augenzwinkern ist manchmal die Folge, wenn sich der Verteidiger auf eine über ihn abgegebene Aussage beruft. Auch wird bei der solcherart abgegebenen Einlassung seitens der Strafverfolgungsorgane die Spontaneität vermißt[354]. Der seriöse und vertrauenswürdige Anwalt wird dem mit Gelassenheit begegnen. Er kennt die Grenzen seiner Mithilfe[355]. Und man weiß von ihm, daß er die Grenzen kennt.

---

351 *KK-Boujong*, § 136 Rn. 17; *LR-Rieß*, § 163 a Rn. 41.
352 Unrichtig *Wetterich*, Der Strafverteidiger im Ermittlungsverfahren, Schriftenreihe der Polizei-Führungsakademie, Nr. 2/77, S. 70 ff., 76.
353 *Wetterich*, a. a. O., S. 75 und 76.
354 *Wetterich*, a. a. O., S. 77.
355 Vgl. oben Rn. 139.

Der Verteidiger muß sich über die prozessuale Verwertbarkeit einer schriftlichen Äußerung im klaren sein. Dabei ist zu differenzieren. Gibt der Beschuldigte selbst die schriftliche Äußerung ab, so kann sie später in der Hauptverhandlung gem. § 249 StPO verlesen und im Wege des Urkundenbeweises verwertet werden; auch dann, wenn der Beschuldigte nicht mehr zur Sache auszusagen bereit ist[356]. Gibt der Verteidiger die Äußerung in seiner Formulierung für den Beschuldigten ab, ist diese Erklärung nicht verlesbar[357].

Der Verteidiger wird in der Regel den Weg der schriftlichen Äußerung wählen. Sie vermeidet die oben beschriebenen Nachteile einer Vernehmung. Der Beschuldigte kann sich in Ruhe bei dem Verteidiger aussprechen. Der Verteidiger kann eruieren, was der Mandant wirklich meint und will. Die Einlassung wird in einer Atmosphäre des Vertrauens abgegeben. Der Beschuldigte kann seine eigenen Worte gebrauchen.

Eine Ausnahme von dieser Regel kann manchmal in umfangreichen und komplizierten Verfahren geboten sein. Äußert sich der Beschuldigte hier schriftlich, kommt es oft zu Rückfragen, erneuter schriftlicher Einlassung etc. In solchen Fällen ist eine Vernehmung durch den sachbearbeitenden Staatsanwalt anzuraten. Das setzt jedoch voraus: die Anwesenheit des Verteidigers, ein gewandter Beschuldigter, eine gründliche Vorbereitung zwischen Verteidiger und Mandant. Weitere Ausnahmen ergeben sich in den bereits beschriebenen Fällen[358], in denen eine staatsanwaltschaftliche und (ausnahmsweise) richterliche Vernehmung opportun erscheint.

Gibt der Verteidiger für den Beschuldigten eine schriftliche Einlassung ab, so hat er diese unbedingt in Gegenwart des Mandanten zu diktieren[359]. Nur so vermeidet er Mißverständnisse und Irrtümer. Der Mandant kann sofort korrigierend eingreifen. Anschließend ist die gesamte Aussage noch einmal vorzulesen bzw. vom Tonträger abzuspielen. Verfährt der Verteidiger derart, ist eine Unterzeichnung der Aussage durch den Mandanten überflüssig. Ob die Einlassung in direkter[360] oder

---

356 BGH StV 1993, 623 (BGHSt 39, 305); *KK-Wache*, § 163a Rn. 14.
357 BGH StV 1993, 623 (BGHSt 39, 305); *Kleinknecht/Meyer-Goßner*, § 163a Rn. 14. In Betracht kommt die Vernehmung des Verteidigers als Zeuge.
358 Rn. 145 und 146, jeweils a. E.
359 Gemeint ist damit nur die Aussage selbst. Zum Problem der sog. Schutzschrift vgl. unten Rn. 167 ff.
360 *Kunigk*, Strafverteidigung, S. 176.

indirekter Rede wiedergegeben wird, bedarf sorgfältiger Prüfung im Einzelfall. In direkter Rede wirkt die Einlassung plastisch und unmittelbarer. Freilich wird sie damit in einer evtl. stattfindenden Hauptverhandlung gem. § 249 StPO verlesbar und im Wege des Urkundenbeweises verwertbar[361]. Der verantwortungsbewußte Verteidiger kalkuliert das ein. Er wird die schriftliche Einlassung ohnehin nur nach sorgfältiger Prüfung möglicher Folgen abgeben. Außerdem hat die schriftliche Aussage in dieser Form gerade wegen ihrer erhöhten prozessualen Verwertbarkeit auch ein erhöhtes Gewicht. Es sind möglichst die eigenen Worte des Beschuldigten zu verwenden. Denn es ist seine Aussage, nicht die des Verteidigers. Die sprachliche Formulierungshilfe des Verteidigers hat sich deshalb in Grenzen zu halten. Die Einlassung soll knapp und präzise sein. Sie muß sich auf das Wesentliche beschränken. Weitschweifigkeiten sind zu vermeiden.

Eine solche schriftliche Äußerung könnte beispielsweise wie folgt aussehen:

Muster 14

Dr. Karl Robertus 67655 Kaiserslautern, den 2. 6. 1995
– Rechtsanwalt – Pfalzstraße 14

Staatsanwaltschaft
Lauterstraße
67657 Kaiserslautern

In dem Ermittlungsverfahren
gegen

Ralf Berger
wegen Beleidigung
6070 Js 1406/95

---

361 *KK-Wache*, § 163a Rn. 14. Anders auch nicht OLG Celle NStZ 1988, 426: diese Entscheidung befaßt sich mit „Formulierungen der Verteidiger". Siehe auch oben Fn. 356 und 357.

gebe ich nach Einsichtnahme in die Akten und Rücksprache mit meinem Mandanten folgende Erklärung gem. §§ 163 a, 136 StPO für den Beschuldigten ab, die an die Stelle einer polizeilichen, staatsanwaltschaftlichen oder richterlichen Vernehmung treten soll.

„Mir wird vorgeworfen, ich hätte am 3. April 1995 zwischen 18.10 Uhr und 18.15 Uhr auf dem Weg von Katzweiler nach Hirschhorn am Ortsausgang Katzweiler die Anzeigerin beleidigt, indem ich ihr beim Vorbeifahren auf meinem Moped mit meiner rechten Hand an ihren Busen gefaßt hätte. Ich weise diese Beschuldigung entschieden zurück.

An jenem 3. April habe ich bis um 15.45 Uhr bei der Firma Pfaff in Kaiserslautern gearbeitet. Zu der Arbeit bin ich nicht mit meinem Moped gefahren, sondern mit meinem Nachbarn in dessen Pkw. Es handelt sich hierbei um Herrn Adolf Neu, Nelkenstraße 14, 67701 Schallodenbach.

Herr Neu und seine Frau haben mich nach Arbeitsschluß (15.45 Uhr) von dem Ausgang des Firmengeländes abgeholt. Anschließend fuhren wir drei zum Kaufhaus ‚Mercado‘ in Kaiserslautern. In diesem Kaufhaus hielten wir uns bei Einkäufen bis ca. 18.00 Uhr auf. Dann sind wir drei auf direktem Weg von Kaiserslautern nach Hause (Schallodenbach) gefahren. Dort kamen wir etwa gegen 18.20 Uhr bis 18.25 Uhr an.

Zu Hause habe ich zunächst gegessen. Dann habe ich mich umgezogen. Danach bin ich gegen 19.30 Uhr mit meinem Moped nach Kaiserslautern gefahren.

Da die Anzeigerin als Tatzeit die Zeit zwischen 18.10 Uhr und 18.15 Uhr angegeben hat, kann ich also schon deswegen nicht als Täter in Frage kommen.

Das Ehepaar Neu kann meine Angaben bestätigen.“

Der Verteidiger:

Das Diktat der Aussage des Beschuldigten in seiner Gegenwart ist in umfangreicheren und komplizierten Verfahren nicht immer (sofort) möglich. Dann soll der Verteidiger den Mandanten anhalten, seine Gedanken und Meinungen aufzuschreiben. Der Verteidiger wird diese Notizen durcharbeiten, mit dem Mandanten besprechen und (erst) dann die Einlassung diktieren.

d) Beantragung von Ermittlungen

148 Der Verteidiger sieht sich oft vor die **Notwendigkeit** gestellt, Ermittlungen zu beantragen. Hauptgrund dafür ist sein interner Informationsvorsprung gegenüber den Ermittlungsorganen, denn ihm hat der Mandant Entlastungsmöglichkeiten genannt. Diese sind den Ermittlungsbehörden noch unbekannt. Kommt der Verteidiger nach sorgfältiger Prüfung zu dem Ergebnis, damit wirklich eine Entlastung des Beschuldigten erreichen zu können, muß er sie in das Ermittlungsverfahren einführen. Sie aufzuheben, um sich mit ihnen in einer Hauptverhandlung einen spektakulären Auftritt zu verschaffen, stellt eine schwere Verfehlung dar[362]. Sie zurückzuhalten, um später das Überraschungsmoment auszunützen, kann legitim sein. Nur ist das eine so riskante Taktik, daß sie selten angebracht ist. Denn der Verlust des Beweismittels ist zu besorgen. Sei es, daß der Augenscheinsgegenstand untergeht (die Unfallspuren auf der Straße sind nicht mehr sichtbar). Sei es, daß ein Beweismittel nicht mehr greifbar ist (der Entlastungszeuge ist unbekannten Aufenthaltes). Sei es, daß ein Beweismittel an Wert verloren hat (der Entlastungszeuge vermag sich nicht mehr zu erinnern). Bei seinen Überlegungen, Ermittlungen zu beantragen, hat der Verteidiger auch die Arbeitsweise der (Polizei und) Staatsanwaltschaft einzubeziehen. Bei allem Respekt vor „der objektivsten Behörde der Welt" und dem § 160 Abs. 2 StPO: die Praxis sieht nicht selten anders aus. Das beruht beileibe nicht immer auf mangelndem guten Willen. Vielmehr auf äußeren Umständen. Wie z. B. verstärkter Eingang von neuen Sachen, zahlreiche (zeitraubende) Berichtsachen, ungenügende Geschäftsstellenbesetzung, Vorfinden zahlreicher alter Verfahren bei Übernahme eines Referats, Sitzungsdienst an mehreren Tagen in der Woche, eine schlechte Statistik. Da wird das Bestreben manchen Sachbearbeiters, „die Sache vom Tisch zu bekommen", menschlich verständlich. Der Verteidiger darf sich damit allerdings keinesfalls zufriedengeben. Gerade bei solchen Konstellationen hat er energisch auf die Durchführung sachlich gebotener Ermittlungen zu drängen. Er hat in sein Kalkül auch einzubeziehen, daß die Ermittlungsorgane von der Richtigkeit ihrer Ermittlungen durchaus überzeugt sind. Diese Überzeugung gilt es durch geeignete Beweismittel zu erschüttern. Schließlich muß der Verteidiger seine eigenen, beschränkten Ermittlungsmöglichkeiten bedenken.

---

362 *Dahs*, Rn. 207.

Bevor der Verteidiger Ermittlungen beantragt, hat er zwei Gefahrenpunkte zu beachten. Ohne vorherige Akteneinsicht geht der Antrag
„ins Blaue hinein". Das ist so riskant, daß es sich in der Regel verbietet,
in diesem Stadium entsprechende Anträge zu stellen[363]. Ferner:
Benennt der Verteidiger z.b. einen Zeugen und wird dieser durch
die Polizei oder Staatsanwaltschaft vernommen, kann er wegen seines fehlenden Anwesenheitsrechts nicht auf die Vernehmung einwirken[364].

Entschließt sich der Verteidiger, Ermittlungen zu beantragen, findet er **149**
in der Strafprozeßordnung einen diesbezüglichen **Rechtsanspruch** des
Beschuldigten vor. So heißt es in § 163a Abs. 2 StPO: „Beantragt der
Beschuldigte zu seiner Entlastung die Aufnahme von Beweisen, so sind
sie zu erheben, wenn sie von Bedeutung sind." Diese für die Staatsanwaltschaft und die Polizei geltende Bestimmung findet ihr Pendant für
den Ermittlungsrichter in § 166 Abs. 1 StPO: „Wird der Beschuldigte
von dem Richter vernommen und beantragt er bei dieser Vernehmung
zu seiner Entlastung einzelne Beweiserhebungen, so hat der Richter
diese, soweit er sie für erheblich erachtet, vorzunehmen, wenn der
Verlust der Beweise zu besorgen ist oder die Beweiserhebung die Frei-
lassung des Beschuldigten begründen kann." Der Realisierung dieses
Rechtsanspruchs sind freilich Grenzen gesetzt. Denn aus den Einschränkungen „wenn" und „soweit" folgt, daß „die Ermittlungsbehörden zur Beweiserhebung nur verpflichtet sind, wenn sie es für erforderlich halten. Darüber entscheiden sie nach pflichtgemäßem Ermessen"[365]. Die Entscheidung ist mit ordentlichen Rechtsbehelfen nicht
anfechtbar[366]. Kein Wunder, daß demzufolge das Beweisantragsrecht
des Beschuldigten bzw. des Verteidigers im Ermittlungsverfahren kei-

---

363 *Quedenfeld*, Beweisantrag und Verteidigung in den Abschnitten des Strafverfahrens
bis zum erstinstanzlichen Urteil, in: Festgabe für Peters, 1984, S. 215 ff., 219; siehe
auch unten Rn. 172 Nr. 1.
364 *Quedenfeld*, a. a. O.; siehe auch unten Rn. 172 Nr. 3.
365 *Alsberg/Nüse/Meyer*, Der Beweisantrag im Strafprozeß, S. 336. Andere sehen hier
einen unbestimmten Rechtsbegriff, was im Endergebnis jedoch ohne Bedeutung ist;
vgl. *Schreiber*, Zum Beweisantragsrecht im Ermittlungsverfahren, in: Baumann-
Festschrift, 1992, S. 383 ff., 387.
366 *Alsberg/Nüse/Meyer*, S. 337 und 340. Für Zulässigkeit der Beschwerde gem. § 304
StPO, sofern es sich um eine Entscheidung des Ermittlungsrichters nach § 166
Abs. 1 StPO handelt: *Borowsky*, Zum Beweisantragsrecht im Ermittlungsverfahren,
StV 1986, S. 455.

ne große praktische Bedeutung hat. Dagegen anzugehen ist de lege lata aussichtslos[367]. Die Dienstaufsichtsbeschwerde gegen den Staatsanwalt und die Gegenvorstellung sind nur beschränkt einsetzbare Mittel[368]. Die sowieso schon schwache Position des Beschuldigten wird noch weiter abgeschwächt durch den Umstand, daß ein Antrag des Beschuldigten bzw. des Verteidigers nicht förmlich zu verbeschieden werden braucht[369]. Manche halten den Staatsanwalt nicht einmal für verpflichtet, den Beschuldigten bzw. den Verteidiger formlos davon zu verständigen, daß die beantragten Ermittlungen nicht durchgeführt werden[370]. Der Verteidiger kann sich zwar durch mehrfache Akteneinsicht die „Antwort" selbst besorgen. Er kommt aber oft zu spät. Denn wenn die Staatsanwaltschaft dem Beweisbegehren nicht nachkommt, die Ermittlungen für abgeschlossen hält und hinreichenden Tatverdacht bejaht, erhebt sie öffentliche Klage. Der Verteidiger kann zwar – und sollte in jedem Fall – bei Stellung seiner Ermittlungsanträge den Antrag stellen, bei Anbringung des Vermerks über den Abschluß der Ermittlungen (§ 147 Abs. 2 StPO) ihm erneut Akteneinsicht zu gewähren. Dieser Antrag wird aber gern übersehen. Das muß beileibe nicht böse Absicht sein. (Wenngleich ein solcher Antrag zuweilen störend empfunden wird: Der Staatsanwalt sieht die Ermittlungen als abgeschlossen an, er könnte die Akte „vom Tisch bekommen", die Akteneinsicht verzögert das.) Der Antrag kann auch schlicht vergessen worden sein. Zumal er sich meist „weiter vorn" in der Akte befindet. Alles

---

367 Für eine Reform des Ermittlungsverfahrens ist hier allerdings einer der wichtigsten Anknüpfungspunkte gegeben. Vgl. dazu *Mörsch*, Zur Rechtstellung des Beschuldigten und seines Verteidigers im Vorverfahren, jur. Dissertation 1968, S. 107, 116; *Egon Müller*, NJW 1976, S. 1063, 1067. Siehe auch Arbeitskreis Strafprozeßreform, Die Verteidigung, S. 92/93. – Im geltenden Recht könnte man allenfalls versuchen, mittels Auslegung die Handlungsvoraussetzungen für Staatsanwalt und Ermittlungsrichter zu präzisieren. Dazu *Nelles*, Der Einfluß der Verteidigung auf Beweiserhebungen im Ermittlungsverfahren, StV 1986, S. 74 ff. Nach *Krekeler*, Der Beweiserhebungsanspruch des Beschuldigten im Ermittlungsverfahren, NStZ 1991, S. 367 ff., gewährt § 163a Abs. 2 StPO jedoch dem Beschuldigten ein objektives öffentliches Recht, welches diesem einen Beweiserhebungsanspruch gegenüber den Strafverfolgungsbehörden gibt; ein Ermessen im Hinblick auf das „Ob" der Beweiserhebung sei der Staatsanwaltschaft nicht eingeräumt, sie habe jedoch bei der Subsumtion unter den unbestimmten Rechtsbegriff „von Bedeutung" einen Beurteilungsspielraum; bei dem „Wie" der Beweiserhebung bestehe für die Staatsanwaltschaft ein Auswahlermessen. – Überblick über die diskutierten Vorschläge bei *Schreiber*, (Fn. 365), S. 390 ff.
368 Vgl. dazu oben Rn. 71.
369 *Alsberg/Nüse/Meyer*, S. 337.
370 So *Alsberg/Nüse/Meyer*, S. 337. A. M. *KK-Wache*, § 163a Rn. 9; *LR-Rieß*, § 163a Rn. 116.

Lamentieren nützt nichts. Der Verteidiger muß sich damit abfinden und sich mit seinen Anträgen auf das Zwischen- bzw. Hauptverfahren konzentrieren.

Ein gewissenhafter Staatsanwalt wird sich einem sachlich begründeten **150** Beweisverlangen jedoch nicht verschließen. Zumal er weiß, daß eine übergangene Beweisanregung in der Hauptverhandlung wiederkehrt[371]. Der Verteidiger sollte allerdings einige **Erfordernisse** bei seiner Antragstellung beachten. Das beginnt mit dem Adressaten. Den Antrag an die Polizei zu richten, ist wenig sinnvoll. Befindet sich der Vorgang noch bei ihr, hat der Verteidiger noch keine Akteneinsicht gehabt, so daß sein Antrag „ins Blaue hinein" geht. War der Vorgang zwischenzeitlich schon bei der Staatsanwaltschaft, so entscheidet diese letztlich über den Antrag[372]; dann kann er auch gleich an sie gerichtet werden. Den Antrag an den Ermittlungsrichter zu adressieren, ist ebenfalls wenig sinnvoll. § 166 StPO betrifft nur Beweiserhebungen im Rahmen einer richterlichen Beschuldigtenvernehmung. Zudem ist die Beweiserhebungspflicht des Richters eingeschränkt. Sie umfaßt nicht die Durchführung umfangreicher Ermittlungen, sondern beinhaltet nur einzelne Beweiserhebungen[373]. Der Verteidiger sollte daher in der Regel seinen Antrag auf Durchführung bestimmter Ermittlungen an die Staatsanwaltschaft richten.

Eine bestimmte Form ist nicht vorgeschrieben. Der Verteidiger könnte daher den Antrag auch mündlich stellen. Davon ist aber dringend abzuraten. Mündliche Anträge können falsch verstanden werden. Ihre Stellung ist später nur schwer nachzuweisen. Sie sind leichter zu vergessen und abzulehnen als schriftliche Anträge[374].

Eines bestimmten Inhaltes bedarf es ebenfalls nicht. Der Antrag kann daher als Beweisermittlungsantrag (Beweisanregung) oder als Beweisantrag gestellt werden. Da weder der eine noch der andere Antrag förmlich zu verbeschieden werden braucht und § 244 Abs. 3–5 StPO im Ermittlungsverfahren nicht gilt[375], könnte man in einer Unterscheidung auch keinen Sinn sehen[376]. Dennoch sollte der Verteidiger nach Möglichkeit einen Beweisantrag i. e. S. stellen. Dieser hat mit einem

---

371 *Wetterich*, Schriftenreihe der Polizei-Führungsakademie Nr. 2/77, S. 70 ff., 78.
372 *KK-Wache*, § 163 a Rn. 9.
373 *Alsberg/Nüse/Meyer*, S. 339; *KK-Wache*, § 166 Rn. 6.
374 Vgl. *Krüger*, Der Verteidiger im Strafverfahren, Kriminalistik 1974, S. 392 ff., 394.
375 *Alsberg/Nüse/Meyer*, S. 336.
376 So z. B. *Alsberg/Nüse/Meyer*, S. 336.

klaren Beweisthema und einem eindeutigen Beweismittel mehr Aussagekraft als eine bloße Beweisanregung. Dem Adressaten fällt es zudem schwerer, einen solchen Antrag zu übergehen oder abzulehnen. Ein solcher Antrag könnte in dem obigen Beispiel M 14[377] in Fortsetzung der schriftlichen Beschuldigtenerklärung wie folgt aussehen:

Muster 15

Zu dieser Einlassung des Beschuldigten und dem bisherigen Ermittlungsergebnis nehme ich wie folgt Stellung.

Ich stelle den

Antrag

die Eheleute Adolf und Angelika Neu, Nelkenstraße 14, 67701 Schallodenbach, als Zeugen zu vernehmen.

Diese Zeugen werden zum Beweis dafür benannt, daß der Beschuldigte zur Tatzeit nicht am Tatort war, weil er sich zu dieser Zeit zusammen mit ihnen auf der Fahrt von Kaiserslautern nach Schallodenbach befand.

Nach Durchführung dieser Ermittlungen – spätestens jedoch, wenn dortigerseits die Ermittlungen als abgeschlossen angesehen werden – stelle ich den

Antrag

mir erneut Akteneinsicht zu gewähren.

Der Verteidiger:

---

e) Teilnahme an Ermittlungen

151 Nimmt der Verteidiger an Ermittlungshandlungen der Strafverfolgungsorgane teil, hat er eine unmittelbare Kontrollmöglichkeit. Außerdem kann er durch Fragen und Vorhalte korrigierend und lenkend eingreifen. Ferner ergibt sich oft die Möglichkeit, mit dem die Ermittlung Durchführenden über die Sache zu sprechen. Oder aber zumindest

---

377 Oben Rn. 147.

aus der Art und Weise, wie die Ermittlungshandlung durchgeführt wird, rückzuschließen auf Absichten und Ziele. Diesen **Vorteilen** stehen **Nachteile** gegenüber. Die Ermittlungshandlung, an der der Verteidiger teilgenommen hat, „steht". Sie kann kaum noch angegriffen werden mit dem Vorwurf, sie weise formale und/oder inhaltliche Mängel auf. Denn andernfalls muß sich der Verteidiger vorwerfen lassen, nicht eingegriffen zu haben. Der Verteidiger kann zudem leicht in die Zeugenrolle geraten. Schließlich geben Art und Weise seiner Fragen und Vorhalte der Gegenseite Gelegenheit, ihrerseits die Pläne und Absichten des Verteidigers zu erfahren oder zumindest zu erahnen[378].

Bei einer Abwägung der Vor- und Nachteile überwiegen die Vorteile. Der Verteidiger, der um die Bedeutung des Ermittlungsverfahrens weiß, weiß auch um die Bedeutung der Ermittlungshandlungen. Daher gilt: Der Verteidiger hat in der Regel an Ermittlungshandlungen teilzunehmen.

Natürlich nur im Rahmen der rechtlichen Zulässigkeit. Diese ist bei **152** den **polizeilichen Ermittlungen** umstritten. Die überwiegende Meinung verneint ein Recht des Verteidigers auf Anwesenheit bei der Vernehmung des Beschuldigten, eines Zeugen oder Sachverständigen oder sonstigen polizeilichen Ermittlungen[379]. Dies kann der Verteidiger jedoch für die Vernehmung des Beschuldigten unterlaufen. Er teilt der Polizei mit, daß sein Mandant nur in seiner Gegenwart Aussagen macht. Da für die Polizei eine Einlassung des Beschuldigten in Gegenwart des Verteidigers besser ist als gar keine, wird sie dem zumeist nachkommen[380]. In beschränktem Umfang gilt das auch für polizeiliche Zeugenvernehmungen. Da der Verteidiger aussageverweigerungsberechtigte Zeugen über ihr Recht belehren darf, kann er ihnen anra-

---

378 *Krüger*, Der Verteidiger im Strafverfahren, Kriminalistik 1974, S. 392ff., 447.
379 *KK-Wache*, § 163 Rn. 19; *Kleinknecht/Meyer-Goßner*, § 163 Rn. 16; *Kion*, NJW 1966, S. 1800f., 1801. – A.M. *Skuhr*, NJW 1966, S. 1350f., 1350; *Mörsch*, Zur Rechtsstellung des Beschuldigten und seines Verteidigers im Vorverfahren, jur. Dissertation 1968, S. 98ff.; speziell bei der Vernehmung des Beschuldigten, *Beulke*, Der Verteidiger im Strafverfahren, S. 48 m.w.N.; Überblick über den Meinungsstand und die Argumente bei *Krause*, Einzelfragen zum Anwesenheitsrecht des Verteidigers im Strafverfahren, StV 1984, S. 169ff., 173ff. und *Kleinknecht/Meyer-Goßner*, a.a.O.
380 *Krüger*, Kriminalistik 1974, S. 392ff., 446/447. So auch *Brodag*, Strafverfahrensrecht / Kurzlehrbuch zum Ermittlungsverfahren, 7. Aufl. 1991, Rn. 203, aus der Sicht der Polizeibeamten.

ten, nur in seiner Gegenwart bei der Polizei auszusagen oder erst bei einem Richter auszusagen, wo er ein Anwesenheitsrecht hat[381]. Wenn der Verteidiger auch keinen Anspruch auf Anwesenheit hat, so kann ihm doch die Anwesenheit gestattet werden. Teils wird dies ohne Einschränkungen bejaht[382]; teils nur bei Vorliegen besonderer Gründe[383]. Ist der Verteidiger anwesend, darf er Fragen stellen, Vorhalte machen, Hinweise geben, den Mandanten beraten[384]. Davon sollte der Verteidiger auch Gebrauch machen. Sonst ist seine Anwesenheit nicht sehr sinnvoll. Außerdem muß er ständig an den erhöhten Beweiswert der in seiner Gegenwart stattgefundenen Ermittlungshandlungen denken.

Über die rechtliche Zulässigkeit und die taktische Zweckmäßigkeit darf der Verteidiger die tatsächliche Möglichkeit nicht vergessen. Einem einigermaßen beschäftigten Verteidiger ist es schon zeitlich gar nicht immer möglich, an polizeilichen Ermittlungshandlungen teilzunehmen. Hinzu kommt die finanzielle Seite, insbesondere bei überörtlichen Ermittlungen. Der Verteidiger müßte zu jeder Zeugenvernehmung anreisen. Einen am Vernehmungsort ansässigen Kollegen zu beauftragen kostet auch Geld; außerdem ist er in die Sache nicht eingearbeitet. Der Verteidiger muß daher von Fall zu Fall entscheiden. Er hat dabei die Bedeutung des Verfahrens und die Wichtigkeit der konkreten Ermittlungshandlung als Leitlinien zu nehmen. Bei einer Beschuldigtenvernehmung sollte er im Zweifel teilnehmen. Gleiches gilt für eine Wahlgegenüberstellung zur Identifizierung des Beschuldigten. Denn diese entscheidet oft das ganze Verfahren. Von ihrem (für den Beschuldigten negativem) Ergebnis wegzukommen, gelingt nur selten. Dabei werden gerade bei Gegenüberstellungen nur zu oft krasse Fehler gemacht. Der Verteidiger muß die Anforderungen an eine ordnungsgemäße Wahlgegenüberstellung[385] präsent haben und auf ihre Erfüllung achten.

---

381 *Wetterich*, Schriftenreihe der Polizei-Führungsakademie, Nr. 2/77, S. 70ff., 78.
382 *Krüger*, Kriminalistik, 1974, S. 392ff., 446/447; *Burghard*, Kriminalistik 1991, S. 610ff., 614.
383 *KK-Wache*, § 163 Rn. 20.
384 *KK-Wache*, § 163 Rn. 20; *Burghard*, wie Fn. 382.
385 Vgl. dazu Polizeidienstvorschrift 100 unter Textziffer 2.3.3.6; Nr. 18 RiStBV; *Philipp*, Die Gegenüberstellung, 1981, passim; OLG Karlsruhe NStZ 1983, 377 mit Anm. *Odenthal* NStZ 1984, 137; *Odenthal*, Die Gegenüberstellung zum Zwecke des Wiedererkennens, NStZ 1985, S. 433ff.; *Odenthal*, Die Gegenüberstellung, 2. Aufl. 1992, passim.

Bei **staatsanwaltschaftlichen Ermittlungshandlungen** ist die prozes- **153**
suale Stellung des Verteidigers stärker. Für Vernehmungen des Beschuldigten gibt ihm das Gesetz ausdrücklich ein Anwesenheitsrecht
(§ 163 a Abs. 3 S. 2 StPO i. V. m. § 168 c Abs. 1 StPO). Für andere Vernehmungen und sonstige Ermittlungshandlungen gilt dies nicht. Das folgt
aus dem insoweit eindeutigen Gesetzeswortlaut[386]. Aber auch hier
kann ihm die Anwesenheit gestattet werden[387]. Geschieht dies nicht,
gibt es für den Verteidiger dagegen kein Rechtsmittel. Er kann sich
allenfalls an den Vorgesetzten des sachbearbeitenden Staatsanwalts
wenden[388]. Ein nicht unproblematisches Vorgehen. Denn selbst wenn
der Verteidiger qua Weisung des Vorgesetzten eine Anwesenheit bei
der infragestehenden Ermittlungshandlung gelingt, wird der Staatsanwalt beim nächsten Mal „klüger" sein. Er wird dafür sorgen, daß der
Verteidiger von dem Termin der Ermittlungshandlung keine Kenntnis
erhält. Darin liegt sowieso das eigentliche Problem: rechtzeitig zu
wissen, wann der Staatsanwalt eine Ermittlungshandlung durchführt.
Hier hilft nur ständiger Kontakt mit dem Sachbearbeiter. Eine Ausnahme gilt für die Vernehmung des Beschuldigten. Gem. § 163 a Abs. 2 S. 2
StPO i. V. m. § 168 c Abs. 5 S. 1 StPO ist der Verteidiger von dem Termin
vorher zu benachrichtigen.

Ist der Verteidiger anwesend, darf er sich insbesondere bei der Vernehmung des Beschuldigten aktiv einschalten mit Fragen, Vorhalten, Hinweisen, Beratungen[389]. Eingedenk des erhöhten Beweiswertes dieser
Ermittlungshandlung hat der Verteidiger dies auch zu tun. Ebenso wie
schon die Vernehmung des Beschuldigten sorgfältig mit dem Mandanten vorbereitet werden muß. Er muß die bisherigen Ermittlungen kennen. Auf zu erwartende Fragen und Vorhalte muß er vorbereitet sein.

Unterläßt der Staatsanwalt die Benachrichtigung des Verteidigers, gibt
er einem Terminsverlegungsantrag nicht statt oder untersagt er die
Teilnahme an der Vernehmung eines Mitbeschuldigten, tauchen Probleme auf. Sie sind identisch mit denen bei richterlichen Ermittlungshandlungen und werden deshalb dort (mit)behandelt.

Bei **richterlichen Ermittlungshandlungen** hat der Verteidiger ein Recht **154**
auf Anwesenheit bei der Vernehmung des Beschuldigten (§ 168 c Abs. 1

---

386 § 163 a Abs. 3 S. 2 StPO im Vergleich zu § 161 a StPO.
387 *Dahs*, Rn. 209.
388 *Dahs*, a. a. O.
389 *Dahs*, Rn. 247; *Kleinknecht/Meyer-Goßner*, § 168 c Rn. 1.

StPO), bei Vernehmungen von Zeugen und Sachverständigen (§ 168 c Abs. 2 StPO) und bei der Einnahme eines Augenscheins (§ 168 d Abs. 1 StPO). Für die Vernehmung eines Mitbeschuldigten ist ein solches Recht umstritten, wird aber inzwischen überwiegend bejaht[390]. Freilich kann dem Verteidiger die Anwesenheit gestattet werden. Allerdings in jederzeit widerruflicher Weise und mit einem u. U. eingeschränkten oder gar ausgeschlossenen Fragerecht[391].

Auch der Beschuldigte hat grundsätzlich ein Anwesenheitsrecht (§ 168 c Abs. 2 StPO für Vernehmungen von Zeugen und Sachverständigen, § 168 d Abs. 1 StPO für die Einnahme eines Augenscheins). Ob der Verteidiger seinem Mandanten die Anwesenheit anrät, ist eine andere Sache. Dafür spricht: Der Beschuldigte weiß oft mehr als der Verteidiger und kann über das ihm zustehende Fragerecht[392] sich einschalten. Genau das spricht aber auch dagegen: Mancher Beschuldigte fragt und redet sich um Kopf und Kragen. Bremst der Verteidiger ihn, indem er ihm ins Wort fällt oder gar ein weiteres Reden unterbindet, entsteht ein ungünstiger Eindruck. Es wird vermutet, der Beschuldigte habe etwas zu verbergen und/oder der Verteidiger wolle das Verfahren sabotieren. Der Verteidiger hat diesen Problemkreis deshalb abzuklären, bevor er dem Mandanten die Anwesenheit empfiehlt. Dabei hat er vor allem die Persönlichkeit seines Mandanten (Temperament, Intelligenz, Selbstbeherrschung) und den Ermittlungsgegenstand (Bedeutung der Ermittlungshandlung, Verhältnis des Beschuldigten zu dem zu vernehmenden Zeugen) in Bezug zueinander zu setzen. Rät er dem Mandanten ab, muß er viel Überzeugungskraft besitzen. Denn der Beschuldigte wird leicht mißtrauisch, wenn sein eigener Verteidiger nicht will, daß er bei einer Vernehmung dabei ist.

Nach § 168 c Abs. 3 S. 1 StPO kann der Richter einen Beschuldigten von der Anwesenheit bei der Verhandlung ausschließen, „wenn dessen Anwesenheit den Untersuchungszweck gefährden würde". Dies gilt lt. S. 2 namentlich dann, „wenn zu befürchten ist, daß ein Zeuge in Gegenwart des Beschuldigten nicht die Wahrheit sagen werde". Ob darun-

---

390 *KK-Wache*, § 168 c Rn. 11, *LR-Rieß*, § 168 c Rn. 14; *Krause*, Anwesenheitsrecht des Beschuldigten bei der Vernehmung des Mitbeschuldigten, NJW 1975, S. 2283, 2284 und Einzelfragen zum Anwesenheitsrecht des Verteidigers im Strafverfahren, StV 1984, S. 169 ff., 171; sowie *Sieg*, Anwesenheit des Beschuldigten bei richterlichen Vernehmungen des Mitbeschuldigten?, MDR 1986, S. 285.
391 *KK-Wache*, § 168 c Rn. 14 und 15.
392 *KK-Wache*, § 168 c Rn. 15.

ter auch der Zeuge fällt, der aus Angst vor Repressalien des Beschuldigten bei Anwesenheit des Beschuldigten von einem ihm zustehenden
Zeugnisverweigerungsrecht Gebrauch macht, wird überwiegend bejaht[393]. Eine Gefährdung des Untersuchungszwecks soll zu befürchten
sein, „wenn nach den Umständen des Einzelfalls in nicht geringem
Maß zu erwarten ist, der Beschuldigte werde das, was er bei der Vernehmung erfährt, möglicherweise für Verdunkelungsmaßnahmen verwerten"[394]. Gegen seine Ausschließung kann sich der Beschuldigte mit der
Beschwerde (§ 304 StPO) wehren. Er wird i. d. R. damit jedoch zu spät
kommen. Denn mit Abschluß der Vernehmung ist die Beschwerde
durch prozessuale Überholung gegenstandslos und damit unzulässig[395]. Befindet sich der Beschuldigte, der einen Verteidiger hat, nicht in
Freiheit, so steht ihm ein Anspruch auf Anwesenheit nur bei solchen
Terminen zu, die an der Gerichtsstelle des Ortes abgehalten werden,
wo er in Haft ist (§§ 168 c Abs. 4, 168 d Abs. 1 StPO).

Dem Anwesenheitsrecht des Beschuldigten und des Verteidigers entspricht eine Benachrichtigungspflicht (§§ 168 c Abs. 5 S. 1, 168 d Abs. 1
StPO). Diese ist allerdings durch § 168 c Abs. 5 S. 2 StPO eingeschränkt.
Danach unterbleibt die Benachrichtigung, „wenn sie den Untersuchungserfolg gefährden würde". Untersuchungserfolg ist – in der Definition der höchstrichterlichen Rechtsprechung – die Gewinnung einer
wahrheitsgemäßen Aussage, die in einem späteren Verfahrensabschnitt verwertet werden kann[396]. Wann dieser Erfolg gefährdet ist,
könne nicht allgemein gesagt werden, sondern sei nach den Umständen des Falles zu beurteilen[397]. Beliebt ist in der Praxis der Hinweis
darauf, daß eine Benachrichtigung zu einer Verzögerung des Verfahrens
geführt hätte. In dieser generellen Form ist das jedoch unrichtig. Eine
Verzögerung des Verfahrens deckt nur dann eine unterlassene Benachrichtigung, wenn dadurch die Gefahr besteht, daß der Untersuchungserfolg vereitelt oder verschlechtert würde (der Zeuge ist lebensbedroh-
lich erkrankt/verletzt, der Zeuge will die Bundesrepublik verlassen)[398].

---

393 *KK-Wache*, § 168 c Rn. 6; *KMR-Müller*, § 168 c Rn. 3.
394 *Kleinknecht/Meyer-Goßner*, § 168 c Rn. 3.
395 *KK-Wache*, § 168 c Rn. 7.
396 BGHSt 29, 1, 3.
397 Wie zuvor.
398 So zutreffend *Kleinknecht/Meyer-Goßner*, § 168 c Rn. 5; *KK-Wache*, § 168 c Rn. 17;
     mißverständlich BGHSt 29, 1, 3; unrichtig *Krekeler*, Probleme der Verteidigung in
     Wirtschaftsstrafsachen, wistra 1983, S. 43 ff., 48/49.

Von diesen speziellen Fällen einer zeitlichen Verzögerung abgesehen, ist umstritten, ob eine Gefährdung des Untersuchungserfolges bei Vorliegen zureichender tatsächlicher Anhaltspunkte für Verdunkelungshandlungen anzunehmen sei[399]. Ebenso, wenn zu befürchten ist, daß ein Zeuge aus Angst vor Repressalien des Beschuldigten in Anwesenheit des Beschuldigten von einem ihm zustehenden Zeugnisverweigerungsrecht Gebrauch machen wird[400]. Ist eine unterlassene Benachrichtigung des Beschuldigten im Einzelfall gerechtfertigt, so ist damit noch nichts über die Benachrichtigung des Verteidigers gesagt. Denn die Benachrichtigung des Verteidigers darf nicht schon aus Gründen unterlassen werden, die allein in der Person des Beschuldigten liegen[401]. Wird der Verteidiger von einem Termin nicht benachrichtigt, darf er trotzdem teilnehmen. Er kann nicht wie der Beschuldigte nach § 168 c Abs. 3 StPO von der Anwesenheit ausgeschlossen werden[402]. Das führt manchmal zu spannungsgeladenen Situationen. So wenn der Verteidiger auf andere Weise von dem Vernehmungstermin erfährt und dann doch anwesend ist. Oder gar der Termin in einem anderen als dem sonst üblichen Raum erfolgt und der Verteidiger „nachrückt".

Die Benachrichtigungspflicht besteht gegenüber dem Verteidiger und dem Beschuldigten. Jeder ist (unabhängig von dem anderen) zu benachrichtigen[403]. Das klappt nicht immer. Mal wird nur der Verteidiger, mal nur der Beschuldigte informiert. Wird nur der Verteidiger benachrichtigt, kann er den Mandanten entsprechend unterrichten. Erfährt nur der Beschuldigte offiziell von dem Termin, kann es unangenehm werden, wenn er dem Verteidiger davon nichts sagt. Zwar kann die unterlassene Benachrichtigung des Verteidigers durch den Richter zu einem Verwertungsverbot der entsprechenden Vernehmung führen[404], aber das Vernehmungsprotokoll ist nun einmal in den Akten. Und wird gelesen. Und behalten. Daran ändert kein Verwertungsverbot etwas. Deshalb sollte der Verteidiger hier – wie auch ganz generell und von

---

399 Bejahend vor allem die Rechtsprechung; auch noch hier die 2. Auflage, Rn. 154, S. 109 mit Fn. 281. Für die Gegenmeinung, wonach Abs. 5 S. 2 allein die zeitliche Verzögerung betrifft, sprechen jedoch zwingende entstehungsgeschichtliche, systematische und teleologische Argumente. Vgl. dazu eingehend *LR-Rieß*, § 168 c Rn. 42–45; *Zaczyk*, Das Anwesenheitsrecht des Verteidigers bei richterlichen Vernehmungen im Ermittlungsverfahren (§ 168 c StPO), NStZ 1987, S. 535 ff.
400 BayObLG NJW 1978, 232; offengelassen BGHSt 29, 1, 4. Vgl. im übrigen Fn. 399.
401 BGHSt 29, 1, 4.
402 BGHSt 29, 1, 5.
403 *KK-Wache*, § 168 c Rn. 16.
404 S. dazu unten Rn. 156.

Anfang an – jedem Mandanten einschärfen: „Wenn Sie in dieser Sache etwas Schriftliches erhalten, das nicht von mir ist, lassen Sie es mir umgehend zukommen. Ich werde Ihnen dann sagen, was zu tun ist und gegebenenfalls das Schreiben für Sie beantworten. Informieren Sie mich aber bitte sofort, damit keine Fristen versäumt werden."

Die Einschränkungen bei der Benachrichtigungspflicht bedeuten eine Einschränkung des Anwesenheitsrechts. Beinahe noch wichtiger ist eine andere Einschränkung des Anwesenheitsrechts. § 168 c Abs. 5 Satz 3 StPO bestimmt nämlich, daß die zur Anwesenheit Berechtigten keinen Anspruch auf Verlegung eines Termins wegen Verhinderung haben. Von dieser Vorschrift kann jeder Verteidiger ein Lied singen. Zumeist ein garstig Lied. Dabei sieht die Theorie gar nicht so schlecht aus. So soll die Vorschrift nicht ausschließen(!), „daß einem begründeten Verlegungswunsch unter Berücksichtigung des Beschleunigungsgebotes und der Bedeutung der Vernehmung für das Verfahren und für die Verteidigung im Einzelfall Rechnung getragen wird"[405]. Auch sollen die Termine von vornherein schon so anberaumt werden, daß die Anwesenheitsberechtigten sie auch wahrnehmen können[406]. In der Praxis ist es jedoch nicht selten anders. Richterliche Ermittlungshandlungen werden von der beantragenden Staatsanwaltschaft mit dem Etikett der Eilbedürftigkeit versehen (das Geständnis des Mitbeschuldigten muß gesichert werden, ehe er es sich anders überlegt; der Zeuge ist vielleicht bald nicht mehr greifbar; der Überraschungseffekt geht verloren). Der Ermittlungsrichter steht so unter einem gewissen Druck. Außerdem will er (verständlicherweise) die Sache erledigen. Schließlich kommt sein Terminkalender durch Verlegungen durcheinander. In dem einen oder anderen Fall mag auch (unbewußt) der Gedanke mitspielen, daß es ohne den Verteidiger „einfacher" geht. Der Verteidiger steht dem ziemlich machtlos gegenüber. Der Wortlaut des § 168 c Abs. 5 S. 3 StPO spricht gegen ihn[407]. Die Auslegung dieser Bestimmung[408] ist so voller unbestimmter Begriffe, daß im konkreten Fall alles und nichts begründet werden kann. Ob eine Beschwerde statthaft ist, kann bezweifelt werden; zumindest wird sie regelmäßig

---

405 *Kleinknecht/Meyer-Goßner*, § 168 c Rn. 5.
406 *KK-Wache*, § 168 c Rn. 20.
407 Die Auffassung vom *Hegmann*, Fürsorgepflicht gegenüber dem Beschuldigten im Ermittlungsverfahren, 1981, S. 236, wonach einem Verlegungsantrag grundsätzlich zu entsprechen ist, hat keine Gefolgschaft gefunden.
408 Vgl. oben Fn. 405.

durch prozessuale Überholung unzulässig sein[409]. Die „Notbremse" einer Aussageverweigerung geht nur bei einer Vernehmung des Beschuldigten. Allenfalls noch bei zeugnisverweigerungsberechtigten Zeugen, die der Verteidiger vorher berät[410]. Daher bleibt dem Verteidiger nichts anderes übrig, als das Gespräch mit dem Ermittlungsrichter zu suchen. Ein Schreiben allein ist wenig erfolgversprechend. Es wird nur zu oft mit der Floskel beantwortet: „Aus dienstlichen Gründen ist eine Verlegung des Termins nicht möglich."

Trotzdem sollte dem Gespräch ein solches Schreiben vorgeschaltet werden. Es kann wie folgt aussehen:

Muster 16

Dr. Karl Robertus   67655 Kaiserslautern, den 5. 6. 1995
– Rechtsanwalt –   Pfalzstr. 14

Amtsgericht
– Ermittlungsrichter –
Benzinoring
67657 Kaiserslautern

In dem Ermittlungsverfahren

gegen

Michael Schmied
wegen Totschlags
2 a Gs 300/95

habe ich die dortige Benachrichtigung zum Vernehmungstermin am 15. 6. 1995, 9.30 Uhr erhalten.

Zu meinem Bedauern muß ich den

Antrag

stellen,

den Termin wegen Verhinderung des Verteidigers aufzuheben.

---

409 Vgl. oben Fn. 395.
410 Dazu oben Rn. 104.

Begründung:

1. Die Vorschrift des § 168 c Abs. 5 S. 3 StPO, wonach ich keinen Anspruch auf die Verlegung des Termins wegen Verhinderung habe, ist mir selbstverständlich bekannt.

Diese Vorschrift wird in Rechtsprechung und Literatur jedoch dahingehend ausgelegt, daß begründeten Verlegungsgesuchen (trotzdem) insoweit Rechnung zu tragen ist, als dadurch der Untersuchungserfolg nicht beeinträchtigt würde (*Wache*, in: Karlsruher Kommentar, StPO, 3. Aufl. 1993, § 168 c Rn. 20), wobei die Bedeutung der Vernehmung für das Verfahren und für die Verteidigung im Einzelfall zu prüfen ist (*Kleinknecht/Meyer-Goßner*, StPO, 41. Aufl. 1993, § 168 c Rn. 5).

2. Am 15. 6. 1990 befinde ich mich ganztägig als Verteidiger bei der 4. Strafkammer des LG Kaiserslautern inmitten einer auf mehrere Tage angesetzten Hauptverhandlung (1350 Js 412/94).

3. Meine Anwesenheit bei der Vernehmung der Zeugin Engel im vorliegenden Verfahren ist besonders wichtig. Denn die Staatsanwaltschaft macht offensichtlich die Anklageerhebung weitgehend von der richterlichen Aussage dieser Zeugin abhängig (sog. Alibizeugin). Dabei ist auch zu beachten, daß der gegen den Beschuldigten erhobene Vorwurf der eines Totschlags ist.

Es liegt daher nahe, daß aus diesen Gründen meine Anwesenheit notwendig ist. Die dadurch eintretende zeitliche Verschiebung hat mit Sicherheit keinen Einfluß auf den Untersuchungserfolg.

4. Ich bitte deshalb höflichst um Verständnis für meinen Verlegungsantrag und darf mir erlauben, diesbezüglich in diesen Tagen dortigerseits anzurufen.

Der Verteidiger:

Bei der Unterredung mit dem Richter benötigt der Verteidiger viel Takt, Standfestigkeit, Beharrungsvermögen, Fingerspitzengefühl. Er darf nie vergessen, welche Bedeutung richterliche Ermittlungen für das weitere Verfahren haben. Manchmal kann der Verteidiger auch „vorbeugen". Er richtet an den Ermittlungsrichter bzw. den Staatsanwalt, bei dem sich die Akten befinden, ein Schreiben, in dem er um rechtzeitige Terminsnachricht bzw. telefonische Terminsabstimmung bittet. Ein vernünftiger Richter wird dem entsprechen.

Die Verteidigungsstrategie

Bleibt die Terminskollision bestehen und handelt es sich um eine Vernehmung des Beschuldigten, muß der Verteidiger aufpassen. Zieht er nämlich die „Notbremse" der Aussageverweigerung, besteht die Gefahr eines Vorführungsbefehls[411]. Denn für den Beschuldigten soll eine Erscheinenspflicht selbst dann bestehen, wenn er schon erklärt hat, er werde sich zur Sache nicht äußern[412]. In gewisser Weise kann der Verteidiger jedoch der Gefahr aus dem Wege gehen, indem er an den Ermittlungsrichter wie folgt schreibt:

Muster 17

Dr. Karl Robertus   67655 Kaiserslautern, den 7. 6. 1995
– Rechtsanwalt –   Pfalzstraße 14

Amtsgericht
– Ermittlungsrichter –
Benzinoring
67657 Kaiserslautern

In dem Ermittlungsverfahren
gegen

Peter Weidel
wegen Hehlerei
2 a Gs 303/95

verweise ich auf meine sich bei den Akten befindende Vollmacht und teile mit, daß der Beschuldigte in dem dortigerseits vorgesehenen Termin vom 16. 6. 1995 um 9.30 Uhr von seinem Recht Gebrauch machen wird, keine Einlassung zur Sache abzugeben.

Ich gehe deshalb davon aus, daß der Beschuldigte nicht zu erscheinen braucht und werde meinem Mandanten einen entsprechenden Rat geben.

---

411 *KK-Boujong*, § 133 Rn. 13.
412 *KK-Boujong*, § 133 Rn. 8.

Sollte dortigerseits eine andere Auffassung vertreten werden, bitte ich um Mitteilung.

Der Verteidiger:

Zur Sicherheit empfiehlt sich nach Eingang dieses Schreibens beim Ermittlungsrichter ein Anruf.

Da der Beschuldigte auch bei staatsanwaltschaftlichen Vernehmungen erscheinen muß und vorgeführt werden kann (§ 163a Abs. 3 StPO) hat der Verteidiger hier entsprechend zu verfahren.

Nimmt der Verteidiger an einer richterlichen Ermittlungshandlung teil, hat er ein Fragerecht, das auch Vorhalte und Hinweise einschließt[413]. Davon soll der Verteidiger auch Gebrauch machen. Denn ihm muß immer gegenwärtig sein, welchen Beweiswert die richterlichen Ermittlungen besitzen. Nimmt auch der Beschuldigte teil, sei es im Rahmen seiner eigenen Vernehmung, sei es bei einer Zeugenvernehmung, ist der Termin sorgfältig mit ihm vorzubereiten. Das betrifft nicht nur ein Vertrautmachen mit dem Akteninhalt und den Formalien. Sondern auch die Belehrung über das Wesen eines solchen Termins. Der Verteidiger muß dem Beschuldigten klarmachen, daß es sich nicht um eine allumfassende Erörterung aller Probleme des Verfahrens handelt, vielmehr nur eine einzelne Ermittlungshandlung vorgenommen wird. Und es daher aus taktischen Gründen durchaus geboten sein kann, mit der einen oder anderen Äußerung/Erklärung noch zuzuwarten.

Bei Teilnahme an einer (polizeilichen, staatsanwaltschaftlichen oder **155** richterlichen) Ermittlung sollte der Verteidiger sich immer eine **Protokollabschrift** aushändigen lassen. Zwar gewährt das Gesetz insoweit nicht ausdrücklich einen Anspruch. Wenn dem Verteidiger jedoch die Anwesenheit, verbunden mit einem Fragerecht, gestattet wird, ist kein vernünftiger Grund vorhanden, ihm die schriftliche Fixierung der Ermittlungshandlung vorzuenthalten. So wird sogar dem Beschuldigten eine Abschrift seines Vernehmungsprotokolls zugestanden, freilich mit der Einschränkung, daß dadurch der Untersuchungszweck nicht gefährdet wird[414]. Über die Erteilung einer Protokollabschrift entschei-

---

413 *KK-Wache*, § 168c Rn. 15.
414 *KK-Wache*, § 163a Rn. 36.

det während des gesamten Ermittlungsverfahrens, also auch bei richterlichen Handlungen, die Staatsanwaltschaft[415]. Der Verteidiger tut gut daran, die Erteilung einer Protokollabschrift *vor* der jeweiligen Vernehmung zu beantragen. Wird ihm das abgelehnt, kann er in geeigneten Fällen darauf hinweisen, daß bei dieser Sachlage der Beschuldigte überhaupt keine Angaben machen wird. Das hilft zumeist.

156 Soweit das Gesetz ein Anwesenheitsrecht und eine Benachrichtigungspflicht ausspricht, führen **Verstöße** dagegen zu einem Verwertungsverbot – wenn der Verteidiger bzw. der Angeklagte in der Hauptverhandlung der angekündigten Verwertung widerspricht[416]. Das Verwertungsverbot begründet seinerseits die Revision, falls nicht auszuschließen ist, daß das Urteil auf dem Verstoß gegen das Verwertungsverbot beruht. Bei alldem ist es unerheblich, ob die Verletzung der Benachrichtigungspflicht und das Anwesenheitsrecht absichtlich, versehentlich oder rechtsirrig erfolgt ist[417].

Der Umstand, daß sich über die Nichtbenachrichtigung des Beschuldigten und des Verteidigers nichts in den Akten befindet, ist für sich genommen unerheblich. Denn der Ermittlungsrichter soll nicht verpflichtet sein, seine Entscheidung und die Begründung der Nichtbenachrichtigung aktenkundig zu machen[418]. Ob in der Sache selbst ein Verstoß gegen § 168 c Abs. 5 StPO vorliegt, hat der Tatrichter zu prüfen.

f) *Kontakte mit dem Geschädigten*

157 Kontakte des Beschuldigten und des Verteidigers mit dem Geschädigten (Verletzten) haben eine allgemein **menschliche** und eine pragmatisch-**taktische Komponente**. Dem schuldigen und sich auch schuldig fühlenden Mandanten kann es ein echtes Anliegen sein, sich bei dem Geschädigten zu entschuldigen und u. U. auch den Schaden wiedergutzumachen. Das ehrt den Mandanten. Der Verteidiger sollte ihn deshalb grundsätzlich nicht abhalten. Er muß freilich dreierlei sehen. Eine Entschuldigung und/oder eine Schadenswiedergutmachung werden in

---

415 *KK-Wache*, § 163 a Rn. 36.
416 BGHSt 26, 332, 334/335; BGH NStZ 1989, 282; *KK-Wache*, § 163 a Rn. 21 und § 168 c Rn. 22. BGHSt 34, 231, 235 läßt jedoch einen Vorhalt (als bloßen Vernehmungsbehelf) zu.
417 *KK-Wache* wie zuvor.
418 *Dölp*, Zur Nichtbenachrichtigung des Beschuldigten nach § 168 c V StPO, NStZ 1990, S. 117 f., 117; BGH NStZ 1990, 136.

der Regel als Geständnis gewertet. Ferner: Bei manchem durch eine Straftat schwer Getroffenen können unliebsame Reaktionen die Folge sein. Schließlich: Selbst ein rein menschlich motiviertes Verhalten wird von den Strafverfolgungsorganen oft als ein taktisches Manöver betrachtet[419].

Gemäß seiner Aufgabe hat den Verteidiger in erster Linie die prozeß- **158** taktische Bedeutung einer Kontaktaufnahme mit dem Geschädigten zu interessieren. Folgende **Ziele** bei dem Geschädigten können mit einem solchen Vorgehen angestrebt werden: Verhinderung einer Strafantragstellung (bzw. schon einer Strafanzeigenerstattung), Erreichung der Rücknahme eines bereits gestellten Strafantrages, Abgabe einer Erklärung über das Fehlen eines Interesses an einer Bestrafung. Als Ziele bei dem Staatsanwalt können damit verfolgt werden: Einstellung des Verfahrens gem. § 170 Abs. 2 StPO, Einstellung des Verfahrens nach den §§ 153, 153a StPO, Berücksichtigung bei der Art der Erhebung öffentlicher Klage (Strafbefehlsantrag statt Anklageschrift). Als Ziele bei dem entscheidenden Gericht: Einstellung des Verfahrens gem. § 260 Abs. 3 StPO, Einstellung gem. §§ 153, 153a StPO, Berücksichtigung bei der Strafzumessung.

Bei reinen Antragsdelikten, z.B. Diebstahl und Betrug gegenüber Angehörigen (§§ 247, 263 Abs. 4 StGB), ist eine Verfolgung nur aufgrund eines Strafantrages möglich. Stellt der Antragsberechtigte keinen Strafantrag oder nimmt er einen bereits gestellten Strafantrag zurück (was jederzeit möglich ist, § 77d StGB), fehlt es an einer Prozeßvoraussetzung. Der Verteidiger kann daher mit dem Fehlen eines Strafantrages das Verfahren zwingend steuern. Bei manchen Delikten, z.B. fahrlässiger Körperverletzung (§§ 230, 232 StGB) ist eine Verfolgung sowohl aufgrund eines Strafantrages als auch dann möglich, wenn die Staatsanwaltschaft „wegen des besonderen öffentlichen Interesses an der Strafverfolgung ein Einschreiten von Amts wegen für geboten hält". Der Verteidiger kann hier also mit dem Fehlen eines Strafantrags nur eine der beiden Verfahrensvoraussetzungen zwingend verhindern. Jedoch ist die „psychologische Fernwirkung" eines fehlenden Strafantrages nicht zu unterschätzen. Zwar ist die Verfolgungsmöglichkeit aufgrund

---

419 Bei letzterem braucht der Verteidiger jedoch nicht allzu ängstlich zu sein. Denn die Motive für eine Wiedergutmachung sind nicht entscheidend; so *Schmidt-Hieber*, Verständigung im Strafverfahren, Rn. 182 unter Hinweis auf eine unveröffentlichte Entscheidung des BGH.

der Bejahung des besonderen öffentlichen Interesses auch und gerade für die Fälle eines fehlenden Strafantrages gedacht. Die Argumentation des Verteidigers „Wenn schon der Geschädigte nicht… dann sollte auch die Staatsanwaltschaft nicht…" ist somit an sich unlogisch. Sie verfehlt aber selten ihre psychologische und atmosphärische Wirkung, zumal Nr. 234 Abs. 1 Satz 2 RiStBV den Staatsanwalt ausdrücklich darauf hinweist, daß für die Bejahung/Verneinung des besonderen öffentlichen Interesses „der Umstand beachtlich sein" kann, „daß der Verletzte auf Bestrafung keinen Wert legt". Der Verteidiger ist „näher" an einer Einstellung gem. § 153a StPO.

Eine Verfahrenserledigung nach § 153 StPO wird er hingegen kaum erreichen können. Denn § 153 StPO setzt das Fehlen eines öffentlichen Interesses an der Verfolgung voraus. Mit seinem Einschreiten von Amts wegen hat der Staatsanwalt aber das besondere öffentliche Interesse an der Strafverfolgung gerade bejaht[420]. So genau wird das in der Praxis jedoch nicht immer gesehen. Außerdem ist eine Verfahrenseinstellung gem. § 153a StPO immerhin auch etwas. Nicht selten sogar das Optimum des Erreichbaren. Der Verteidiger muß wissen, daß die Staatsanwaltschaft ihre Erklärung, an der Strafverfolgung bestehe ein besonderes öffentliches Interesse, jederzeit zurücknehmen kann[421].

Der Verteidiger darf sich deshalb nicht entmutigen lassen, wenn die Bejahung schon erfolgt ist. Eine veränderte Beweislage, ein längerer Zeitablauf, ein anderer Sachbearbeiter (Sitzungsvertreter) der Staatsanwaltschaft – all das kann einen Sinneswandel und damit eine Rücknahme der Bejahungserklärung bewirken. Bei reinen Offizialdelikten ist das Fehlen einer Anzeige seitens des Geschädigten für die Verfolgung an sich irrelevant. Ebenso wie seine Erklärung, er lege keinen Wert (mehr) auf eine Bestrafung. Der Verteidiger hat daher mit dem Hinweis auf das Fehlen einer Anzeige und/oder der Vorlage einer entsprechenden Erklärung des Geschädigten keine zwingende Einwirkungsmöglichkeit auf den Verfahrensgang. Aber auch hier ist mit einem solchen Vortrag ein günstiger Boden für eine Einstellung gem. den §§ 153, 153a StPO bereitet. Zumindest läßt sich über eine geräuschlose und milde Erledigung im Strafbefehlsverfahren verhandeln.

---

420 Vgl. für den Fall des § 248a StGB dazu *Schönke/Schröder/Eser*, § 248a Rn. 28.
421 BGHSt 19, 377, 380. – Gerichtlich überprüfbar ist die Bejahung des besonderen öffentlichen Interesses nach h.M. dagegen nicht. Überblick bei *Bottke*, StV 1986, S. 120ff., 124. A.M. z.B. LG München StV 1990, 400; *Kröpil*, NJW 1992, S. 654ff.

Die **Art und Weise** der Kontaktaufnahme mit dem Geschädigten hat 159
sehr behutsam zu geschehen. Das gilt sowohl für den Beschuldigten als
auch den Verteidiger. Das Opfer einer Straftat ist (verständlicherweise)
dem Täter gegenüber besonders empfindlich und nicht gerade freundlich gesonnen. Das gilt nicht nur für die Angehörigen der durch eine
Straftat Getöteten oder für den durch eine Körperverletzung lebenslang
Gezeichneten, sondern auch für den durch ein Eigentums- oder Vermö-
gensdelikt Geschädigten. Die Kontaktaufnahme ist in erster Linie Sache des Beschuldigten. Er sollte sie aber nicht ohne vorherige Abstimmung mit dem Verteidiger durchführen. Dieser weiß, was angebracht,
möglich und erfolgversprechend sein kann. Er wird auch um die angemessene Form wissen. Ist jemand durch eine Straftat getötet worden:
Beileidschreiben an die Angehörigen, Kranzspende für die Beerdigung,
u. U. ein Besuch bei den Angehörigen. Ist jemand durch eine Straftat
verletzt worden: Entschuldigungsschreiben, Besuche am Krankenbett,
mündliche Entschuldigung. Ist jemand durch eine Straftat in seinem
Eigentum/Vermögen getroffen worden: Rückgabe des gestohlenen Ge-
genstandes, Ersetzung des finanziellen Schadens sofort oder durch das
Angebot angemessener Ratenzahlungen, Entschuldigungserklärung.
Gleichgültig wozu der Verteidiger im konkreten Fall rät; er muß immer
zwei Dinge im Auge behalten. Zum einen: Ist ein Schuldnachweis
zweifelhaft und wird letzten Endes ein Freispruch bzw. eine Verfahrenseinstellung gem. § 170 Abs. 2 StPO erstrebt, darf mit dem Verhalten des Beschuldigten (und des Verteidigers) nicht der Eindruck entstehen, er räume damit seine Schuld ein. Hier sollte der Verteidiger mit
seinen Ratschlägen und Maßnahmen differenzieren zwischen morali-
scher Schuld und strafrechtlicher Schuld. So kann der Beschuldigte
erklären, er fühle sich moralisch schuldig, deswegen entschuldige er
sich auch etc. Ob er auch strafrechtlich schuldig sei, wisse er nicht.
Zum anderen: Geschieht die Kontaktaufnahme seitens des Beschuldigten nur widerwillig und allein aus taktischen Erwägungen, sollte der
Verteidiger davon abraten. Wenigstens ein Fünkchen innerer Überzeugung sollte bei dem Beschuldigten dabei sein. Sonst wirkt es (mit
Recht) unglaubwürdig, wird zu leicht durchschaut und kann sich genau
in das Gegenteil verkehren.

Der Beschuldigte und der Verteidiger dürfen auch direkt auf den Geschädigten einwirken, damit dieser keinen Strafantrag stellt, einen
bereits gestellten Strafantrag zurücknimmt, eine Erklärung über sein
mangelndes Bestrafungsinteresse abgibt. Für den Verteidiger ist das

grundsätzlich keine verbotene Strafvereitelung[422]. Allerdings ist einiges zu beachten. Der Beschuldigte sollte nicht mündlich und allein um einen entsprechenden Schritt des Geschädigten bitten. Die Möglichkeit von Mißverständnissen ist zu groß. Trägt er schriftlich auf eine entsprechende Haltung des Geschädigten an, sollte der Verteidiger das Schreiben kritisch überprüfen. Am offensten ist ein Brief des Verteidigers. Hierin kann er auch die Zahlung einer Geldbuße an eine gemeinnützige Organisation anbieten. Nicht aber darf er dem Geschädigten selbst Geld anbieten und ihm so gleichsam den Strafantrag abkaufen[423], es sei denn, die Geldzahlung dient „der Sache nach der Schadlosstellung des Opfers oder der Wiedergutmachung an ihm"[424]. Ebenso unzulässig ist ein Hinweis darauf, bei Durchführung des Strafverfahrens müsse man auch dem Geschädigten unangenehme Dinge aufdekken und peinliche Fragen stellen. Der Verteidiger hat mithin alles zu unterlassen, was den freien Willen des Geschädigten beeinträchtigt[425].

160 Gleichgültig, welche Form der Kontaktaufnahme mit dem Geschädigten gewählt wird, der Verteidiger darf dabei den **Zeitfaktor** nicht übersehen. So kann es sich empfehlen, sofort eine Verbindung aufzunehmen. Das Verhalten wird als ehrlich angesehen und nicht als durch den Druck der mittlerweile erhobenen Beweismittel veranlaßt. Die umgehende einsichtige Reaktion wird anerkannt. Andererseits sind die Wunden oft noch zu frisch. In seinem Schmerz und seiner Enttäuschung weist der Geschädigte den Beschuldigten schroff zurück. Das Gegenteil des Angestrebten tritt ein. Ein längerer Zeitablauf kann auch dazu führen, daß der Geschädigte nunmehr kein Interesse an der Strafverfolgung mehr hat. Der Verteidiger hat daher anhand der Umstände des Einzelfalles abzuwägen, wann eine Kontaktaufnahme mit dem Geschädigten zweckmäßig ist.

g) Gespräche mit dem Staatsanwalt

161 Profunde Rechtskenntnisse, listenreiche Überlegungen, raffinierte Eigenermittlungen, brillante Schriftsätze – all das ist für den Verteidiger wichtig und nützlich, aber nicht ausreichend. Denn über Einleitung,

---

422 *Dahs*, Rn. 127.
423 *Dahs*, Rn. 128.
424 BGH (Zivilsenat) NJW 1991, 1046.
425 *Dahs*, Rn. 128.

Fortführung und Abschluß eines Ermittlungsverfahrens entscheidet der Staatsanwalt. Ein Mensch mit Eigenheiten, Schwächen, Problemen. Was er denkt, fühlt und will, findet nur zu einem kleinen Teil und auch nur mittelbar seinen (schriftlichen) Niederschlag in den Akten. Schon daraus ergibt sich für den Verteidiger die **Notwendigkeit**, mit dem Staatsanwalt Gespräche zu führen. Umgekehrt allerdings auch. Denn die Staatsanwälte sind oft so überlastet, daß es ihnen nicht möglich ist, jede „kleine" Strafsache ganz durchzuermitteln. Ihnen bleibt daher gar nichts anderes übrig, als nach einer (legitimen) Abkürzung des Verfahrens zu suchen. Dafür bedürfen sie in vielen Fällen der Mitwirkung des Beschuldigten und insbesondere des Verteidigers. Der Verteidiger, der um diesen Umstand weiß, hat auf diese Weise einen guten Einstieg. Er braucht zudem nicht zu bitten und zu betteln. Denn nicht nur er will von dem Staatsanwalt etwas, sondern der Staatsanwalt auch von ihm.

Gespräche zwischen Staatsanwalt und Verteidiger sind nur unter mehreren **Voraussetzungen** möglich. Sie müssen getragen sein von gegenseitiger Achtung und gegenseitigem Vertrauen[426]. Der Verteidiger darf in dem Staatsanwalt nicht den Feind sehen. Sondern den vom Gesetz berufenen Gegner im Ringen um eine gerechte, vernünftige und verfahrensökonomische Entscheidung. Dem Staatsanwalt seinerseits hat gegenwärtig zu sein, daß der Verteidiger Organ der Rechtspflege ist. Über dieses grundsätzliche Verständnis hinaus haben beide Gesprächspartner selbstkritisch einiges zu bedenken. So ist die Staatsanwaltschaft sicherlich der Objektivität verpflichtet. Nur sind „Objektivität als Verhaltensnorm und Umsetzung der Norm in die Wirklichkeit zweierlei"[427]. Der einzelne Staatsanwalt bildet sich notwendigerweise seine Meinung unter Anwendung subjektiver Maßstäbe. Er vertraut auf seine Erfahrungen und seinen gesunden Menschenverstand[428]. Er muß wissen, daß er sich dabei irren kann. Und er muß wissen, daß blinder Verfolgungseifer und drängender Erfolgszwang schlechte Ratgeber sind. Der Verteidiger seinerseits hat absolut integer zu sein. Von ihm

162

---

426 Zur Vertrauenskomponente vgl. insbesondere *Bussmann/Lüdemann*, Rechtsbeugung oder rationale Verfahrenspraxis?, MschrKrim 1988, S. 81 ff., 84, 87. Siehe auch *Gallandi*, Vertrauen im Strafprozeß, MDR 1987, S. 801 ff.
427 Vgl. *Peters*, NStZ 1983, S. 275 ff., 276.
428 Wie Fn. 427.

muß bekannt sein, daß er unbedingt zu seinem Wort steht, sich bei seinem Mandanten durchsetzen kann und absolut verschwiegen ist. Letzteres ist nicht immer einfach, zumal die Verschwiegenheitspflicht auch gegenüber dem eigenen Mandanten gelten soll[429]. Der Verteidiger darf jedoch davon in keinem einzigen Fall abweichen. Der Bruch der Vertraulichkeit eines Gesprächs mit dem Staatsanwalt „ist die Todsünde des Verteidigers"[430]. Der Verteidiger hat sich auch davor zu hüten, mit der Inaussichtstellung von Anträgen zu bluffen. Ein Hinweis auf tatsächlich mögliche und erfolgversprechende Anträge und die damit gegebene Verkomplizierung und Verzögerung des Verfahrens ist hingegen legitim und zumeist auch geboten. Von dem Verteidiger muß ferner bekannt sein, daß er sich in der Materie auskennt, daß er konsequent auf sein Ziel hinarbeitet und daß man mit ihm kein leichtes Spiel hat[431]. Der Verteidiger muß ernst genommen werden[432]. Nur so ist er ein ebenbürtiger Gegner[433] und damit Gesprächspartner. Allerdings muß der Verteidiger auch nachgeben können. Der Staatsanwalt muß wissen, daß man mit ihm reden kann. Das ist zweischneidig. Denn der Verteidiger darf niemals nachgeben, wenn es seinem Mandanten zum Nachteil gereichen könnte. Die absolute Grenze des Gesprächs zwischen Staatsanwalt und Verteidiger ist für den Verteidiger das Interesse des Mandanten. Nur hat der Verteidiger das Interesse des Mandanten im Rahmen der prozessualen Chancen und Risiken richtig einzuordnen. Das ist nicht einfach. Aber gerade auch in diesem Punkt scheidet sich der gute von dem schlechten Verteidiger.

Der Verteidiger bedarf zudem großen psychologischen Geschicks bei diesen Gesprächen und Verhandlungen. Das beginnt schon mit dem Ob. Manche Staatsanwälte mögen solche Gespräche überhaupt nicht. Sie sehen darin den Versuch, sie zu einem ungesetzlichen Handeln zu bringen. Eine Kontaktaufnahme mit ihnen kann sich deshalb sogar in das Gegenteil verkehren. Sie gehen dann besonders energisch gegen den Beschuldigten vor[434]. Diese Staatsanwälte sind erfreulicherweise in der Minderzahl. Der Verteidiger wird schon zu Beginn eines Gesprächs merken, mit wem er es zu tun hat. Er soll dann nicht gleich aufgeben.

---

429 *Dahs*, Rn. 135. Siehe auch These 40 Abs. 3 Satz 2.
430 *Dahs*, Rn. 135.
431 *Deal*, Der strafprozessuale Vergleich, StV 1982, S. 545 ff., 549.
432 *Hamm*, Entwicklungstendenzen der Strafverteidigung, in: Festschrift für Sarstedt, 1981, S. 49 ff., 63.
433 *Hamm*, a.a.O., S. 55.
434 *Kunigk*, Strafverteidigung, S. 173.

Manchmal ist es auch nur die Scheu vor dem unbekannten Verteidiger und die Ungewißheit über dessen Integrität. Das führt zu dem Wie solcher Gespräche und Verhandlungen. Das A und O für den Verteidiger ist dabei seine Fähigkeit, sich in die Person und Lage des Staatsanwalts hineinzudenken. Hier gilt besonders: „Die Gabe des Einfühlungsvermögens zeichnet den guten Strafverteidiger aus."[435] Das beginnt schon mit der Einleitung des Gesprächs. Plumpe Direktheit ist verfehlt („Ich wollte mit Ihnen über die Verfahrenseinstellung reden."). Ebenso wie eine Lüge („Ich komme gerade zufällig vorbei und da habe ich gedacht..."). Anknüpfungspunkt kann hingegen meist eine Frage nach dem Sachstand sein („Ich komme zu Ihnen, um mich zu erkundigen, was denn die Sache XY macht."). Daran schließt sich fast zwangsläufig ein Gespräch über die Sache an. Der Verteidiger kann sodann behutsam die Unterredung in die von ihm beabsichtigten Bahnen lenken. Der weitere Verlauf ist bestimmt von den Umständen des Einzelfalls.

Der Verteidiger sollte solche Gespräche nicht ohne Einverständnis des Mandanten führen. Damit ist nicht gemeint, daß er vor jedem Gespräch sich die ausdrückliche Einwilligung einholen muß. Es genügt ein generelles Einverstandensein („Ich will versuchen, bei Gelegenheit mit dem Staatsanwalt über Ihre Sache persönlich zu reden."). Das gehört schon zu dem Vertrauensverhältnis zwischen Verteidiger und Mandanten[436]. Kommt es in dem Gespräch zwischen Staatsanwalt und Verteidiger zu einem konkreten Ergebnis, ist der Mandant darüber zu unterrichten und ggf. seine Zustimmung einzuholen. Über Einzelheiten sollte er nicht informiert werden, allenfalls über die entscheidenden Überlegungen[437]. Die persönliche Anwesenheit des Mandanten bei den Gesprächen ist hingegen so gut wie nie angebracht. Denn der Staatsanwalt wird in Gegenwart des Beschuldigten nicht offen reden können und wollen. Die Anwesenheit des Mandanten bleibt deshalb die seltene Ausnahme. Sie kann sich nur dann empfehlen, wenn sich der Verteidiger von dem persönlichen Eindruck des Mandanten auf den Staatsanwalt etwas verspricht (sympathischer Beschuldigter, guter Eindruck, Mitleidseffekt).

---

435 *Dielmann*, „Guilty Plea" und „Plea Bargaining" im amerikanischen Strafverfahren – Möglichkeiten für den deutschen Strafprozeß?, GA 1981, S. 558 ff., 570.
436 *Hamm*, (Fn. 385), S. 63.
437 *Dahs*, Absprachen im Strafprozeß, NStZ 1988, S. 153 ff., 158.

163 Der Verteidiger kann mit den Gesprächen mehrere **Ziele** verfolgen. Zunächst einmal ganz einfach den Wunsch, die Person des Staatsanwaltes kennenzulernen. So trivial das klingt, so wichtig ist es. Denn jeder Staatsanwalt hat seine Eigenarten. Weiß der Verteidiger um sie, kann er sich und seine Taktik darauf einstellen. Sodann das Bestreben, Informationen über den Verfahrensstand zu erhalten. Das ist nicht nur bedeutsam in den Fällen, in denen der Verteidiger aus verschiedenen Gründen noch keine Akteneinsicht erhalten hat. Sondern auch deswegen, weil der Verteidiger aus Art und Weise, wie ihm der Staatsanwalt die Informationen erteilt, oft wichtige Rückschlüsse ziehen kann. Und schließlich das Interesse, Meinungen und Absichten des Staatsanwaltes zu erfahren. Auch wenn der Staatsanwalt diese nicht expressis verbis äußert: sie lassen sich aus dem Gespräch nicht selten „herauslesen". Hauptziel des Verteidigers wird es jedoch sein, mit dem Staatsanwalt Einigkeit über den weiteren Fortgang bzw. den Abschluß des Ermittlungsverfahrens zu erreichen.

Der Verteidiger sollte über Verlauf, Inhalt und Ergebnis des Gesprächs mit dem Staatsanwalt einen **Aktenvermerk** fertigen. Dies auch dann, wenn es nicht zu einer konkreten Vereinbarung kommt. Zu schnell ist (von beiden Seiten) etwas vergessen und es wirkt manchmal Wunder, den Staatsanwalt an seine eigenen Ausführungen zu erinnern.

h) Vereinbarungen mit dem Staatsanwalt

164 Über Vereinbarungen des Verteidigers mit dem Staatsanwalt steht nichts im Gesetz. Einer Strafprozeßordnung, die vom Untersuchungsgrundsatz bestimmt ist und einer Staatsanwaltschaft, die nach dem Legalitätsprinzip zu handeln und auch die den Beschuldigten entlastenden Umstände zu ermitteln hat, müßten sie eigentlich auch wesensfremd sein[438]. Trotzdem ist ihre **gesetzliche Zulässigkeit** anerkannt[439]. Freilich werden sie oft mit bösen Attributen versehen: Kuh-

---

438 Vgl. u. a. *Schumann*, Der Handel mit der Gerechtigkeit, 1977, S. 201. Einschränkend *Schmidt-Hieber*, Der strafprozessuale „Vergleich" – eine illegale Kungelei?, StV 1986, S. 355 ff., 355.

439 *Schmidt-Hieber*, Vereinbarungen im Strafverfahren, NJW 1982, S. 1017 ff., 1021; *Deal*, Der strafprozessuale Vergleich, StV 1982, S. 545 ff.; *Schmidt-Hieber*, StV 1986, S. 355 ff. Vgl. auch BVerfG NStZ 1987, 419. A. M. – „contra legem" – *Schünemann*, Die Verständigung im Strafprozeß – Wunderwaffe oder Bankrotterklärung der Verteidigung?, NJW 1989, S. 1895 ff., 1896, 1898.

handel, mauscheln, feilschen, „Handeln mit der Gerechtigkeit"[440]. Und der Anwalt, der sich ihrer bedient, wird zuweilen als unseriös hingestellt[441]. Veröffentlichungen darüber waren zunächst spärlich und nicht frei von Verkrampfungen[442]. Mittlerweile wird darüber offen in Veröffentlichungen, Symposien und Fortbildungsveranstaltungen (!) diskutiert[443]. Der Generalstaatsanwalt von Hessen hat „Richtlinien für Absprachen im Strafverfahren" erlassen[444]; der Generalbundesanwalt und die Generalstaatsanwälte haben „Hinweise an die Staatsanwälte für die Verständigung im Strafverfahren" verabschiedet[445]. Der Bundesgerichtshof hat Stellung genommen[446].

Jeder einigermaßen erfahrene Verteidiger weiß um die immense **tat-** **165** **sächliche** Bedeutung und **Verbreitung** solcher Vereinbarungen in der täglichen Praxis[447]. Die Strafverfolgungsorgane kommen ohne sie nicht mehr aus, weil andernfalls die Strafjustiz wegen Überlastung zusammenbrechen würde[448]. Prozeßökonomische Überlegungen bedingen ihre Notwendigkeit[449]; wobei die Ursache dafür oft im materiellen Strafrecht liegt[450]. Genau in diesem Punkt muß auch der Verteidiger einsetzen. Je komplizierter und langwieriger das Ermittlungsverfahren, je stärker die Arbeitsbelastung des sachbearbeitenden Staatsanwaltes – desto größer ist für den Verteidiger die Chance einer Vereinbarung über Fortgang und Ausgang des Verfahrens. Hierin liegt keine „Erpressung". Sondern nur das Ausschöpfen einer tatsächlichen Möglichkeit. Außerdem kommt es auch an dieser Stelle letztendlich auf das Wie an. Für den Verteidiger eröffnet sich mittels der Vereinbarungen ein Weg, das Verfahren sicher (weil mit abgesprochenem Ergebnis),

---

440 So der Titel der Schrift von *Schumann.*
441 Bei *Kunigk*, Strafverteidigung, S. 173.
442 Symptomatisch das Pseudonym des Verfassers des Aufsatzes „Der strafprozessuale Vergleich", StV 1982, S. 545 ff. mit „Rechtsanwalt *Detlev Deal*, Mauschelhausen".
443 Nachweis u. a. bei *Dahs*, Absprachen im Strafprozeß, NStZ 1988, S. 153 ff., S. 153 Fn. 1 f.
444 StV 1992, S. 347 f.
445 StV 1993, 280.
446 Einerseits BGHSt 37, 298 und andererseits BGHSt 38, 102. Dazu *Böttcher/Dahs/ Widmaier*, NStZ 1993, S. 375 ff.
447 *Dahs*, (Fn. 396), S. 153, schätzt, daß in 30 bis 40% aller Strafverfahren mindestens der Versuch einer Absprache unternommen wird.
448 *Deal*, a. a. O., S. 545.
449 *Römer*, Kooperatives Verhalten der Rechtspflegeorgane im Strafverfahren?, in: Festschrift für Schmidt-Leichner, 1977, S. 133 ff., 141.
450 *Hamm*, Absprachen im Strafverfahren?, ZRP 1990, S. 337 ff., 340 ff. mit Beispielen.

schnell (und damit dem Mandanten Zeit, Nerven und Kosten sparend) und schonend (der Verteidiger wird nur eine Lösung akzeptieren, die im wohlverstandenen Interesse seines Mandanten liegt) zu beenden. Demgemäß besteht für den Verteidiger die Pflicht, in geeigneten Fällen auf den Abschluß einer solchen Vereinbarung hinzuwirken[451]. Freilich muß er auch das Problem einer gescheiterten Vereinbarung sehen[452]. Kommt ein Konsens mit dem Staatsanwalt nicht zustande und hat der Verteidiger sich zu weit vorgewagt, kann irreparabler Schaden für den Mandanten entstanden sein. Zudem: „Bei weitem nicht jeder Fall und jeder Klient sind für eine Absprache geeignet."[453]

166 Im Ermittlungsverfahren existieren zahlreiche **Anwendungsfälle** solcher Absprachen. Im Mittelpunkt steht die Verfahrenseinstellung nach §§ 153, 153a StPO. Der geschickte Verteidiger findet hier ein reiches Betätigungsfeld vor. Nicht zu übersehen ist die Strafbeschränkung nach §§ 154, 154a StPO. Auch über eine Verfahrenserledigung durch Strafbefehl kann verhandelt werden, wobei die zu beantragenden Rechtsfolgen mit einzubeziehen sind[454]. Vereinbarungen zwischen Staatsanwalt und Verteidiger über den Charakter einer Straftat werden als solche für unzulässig gehalten[455]. Aber auch hier läßt sich bisweilen mit dem Staatsanwalt reden. Zumal die Konturen oft sehr schwer zu ziehen sind; beispielsweise zwischen versuchtem Totschlag und gefährlicher Körperverletzung oder zwischen versuchter Vergewaltigung und tätlicher Beleidigung[456]. All das soll sich jedoch nie innerhalb ein- und desselben Verfahrens abspielen dürfen; mithin dürfen andere Verfahren nicht mit einbezogen werden[457].

i) Verteidigungsschrift

167 In jedem Stadium des Ermittlungsverfahrens kann der Verteidiger für den Beschuldigten eine schriftliche Stellungnahme abgeben. Hierfür

---

451 Vgl. *Dahs*, Rn. 136; Hamm, (Fn. 385), S. 62. Siehe auch *Dielmann*, GA 1981, S. 558 ff., 570.
452 *Widmaier*, Der strafprozessuale Vergleich, StV 1986, S. 357 ff., 359.
453 *Dahs*, (Fn. 396), S. 159.
454 Zu den Einzelheiten vgl. jeweils unten Rn. 177 ff., 188 ff., 201 ff.
455 *Schmidt-Hieber*, NJW 1982, S. 1017 ff., 1019.
456 Eine „Checkliste" des Verteidigers für mögliche Verständigungen gibt *Rückel*, Verteidigertaktik bei Verständigung und Vereinbarungen im Strafverfahren, NStZ 1987, S. 297 ff., 303.
457 So *Hamm*, (Fn. 399a), S. 339: „Verbot der verfahrensübergreifenden Funktion."

hat sich die **Bezeichnung** „Schutzschrift" eingebürgert. Das erweckt vielfach Assoziationen zu dem Wort „Schutzbehauptung"[458]. Darunter verstehen Staatsanwälte und Richter gemeinhin die Lügen eines Beschuldigten. („Das Vorbringen des Beschuldigten ist als bloße Schutzbehauptung anzusehen.") Somit haftet dem Begriff „Schutzschrift" von vornherein etwas Negatives und Abwertendes an. Besser ist deshalb die Bezeichnung „Verteidigungsschrift"[459]. Sie ist neutral und besagt (nur), daß es sich um das schriftliche Vorbringen der Verteidigung und zur Verteidigung handelt.

Es gibt mehrere **Arten** von Verteidigungsschriften im Ermittlungsverfahren. In ihrer einfachsten Form enthält sie lediglich die Einlassung des Beschuldigten[460]. Es folgt der Schriftsatz, in dem Ermittlungen beantragt werden[461]. Schließlich kann in der Verteidigungsschrift eine Beweiswürdigung vorgenommen und ein konkreter Antrag gestellt werden[462]. Welche Art der Verteidiger wählt, hängt von seiner Zielvorstellung ab. Will er nur auf den Verfahrensgang einwirken, wird er eine der beiden ersten Alternativen wählen. Sieht er fundierte Chancen für eine Verfahrenseinstellung, wird er sich für die dritte Möglichkeit entscheiden. **168**

Die **Form** der konkreten Verteidigungsschrift hängt von deren Art ab. Enthält sie lediglich die Einlassung des Beschuldigten, ist diese kommentarlos anzuführen[463]. Werden Ermittlungen angeregt, ist auf die Einlassung des Beschuldigten zu verweisen und danach ein entsprechender Antrag zu stellen. Ggf. muß dieser erläutert und begründet werden[464]. Existiert keine (formelle) Einlassung des Beschuldigten, sind die Beweisanträge und Beweisermittlungen zu den bisherigen Ermittlungen in Beziehung zu setzen. Wird auf eine Verfahrenseinstellung abgezielt, ist an den Anfang der förmliche Antrag bzw. die förmliche Anregung zu stellen und daran die Begründung anzuschließen[465]. Sie ist mit einer Abschrift einzureichen, die der Staatsanwalt in seine Handakte nimmt. **169**

---

458 *Dahs*, Rn. 355.
459 Von *Hamm*, Die Verteidigungsschrift im Verfahren bis zur Hauptverhandlung, StV 1982, S. 490 ff., geprägt.
460 Vgl. oben Muster 14.
461 Vgl. oben Muster 15.
462 Vgl. unten Muster 18 ff.
463 Einzelheiten oben Rn. 147.
464 Vgl. dazu oben Rn. 148 mit Muster 15.
465 Beispiele unten Rn. 174 ff.

170 Die **nähere Ausgestaltung** ergibt sich aus den konkreten Umständen des Einzelfalles: Verfahrensstand, Zielrichtung, vorangegangene Gespräche mit dem Staatsanwalt, Situation des Staatsanwaltes. Gerade letzteres muß der Verteidiger besonders bedenken. Die Verteidigungsschrift hat ja einen Adressaten, von dem der Verteidiger etwas will. Also muß er wissen *was* dieser braucht, um das tun zu können, was er (der Verteidiger) will; *wie* dieser es braucht und *welche Folgen* die von dem Verteidiger beabsichtigte Handlung des Staatsanwaltes für diesen haben kann. Zum *Was:* Es ist nur das zu schreiben, was notwendig ist. Überflüssiges Geschwafel füllt nur Seiten und beeindruckt allenfalls einen einfältigen Mandanten. Aber es ist auch all das zu schreiben, was notwendig ist. Dabei ist auf den Kern der Sache besonders einzugehen. Zweifel an einer Überführung des Beschuldigten sind zu verstärken, für den Beschuldigten positive Rechtsauffassungen präzise zu zitieren. Geht es um rechtliche Fragen, muß der Verteidiger daran denken, daß der Staatsanwalt in seinem Arbeitszimmer zumeist nur die beiden gängigen Kommentare von Dreher/Tröndle und Kleinknecht/Meyer-Goßner hat. Den Gang in die Bibliothek wird er aus Zeitgründen oft scheuen, auch eingedenk des Umstandes, daß die zitierte Fundstelle in der Bibliothek sowieso nicht greifbar oder überhaupt nicht vorhanden ist. Es empfiehlt sich deshalb in geeigneten Fällen, der Verteidigungsschrift die zitierte Rechtssprechung und Literatur in Ablichtung beizufügen. Zum *Wie:* Der Verteidiger hat alles zu vermeiden, was nach Belehrung und Besserwisserei aussieht. Schließlich kann man alles von zwei Seiten betrachten. Außerdem kann der Staatsanwalt einfach nicht alles wissen, weil er nicht alles weiß, was der Beschuldigte weiß. Auch fehlen ihm manchmal ganz einfach die (zeitlichen und ausstattungsmäßigen) Möglichkeiten einer eingehenden rechtlichen Überprüfung[466]. Der Verteidiger sollte seine Ausführungen präzise, klar, leicht lesbar und überzeugend gestalten. Er hat im Aufbau zu trennen zwischen der Einlassung des Beschuldigten, der Beweiswürdigung und den Rechtsausführungen. Zielt der Verteidiger mit der Verteidigungsschrift auf eine Verfahrenseinstellung ab, sollte er Aufbau und Inhalt entsprechend einem Einstellungsbescheid gestalten[467]. Das führt zu den *Folgen* beim Staatsanwalt, die der Verteidiger mit einzukalkulie-

---

466 Letztlich dürfen psychologische Abwehrmechanismen gegenüber Belehrung/Besserwisserei/Überlegenheit nicht übersehen werden. Dazu *Barton*, Zur Effizienz der Strafverteidigung, MschrKrim 1988, S. 93 ff., 103.
467 *Kunigk*, Strafverteidigung, S. 176.

ren hat: Bei einem Verfahren aufgrund einer Anzeige ist der Anzeiger unter Angabe der Gründe von der Einstellung des Verfahrens zu unterrichten (§ 171 StPO). Dies sollte möglichst so überzeugend geschehen, daß der Anzeiger dies einsieht. Andernfalls muß der Staatsanwalt mit einer Beschwerde rechnen[468]. Das hat er nicht so gern. Sei es deswegen, weil er sich mit dem für ihn schon abgeschlossenen Verfahren erneut befassen muß. („Dann hätte ich auch gleich anklagen können. Dann wäre die Akte vom Tisch gewesen.") Sei es, weil der Vorgang nunmehr an die Generalstaatsanwaltschaft gelangt. Bei einem Verfahren von Amts wegen entfällt zwar der Einstellungsbescheid. Der an seine Stelle tretende Aktenvermerk muß aber so beschaffen sein, daß er der Geschäftsprüfung durch den Generalstaatsanwalt standhält.

Über die (generelle) **Zweckmäßigkeit** von Verteidigungsschriften besteht keine Einigkeit. Überwiegend ist Zurückhaltung festzustellen, die in die Empfehlung mündet, grundsätzlich keine Verteidigungsschriften einzureichen[469]. Es fallen Stichworte wie: „Prozeßdummheit vollständiger Materialauslieferung"[470], „Pulver verschießen", „alle Trümpfe auf den Tisch legen". Dem wird widersprochen[471]. Denkt man an die Aufgabe des Verteidigers im Ermittlungsverfahren, mit allen Mitteln auf die Einstellung des Verfahrens hinzuwirken[472], begegnen der grundsätzlichen Ablehnung von Verteidigungsschriften im Ermittlungsverfahren[473] Bedenken. Es kommt daher, wie so oft, auf die konkreten Umstände des Einzelfalles an[474]. Demgemäß ist es falsch *immer* eine Verteidigungsschrift anzubringen. (Bei vielen Anwälten, die „auch Strafverteidigungen machen", enthält sie oft nur ein konfuses Geschreibsel, das mit der „höflichen Bitte" schließt, das Verfahren einzustellen. Diese „Verteidiger" meinen, sie müßten etwas schreiben, da der Mandant sonst denkt, sie täten nichts für ihn.) Genauso falsch ist es, *nie* eine Verteidigungsschrift einzureichen. (Motivation für eine solche Einstellung ist sowieso nicht selten nur „Faulheit" und/oder die auf Unwissenheit beruhende Angst, man könne etwas falsch machen.)

171

---

468 Zu den Anfechtungsmöglichkeiten vgl. unten Rn. 176, 187, 200; siehe auch oben Rn. 125.
469 So *Dahs*, Rn. 355.
470 Wie Fn. 469.
471 Z. B. von *Hamm*, StV 1982, S. 490 ff., 492.
472 Siehe oben Rn. 116.
473 Wie es sich damit im Zwischenverfahren verhält, ist hier nicht zu erörtern.
474 *Hamm*, a. a. O., S. 491; so eigentlich auch *Dahs*, Rn. 355 in seiner Ausgangsthese.

Der Verteidiger muß ganz einfach ein Gespür dafür haben, wann eine Verteidigerschrift opportun ist und wieweit er in ihr gehen darf. Das ist nicht einfach.

172 Einige **Grundregeln** sind jedoch immer zu beachten.

1. Keine Verteidigungsschrift ohne vorherige Akteneinsicht. Von diesem Prinzip soll es keine Ausnahme geben[475]. Das ist so nicht richtig. Es ist zu unterscheiden zwischen der Einlassung des Beschuldigten und der Stellungnahme des Verteidigers dazu. Erstere kann (und muß oft) abgegeben werden bei einem Mandanten, der bereits (lückenhafte) Angaben gemacht hat[476], der eine Selbstanzeige erstatten will[477], der ein Geständnis ablegen möchte[478] und u. U. bei einem drohenden oder existierenden Haftbefehl wegen Verdunkelungsgefahr[479]. Die Stellungnahme des Verteidigers kann allenfalls und in engen Grenzen dann ohne vorherige Akteneinsicht erfolgen, wenn der Sachverhalt sehr einfach ist oder die Unschuld des Mandanten sich leicht (z.B. Alibi) beweisen läßt. Ansonsten gilt: Der Verteidiger, der „ins Blaue hinein" schreibt, begeht einen groben Kunstfehler.

2. Eine Verteidigungsschrift nur dann, wenn sie dem Mandanten etwas bringt. Weiß der Verteidiger um die wilde Entschlossenheit des Staatsanwaltes, auf jeden Fall Anklage zu erheben, ist ein auf eine Verfahrenseinstellung abzielendes Vorbringen sinnlos. Hat er diesbezüglich Zweifel und lassen sich die Zweifel durch ein Gespräch mit dem Staatsanwalt nicht beseitigen, ist die Verteidigungsschrift ebenfalls zu unterlassen.

3. Eine Verteidigungsschrift dann, wenn der Verlust von den Mandanten entlastenden Beweismitteln zu besorgen ist. Dabei ist freilich Vorsicht geboten: Wegen des fehlenden Anwesenheitsrechts des Verteidigers werden die Zeugen oft ohne ihn vernommen. Bei „unsicheren" Entlastungszeugen kann das zu einer Abschwächung ihrer Entlastungsbedeutung führen. Das braucht nicht auf den Vernehmungsmethoden des Vernehmungsbeamten zu beruhen. Es kann einfach seine Ursache darin haben, daß der Verteidiger nicht physisch anwesend ist und nicht „seine" Fragen stellen kann[480]. Der Verteidiger muß aller-

---

475 So *Hamm*, a. a. O., S. 494.
476 Vgl. oben Rn. 38 und 57.
477 Vgl. oben Rn. 39 und 57.
478 Vgl. oben Rn. 40 und 57.
479 Vgl. oben Rn. 38 und 57.
480 *Hamm*, a. a. O., S. 493.

dings in diesem Zusammenhang bedenken, daß es evtl. berufsrechtswidrig sein kann, einen einwandfreien Alibizeugen zu verschweigen („aufzusparen")[481].

4. *Eine Verteidigungsschrift dann, wenn ein Verfahrenshindernis vorliegt.* Zu einem entsprechenden Vorbringen soll der Verteidiger sogar verpflichtet sein, andernfalls ihm nachteilige Konsequenzen drohen[482].

5. *Eine Verteidigungsschrift dann, wenn das Verfahren verzögert werden soll.* Das bedarf der Erläuterung und Einschränkung. In der Literatur findet sich der Rat: „Soll das Verfahren verzögert werden, empfiehlt sich wohl eine umfangreiche, komplizierte und unübersichtliche Darstellung."[483] Macht der Verteidiger hier eingehende rechtliche Ausführungen mit zahlreichen Zitaten, benennt er eine Reihe von Zeugen, beantragt er die Beiziehung anderer Akten (Zivilprozesse), erstattet er bzw. der Beschuldigte Gegenanzeigen, nimmt er Bezug auf Parallelverfahren – so wird das nicht selten die Bereitschaft bei dem Staatsanwalt fördern, aus diesem Wust von Komplikationen einen Ausweg zu finden. Das Angebot des Verteidigers, das Verfahren gem. §§ 153, 153a StPO einzustellen, wird vielfach auf fruchtbaren Boden fallen[484]. Der Verteidiger gerät jedoch mit einer solchen Taktik in einen kritischen Bereich. So soll bewußte Verzögerung des Strafverfahrens strafbare Strafvereitelung sein können[485], abgesehen einmal von berufsrechtlichen Bedenken. Das ist zutreffend, wenn der Verteidiger allein und ausschließlich mit seinem Vorbringen eine Verfahrensverzögerung erstrebt. Es wird dann schon unzutreffend, wenn auch in der Sache selbst, in der Beweislage eine Verbesserung der Position des Beschuldigten erhofft wird und dies nicht völlig abwegig ist. Damit ist die Abgrenzung wieder dem Einzelfall anheimgegeben[486].

6. *Eine Verteidigungsschrift dann, wenn das Ergebnis des Ermittlungsverfahrens mit dem Staatsanwalt besprochen ist.* Haben Verteidiger und Staatsanwalt sich geeinigt, das Verfahren beispielsweise nach § 153a StPO einzustellen, sind von dem Verteidiger die entsprechenden Argumente schriftlich zu fixieren. Das ist keine überflüssige

---

481 *Dahs*, Rn. 355.
482 BGH NJW 1964, 2402, 2403, für die Verfolgungsverjährung.
483 *Kunigk*, Strafverteidigung, S. 174.
484 Siehe auch oben Rn. 153 ff.
485 *Dahs*, Rn. 54.
486 Vgl. dazu auch *Hamm*, Entwicklungstendenzen der Strafverteidigung, in: Festschrift für Sarstedt, 1981, S. 49 ff., 51.

Schreiberei oder gar ein Scheinschriftsatz. Vielmehr werden so die wichtigsten Punkte in den Akten festgehalten und sind jederzeit einer Überprüfung und Kontrolle zugänglich.

7. *Eine Verteidigungsschrift nur nach gründlicher Vorbereitung.* Dazu gehört nicht nur das sorgfältige Studium der Akten, sondern auch die Erörterung mit dem Mandanten und ggf. eine Unterredung mit dem Staatsanwalt. Außerdem muß der Verteidiger eine klare Konzeption haben.

173 Im Nachstehenden sollen einige **Anwendungsbeispiele** gegeben werden. Die Muster sind bewußt einfach gehalten, um das Wesentliche stärker hervortreten zu lassen. Vor- und Nachbemerkungen behandeln jeweils mit dem angestrebten Ziel zusammenhängende Fragen.

aa) Verfahrenseinstellung gem. § 170 Abs. 2 StPO[487]

174 Beabsichtigt der Verteidiger eine Einstellung des Verfahrens gem. § 170 Abs. 2 StPO, kann eine **Verteidigungsschrift** wie folgt aussehen (in Fortsetzung des Falles aus den Schriftsatzmustern 14 und 15[488]):

Muster 18

Dr. Karl Robertus   67655 Kaiserslautern, den 23. 6. 1995
– Rechtsanwalt –   Pfalzstraße 14

Staatsanwaltschaft
Lauterstraße
67657 Kaiserslautern

In dem Ermittlungsverfahren
gegen

Ralf Berger
wegen Beleidigung
6070 Js 1406/95

---

487 Siehe dazu auch oben Rn. 117–121, 125.
488 Oben Rn. 147 a. E. und 150 a. E.

stelle ich nach Durchführung der von mir beantragten Ermittlungen und erneuter Akteneinsicht den

Antrag

das Verfahren gem. § 170 Abs. 2
StPO einzustellen.

Begründung:

1. Der Beschuldigte bestreitet die ihm zur Last gelegte Tat. Da es sich bei ihm um einen völlig unvorbestraften und unbescholtenen jungen Mann handelt, kann seine Einlassung nicht von vornherein als Schutzbehauptung zurückgewiesen werden.

2. Die Angaben der Anzeigerin sind nicht geeignet, die Einlassung des Beschuldigten zu widerlegen.

a) Nach den Bekundungen der Anzeigerin hat sich der Vorfall allein zwischen ihr und dem Täter abgespielt; dritte Personen waren nicht zugegen. Somit handelt es sich bei ihr, was den eigentlichen Vorfall betrifft, um das einzige Beweismittel.

Ist dem aber so, dann sind an die Qualität dieses einzigen Beweismittels erhöhte Anforderungen zu stellen. Diesen Anforderungen werden die Bekundungen und das Aussageverhalten der Anzeigerin nicht gerecht.

aa) Die Anzeigerin hat den Täter wie folgt beschrieben (Bl. 2 d. A.):

„Der Fahrer war nach meiner Schätzung etwa 16 bis 18 Jahre alt, ca. 170 bis 175 cm groß, trug keine Motorradbekleidung, war ohne Kopfbedeckung, trug Brille und Bart, hatte dunkle Strickweste an mit zwei hellen Querstreifen auf dem Rücken, Jeans und Turnschuhe."

Der Beschuldigte trug und trägt keinen Bart. Dies ergibt sich u. a. aus den Feststellungen der Kriminalpolizei anläßlich der Gegenüberstellung des Beschuldigten mit der Anzeigerin am 5. April 1995 (vgl. die Lichtbilder auf Bl. 6 und 7 d. A.). Der Beschuldigte ist auch nicht 16 bis 18 Jahre alt, sondern 22 Jahre und fünf Monate (vgl. Personalien Bl. 4 d. A.). Von den bei dem Beschuldigten sichergestellten Strickwesten hat die Anzeigerin keine als die Strickweste identifizieren können, die der Täter zur Tatzeit nach ihren Angaben getragen haben soll (vgl. Vermerk der Polizei auf Bl. 19 d. A.).

bb) Soweit die Anzeigerin den Beschuldigten als Täter bei der Wahlgegenüberstellung identifiziert haben will, ist dem sogut wie kein Beweiswert zuzumessen. Denn die Wahlgegenüberstellung entspricht weder kriminalistischen Erfordernissen noch strafprozessualen Anforderungen.

Bei einer Wahlgegenüberstellung sollen die Vergleichspersonen nach Geschlecht, Aussehen und Gehabe dem Verdächtigen weitgehend ähneln (vgl. Philipp, Die Gegenüberstellung, 1981, S. 13). Der Tatverdächtige soll sich äußerlich möglichst wenig von den Auswahlpersonen unterscheiden, insbesondere in der Art der Kleidung und im sonstigen Habitus; dabei soll alles vermieden werden, was eine suggestive Wirkung auf den Augenzeugen dahin haben könnte, der Täter müsse sich unter den Auswahlpersonen befinden (OLG Karlsruhe NStZ 1983, 377, 378).

Die Anzeigerin hatte den Täter als Brillenträger beschrieben (Bl. 2 d. A.). Somit hätten nach den dargelegten Maßstäben die Vergleichspersonen – wie auch der Beschuldigte – eine Brille tragen müssen. Tatsächlich hat man bei der Wahlgegenüberstellung jedoch keine einzige Vergleichsperson mit Brille genommen (vgl. die Lichtbilder Bl. 6 und 7 d. A.)! Daß die Anzeigerin bei dieser Konstellation die einzige Person, die eine Brille trug, als Täter „identifiziert" hat, ist zeugenpsychologisch verständlich... Ein Beweiswert ist dem nicht mehr zuzumessen.

cc) Die somit naheliegende Annahme, die Anzeigerin habe sich getäuscht, wird noch durch einen weiteren Umstand gestützt.

Denn bei ihrer zweiten Vernehmung hat sie eingeräumt, daß der größte Teil ihrer ursprünglichen Beschreibung des Täters und seines Fahrzeugs nicht auf ihren Beobachtungen unmittelbar bei der Tat beruht, sondern daß sie ca. zwei Stunden nach der Tat jemanden gesehen hat, den sie für den Täter hielt und dessen Aussehen und Fahrzeug sie sich nunmehr genau einprägte und ihrer Anzeige zugrundelegte (vgl. Bl. 13/14 d. A.).

b) Soweit eine Überprüfung der Angaben der Anzeigerin durch andere Zeugen möglich war, haben sich die Bekundungen der Anzeigerin als unrichtig herausgestellt.

So hat sie angegeben, daß die Tatzeit zwischen 18.10 Uhr und 18.15 Uhr war (Bl. 2 und 15 d. A.). Die Eheleute Adolf und Angelika Neu haben jedoch übereinstimmend (und in verschiedenen Vernehmungen) bekundet, daß sie am 3. April 1995 von ca. 16.00 Uhr bis ca. 18.20 Uhr mit dem Beschuldigten zusammen waren und sich zu der angeblichen Tatzeit im Auto auf der Fahrt zwischen Kaiserslautern und Schallodenbach befanden (Bl. 11/12 und 18 d. A.). An den Angaben der Zeugen zu zweifeln, besteht kein Anlaß.

Eine andere Tatzeit hat die Anzeigerin ausgeschlossen. Auf Vorhalt der Aussagen der Eheleute Neu hat sie sogar präzisiert, daß die Tatzeit zwischen 18.10 Uhr und 18.12 Uhr gelegen hat (Bl. 15 d. A.).

> 3. Die Bekundungen der Anzeigerin sind somit nicht geeignet, die Einlassung des Beschuldigten zu widerlegen. Sonstige Beweismittel existieren nicht und sind auch nicht ersichtlich.
>
> Bei dieser Beweislage kann von einem hinreichenden Tatverdacht keine Rede sein. Das Verfahren ist deshalb gem. § 170 Abs. 2 StPO einzustellen.
>
> Der Verteidiger:

Erfolgt eine Verfahrenseinstellung nach § 170 Abs. 2 StPO, ist eine **175** **Benachrichtigung** des Beschuldigten grundsätzlich nicht vorgeschrieben. Denn lt. § 170 Abs. 2 S. 2 StPO muß die Staatsanwaltschaft den Beschuldigten nur dann in Kenntnis setzen, wenn
– der Beschuldigte als solcher vernommen worden ist (oder)
– gegen ihn ein Haftbefehl erlassen war (oder)
– er um einen Bescheid gebeten hat (oder)
– ein besonderes Interesse an der Bekanntgabe ersichtlich ist.

Entsprechendes gilt für den Verteidiger. Denn dieser wird von Entscheidungen nur unterrichtet, wenn dem Beschuldigten Mitteilung zu machen ist[489]. Hat der Verteidiger für den Beschuldigten eine Verteidigungsschrift angefertigt, werden beide in der Regel auch ohne ausdrücklichen Antrag von der Verfahrenseinstellung in Kenntnis gesetzt. Ansonsten sollte der Verteidiger einen ausdrücklichen Antrag stellen und/oder nach angemessener Zeit den Sachstand erfragen.

Von der Informierung über die Verfahrenseinstellung als solcher ist die Bekanntgabe der Einstellungsgründe zu unterscheiden. Das Gesetz schweigt insoweit. Hingegen enthält Nr. 88 S. 1 RiStBV eine Mitteilungspflicht, wenn ein entsprechender Antrag gestellt worden ist und kein schutzwürdiges Interesse entgegensteht. Ein solches Interesse kann in staatlichen oder privaten Geheimnissen sowie in der Notwendigkeit weiterer Ermittlungen liegen[490]. Die Mitteilungspflicht besteht nach Nr. 88 S. 2 RiStBV ferner, wenn sich herausgestellt hat, daß der Beschuldigte unschuldig ist oder daß gegen ihn kein begründeter Verdacht mehr besteht. Das ist wichtig. Denn oft benötigt der Beschuldigte

---

489 Nr. 108 RiStBV.
490 *KK-Wache/Schmid*, § 170 Rn. 28.

für andere Verfahren die Begründung der Einstellung. Abgesehen davon, daß ihn sowieso interessiert, warum das Verfahren eingestellt wurde. Der Verteidiger sollte daher grundsätzlich auch beantragen, (ihm) die Gründe der Einstellung mitzuteilen.

176 Der Beschuldigte kann die Einstellung des Verfahrens aus § 170 Abs. 2 StPO mit ordentlichen Rechtsbehelfen **nicht anfechten**. Man sollte meinen, daß dies selbstverständlich ist. Denn der Beschuldigte hat ja mit der Verfahrenseinstellung das Optimum dessen erreicht, was im Ermittlungsverfahren möglich ist. Das stimmt, soweit es den Tenor der Einstellungsverfügung betrifft. Es stimmt jedoch (manchmal) nicht, soweit es die Begründung der Einstellungsverfügung angeht. Hier finden sich oft Formulierungen, die den Beschuldigten zu heller Empörung veranlassen („Für die Täterschaft des Beschuldigten sprechen eine Reihe von Beweismitteln. Eine Überführung in der Hauptverhandlung wird jedoch letztlich nicht gelingen, weil..."). Eine formelle Anfechtungsmöglichkeit begründen sie nicht. Denn schon die Entscheidung als solche ist ja nicht anfechtbar. Abgesehen davon, daß sich eine Beschwer als Voraussetzung für die Zulässigkeit eines ordentlichen Rechtsbehelfs grundsätzlich nur aus dem Tenor der Entscheidung und nicht aus seinen Gründen ergeben soll[491]. Somit bleiben nur Dienstaufsichtsbeschwerde oder Gegenvorstellungen. Letztere sind nicht von vornherein zum Scheitern verurteilt, wenn der Verteidiger dem Staatsanwalt klarmacht, welche Bedeutung seine Begründung im Hinblick auf andere Umstände hat (Disziplinarverfahren, Arbeitgeber, Ehrenämter).

bb) Verfahrenseinstellung gem. § 153 StPO[492]

177 Die **Vorzüge** einer Einstellung des Verfahrens gem. § 153 StPO für den Beschuldigten sind nicht zu unterschätzen[493]. Die **Nachteile** sind gering. Die Schuldfrage bleibt grundsätzlich offen[494].

178 Die **tatsächliche Anwendung** ist bedeutend und im Wachsen begriffen[495]. Der Verteidiger findet bei dem Staatsanwalt nicht selten ein

---

491 *Kleinknecht/Meyer-Goßner*, vor § 296, Rn. 11.
492 Siehe dazu auch oben Rn. 122–123, 125.
493 Einzelheiten oben Rn. 123.
494 Vgl. oben Rn. 122.
495 Zusammen mit Erledigungen nach §§ 153 b bis 154 e, 376 StPO machen die Einstellungen nach § 153 StPO rd. $^{1}/_{10}$ aller staatsanwaltschaftlichen Einstellungen aus; Nachweise bei *Rieß*, ZRP 1985, S. 212 ff., 213 Tabelle 4.

offenes Ohr für sein Anliegen. Ermöglicht eine Einstellung gem. § 153 StPO doch einen raschen und unkomplizierten Abschluß des Verfahrens. Dem kommt eine weite Fassung des Gesetzes entgegen.

So normiert § 153 Abs. 1 S. 1 StPO an **Voraussetzungen:** „Hat das Verfahren ein Vergehen zum Gegenstand, so kann die Staatsanwaltschaft mit Zustimmung des für die Eröffnung des Hauptverfahrens zuständigen Gerichts von der Verfolgung absehen, wenn die Schuld des Täters gering anzusehen wäre und kein öffentliches Interesse an der Verfolgung besteht." **179**

Die **Schuld** ist (wäre) **gering**, wenn sie bei Vergleich mit Vergehen gleicher Art nicht unerheblich unter dem Durchschnitt liegt[496], wenn die Schuld des Beschuldigten deutlich geringer als in vergleichbaren Fällen ist[497]. Prüfungskriterien sind: **180**

- Motive und Gesinnung des Beschuldigten (geringe Schuld, wenn diese nicht verwerflich, sondern verständlich sind, etwa weil er aus Not gehandelt hat, zur Tat provoziert oder verführt wurde[498]),
- kriminelle Intensität (geringe Schuld, wenn diese nur unerheblich ist),[499]
- Bezug zur Person des Beschuldigten (geringe Schuld, wenn die Tat persönlichkeitsfremd ist, es sich um ein einmaliges Versagen handelt, der Beschuldigte überhaupt nicht oder zumindest nicht einschlägig vorbestraft ist[500]),
- verschuldete Folgen der Tat (nicht aber die Höhe des eingetretenen Schadens),[501]
- Mitverschulden eines anderen Beteiligten,[502]
- Schadenswiedergutmachung (geringe Schuld, wenn der Beschuldigte den Schaden wiedergutgemacht hat oder sich zumindest ernsthaft darum bemüht hat),[503]

---

496 So *Kleinknecht/Meyer-Goßner*, § 153 Rn. 4.
497 So *KK-Schoreit*, § 153 Rn. 16.
498 *LR-Rieß*, § 153 Rn. 24.
499 Wie Fn. 498.
500 Wie Fn. 498 und *KK-Schoreit*, § 153 Rn. 19.
501 Wie Fn. 498 und *KK-Schoreit*, § 153 Rn. 19. In der Praxis wird allerdings nicht selten auf die Höhe des Schadens abgestellt. Das ist verständlich, denn zwischen verschuldeten Folgen der Tat und Höhe des eingetretenen Schadens zu differenzieren, kann im Einzelfall erhebliche Schwierigkeiten bereiten.
502 *Bär*, Bedeutung und Anwendung des § 153a Strafprozeßordnung in Verkehrsstrafsachen, DAR 1984, S. 129ff., 131, 133.
503 Wie Fn. 498 und *KK-Schoreit*, § 153 Rn. 19.

- zu erwartende Strafe im Falle einer Verurteilung (geringe Schuld auch möglich bei Vergehen, die mit einer im Mindestmaß erhöhten Strafe bedroht sind)[504].

Im Grunde genommen orientiert man sich also an § 46 Abs. 2 StGB. Darüber hinaus kann der Verteidiger hinweisen auf:
- eigene (körperliche) Verletzung des Beschuldigten,
- eigener (materieller) Schaden des Beschuldigten,
- nachteilige wirtschaftliche Folgen einer Bestrafung für den Beschuldigten (Verlust der Arbeitsstelle, Zuweisung einer niedriger bezahlten Beschäftigung),
- drohende disziplinarrechtliche und standesrechtliche Maßnahmen,
- psychische Belastung des Ermittlungsverfahrens,
- finanzielle Belastung durch das Ermittlungsverfahren.

181 Neben der Geringfügigkeit der (hypothetischen) Schuld ist Einstellungsvoraussetzung das Fehlen eines **öffentlichen Interesses** an der Verfolgung. Eine Definition dieses Begriffes existiert nicht. Teilweise wird in Anlehnung an Nr. 86 Abs. 2 RiStBV das Vorliegen eines öffentlichen Interesses bejaht, wenn der Rechtsfrieden über den Lebenskreis des Verletzten hinaus gestört und die Strafverfolgung ein gegenwärtiges Anliegen der Allgemeinheit ist[505]. Viel fängt der Verteidiger damit nicht an. Auch nicht damit, daß sich das öffentliche Interesse aus Gründen in der Person des Beschuldigten (spezialpräventive Überlegungen) oder wegen der berechtigten Belange der Allgemeinheit (generalpräventive Überlegungen) bejahen läßt[506]. Der Verteidiger muß daher im konkreten Fall die gebräuchlichen Prüfungskriterien im einzelnen durchchecken und zwar:

- Vorbelastung des Beschuldigten (insbesondere einschlägige Vorstrafen oder Verfahrenseinstellungen gem. § 153 a StPO führen zumeist zur Bejahung des öffentlichen Interesses[507]);
- gesellschaftsfeindliche Gesinnung oder bewußte Mißachtung der staatlichen Autorität (begründen in der Praxis häufig das öffentliche Interesse[508]);

---

504 *KK-Schoreit*, § 153 Rn. 20; *LR-Rieß*, § 153 Rn. 22; einschränkend *KMR-Müller*, § 153 Rn. 5 („in aller Regel ausscheiden").
505 So noch *LR-Meyer-Goßner* (23. Aufl.), § 153 Rn. 18.
506 *LR-Rieß*, § 153 Rn. 28.
507 *KK-Schoreit*, § 153 Rn. 23, der jedoch Bedenken äußert.
508 Wie Fn. 507.

– Stellung des Beschuldigten im öffentlichen Leben (soll ebenfalls zu einer Bejahung des öffentlichen Interesses herhalten[509]; die Zugehörigkeit des Beschuldigten zur Mittel- oder Oberschicht erleichtert in der Praxis aber nicht selten die Verfahrenseinstellung[510]);

– Wiederholungsgefahr (ist mit gleichen Taten des Beschuldigten zu rechnen, wird das öffentliche Interesse bejaht)[511];

– Folgen der Tat (außergewöhnliche Tatfolgen können zu einer Bejahung des öffentlichen Interesses führen, auch wenn sie in ihrer konkreten Gestaltung für den Beschuldigten nicht voraussehbar waren[512];

– (berechtigtes) Genugtuungsinteresse des Geschädigten, namentlich bei besonders starker Beeinträchtigung[513])

– Beunruhigung der Gesellschaft (bei Delikten, die häufig vorkommen, dadurch die Gesellschaft beunruhigen und die Gefahr in sich bergen, daß sich Ungesetzlichkeiten im Sozialleben einbürgern, ist das öffentliche Interesse zu bejahen[514]);

– besonderes Interesse der Öffentlichkeit an der Tat;[515]

– Interesse der Öffentlichkeit an der Klärung bestimmter Rechtsfragen (ob das zu einer Bejahung des öffentlichen Interesses führen kann, ist umstritten[516]; der Verteidiger sollte sich unter Hinweis darauf, daß es in erster Linie um den konkreten Fall und den konkreten Beschuldigten geht, dagegen aussprechen);

– Verfahrensdauer (eine unangemessene/schwerwiegende Verfahrensverzögerung kann die Verneinung des öffentlichen Interesses begründen[517]).

Der Verteidiger muß diese Checklisten für die Merkmale „geringe **181a** Schuld" und „Fehlen des öffentlichen Interesses" parat haben und sich an ihnen orientieren. Argumentiert er nur emotional, „schwafelt" er, vergibt er oft eine große Chance[518].

---

509 Wie Fn. 507.
510 *Deal*, Der strafprozessuale Vergleich, StV 1982, S. 545 ff., 549.
511 *KK-Schoreit*, § 153 Rn. 24.
512 *LR-Rieß*, § 153 Rn. 28.
513 *KK-Schoreit*, § 153 Rn. 25.
514 *LR-Meyer-Goßner* (23. Aufl.), § 153 Rn. 21; ähnlich *LR-Rieß*, § 153 Rn. 28.
515 *KK-Schoreit*, § 153 Rn. 25.
516 *KK-Schoreit*, § 154 Rn. 27 und *LR-Rieß*, § 153 Rn. 30.
517 BGHSt 24, 239, 242; BGHSt 27, 274, 275; *Kleinknecht/Meyer-Goßner*, Art. 6 MRK Rn. 9.
518 *Schmidt-Hieber*, Verständigung im Strafverfahren, Rn. 41.

182 Kommt der Staatsanwalt nach Abwägung der für und gegen eine geringe Schuld und ein öffentliches Interesse sprechenden Gründe zu der Auffassung, von der Verfolgung absehen zu können, muß er – abgesehen von den Fällen des § 153 Abs. 1 S. 2 StPO – die **Zustimmung des Gerichts** einholen. Diese wird selten verweigert. Hat der Verteidiger erst einmal den Staatsanwalt überzeugt, ist seine Hauptarbeit getan. Eine Kontaktaufnahme seinerseits mit dem für die Zustimmung zuständigen Gericht ist daher nur in besonderen Fällen notwendig. Ganz aus den Augen darf der Verteidiger diese Frage allerdings nicht verlieren. Manchmal kann auch der umgekehrte Weg geboten sein. Der Verteidiger fühlt vorsichtig bei dem zuständigen Richter bzw. Gerichtsvorsitzenden vor, was denn wäre, wenn. Eine heikle Mission. Denn das Gericht kennt ja keine Akten. Gleichwohl müßte über die Tat und ihre Folgen gesprochen werden. Trotzdem ergeben sich aus einem solchen Gespräch oft wertvolle Anhaltspunkte für den Verteidiger. Diese kann er in die Verhandlungen mit dem Staatsanwalt in geeigneter Form einbringen. Ist diesem die Zustimmungsbereitschaft des Gerichts signalisiert, wird er geneigter für eine Einstellung sein. Diese Art von Gesprächen ist freilich eine der schwierigsten Tätigkeiten des Verteidigers, zumal dann, wenn er die Schuldfrage offenhalten will.

Der Zustimmung des Gerichts bedarf es gem. § 153 Abs. 1 S. 2 StPO nicht bei einem Vergehen, das nicht mit einer im Mindestmaß erhöhten Strafe bedroht ist und bei dem die durch die Tat verursachten Folgen gering sind[519]. Eine Definition des Begriffs „geringe Folgen" existiert nicht. In Anlehnung an das Gesetzgebungsverfahren ist deshalb von Folgendem auszugehen. Der Anwendungsbereich umfaßt „alle Delikte, soweit sie wie die Vermögensdelikte mit geringem Schaden im unteren Bereich der Bagatellkriminalität anzusiedeln sind"[520]. Soweit es sich um Vermögensdelikte handelt (womit auch Eigentumsdelikte gemeint sind), richtet sich die „geringe Folge" nach dem entstandenen Schaden[521]; dabei werden Beträge von 75,– DM[522] und 100,– DM[523] genannt. Soweit es um Nicht-Vermögensdelikte geht, wird man die „geringe Folge" jeweils konkret im Hinblick auf den Anwendungs-

---

519 So geändert durch das Rechtspflegeentlastungsgesetz 1993; vgl. oben Fn. 294.
520 BT-Dr 12/1217, S. 34.
521 *Kleinknecht-Meyer-Goßner*, § 153 Rn. 17.
522 *Kleinknecht-Meyer-Goßner*, § 153 Rn. 17.
523 *KK-Schoreit*, § 153 Rn. 43.

bereich „Bagatellkriminalität" festlegen müssen. In allen Fällen sind immer nur die verschuldeten Folgen gemeint[524]. – Allzugroße Bedeutung haben alle diese Fragen für die Verteidiger nicht. Denn es geht ja dabei nicht um die Verfahrenseinstellung als solche, sondern nur darum, ob die Staatsanwaltschaft diese allein oder nur zusammen mit dem Gericht vornehmen kann. Da die Zustimmung des Gerichts (vgl. oben) sehr selten verweigert wird, ist für den Mandanten das Ergebnis bei beiden Konstellationen gleich.

Hält der Verteidiger eine Verfahrenserledigung gem. § 153 StPO für **183** angebracht und hat er ggf. positive Gespräche mit dem Staatsanwalt geführt, sollte er sich der ausdrücklichen **Zustimmung des Mandanten** vergewissern. Zwar ist diese keine prozessuale Voraussetzung für die angestrebte Sachbehandlung. Aber eine Notwendigkeit im Verhältnis zwischen Verteidiger und Mandant. Zum einen deswegen, weil der Verteidiger eine verfahrensbeendende Maßnahme nicht ohne Einverständnis des Mandanten, um den es schließlich geht, treffen sollte. Zum anderen deswegen, weil der Verteidiger damit rechnen muß, daß der Mandant später anderen Sinnes wird. Ist er im Moment froh und glücklich, die Belastung des Strafverfahrens loszusein und noch dazu ohne Bestrafung, verstärkt sich mit zunehmendem zeitlichen Abstand seine Auffassung, eigentlich hätte er „freigesprochen" werden müssen. Und daß dem nicht so sei, habe an dem Verteidiger gelegen, der nicht den Mut gehabt habe zu kämpfen und der eigentlich „gar nichts getan" habe. Der Verteidiger sollte sich deshalb hüten, den Mandanten zu bedrängen[525]. Genauso sollte er sich aber auch hüten, dem Mandanten nach dem Mund zu reden. Er hat dem Mandanten ruhig und in verständlicher Form die Verfahrensrisiken darzulegen und ihn auf Vor- und Nachteile einer Verfahrenseinstellung gem. § 153 StPO aufmerksam zu machen. Ggf. kann er dies (auch) in schriftlicher Form tun. Auf jeden Fall hat er eine Aktennotiz anzufertigen. Bei „schwierigen" Mandanten sollte er in einem Brief das Ergebnis der Besprechung bestätigen.

In dem anzufertigenden Schriftsatz muß der Verteidiger darauf achten, **184** daß er die **Schuldfrage offenläßt**. Nicht nur im Hinblick auf den Mandanten. Sondern auch im Hinblick darauf, sich im Falle des Scheiterns dieser Verfahrenserledigung den Weg für eine Einstellung gem. § 170 Abs. 2 StPO freizuhalten. Technisch gibt es dafür drei Möglichkeiten:

---

524 *Siegismund/Wickern*, (Fn. 294), wistra 1993, S. 81 ff., 83 mit Fn. 26.
525 *Deal*, Der strafprozessuale Vergleich, StV 1982, S. 545 ff., 552.

- Der Verteidiger stellt (nur) den Antrag, das Verfahren gem. § 170 Abs. 2 StPO einzustellen und vertraut darauf, der Staatsanwalt werde den § 153 StPO schon sehen und anwenden[526].
- Der Verteidiger stellt den Antrag, das Verfahren gem. § 170 Abs. 2 StPO einzustellen, hilfsweise gem. § 153 StPO. Verteidigungstaktische Bedenken bestehen dagegen nicht[527]. Es kommt zudem auch auf die Art und Weise der Begründung an.
- Der Verteidiger stellt (sogleich und nur) den Antrag, das Verfahren gem. § 153 StPO einzustellen.

Für welche der drei Möglichkeiten der Verteidiger sich entscheidet, hängt von den Umständen des konkreten Falles ab, insbesondere von Inhalt und Ergebnis etwaiger Gespräche mit dem Staatsanwalt.

185 Eine solche **Verteidigungsschrift** kann (bei einem Fall, in dem dem Beschuldigten zur Last gelegt wird, ein 17jähriges Mädchen in Gegenwart ihrer Mutter durch Schläge ins Gesicht und an den Hals körperlich mißhandelt zu haben) wie folgt aussehen:

Muster 19

Dr. Karl Robertus   67655 Kaiserslautern, den 26. 6. 1995
– Rechtsanwalt –   Pfalzstraße 14

Staatsanwaltschaft
Lauterstraße
67657 Kaiserslautern

In dem Ermittlungsverfahren
gegen

Amand Lochner
wegen Körperverletzung
6070 Js 748/95

---

526 So *Hamm*, Die Verteidigungsschrift, StV 1982, S. 490 ff., 493.
527 *Dahs*, Rn. 261 a. E.

gebe ich nach Einsichtnahme in die Akten und Rücksprache mit meinem Mandanten folgende Erklärung gem. §§ 163 a, 136 StPO für den Beschuldigten ab, die an die Stelle einer polizeilichen, staatsanwaltschaftlichen oder richterlichen Vernehmung treten soll.

„Ich will nicht bestreiten, daß ich der Tochter der Anzeigerin **eine** Ohrfeige versetzt und sie mit der anderen Hand an das Regal **gestoßen** habe. Dies aber erst **nachdem**

– die Tochter der Anzeigerin zu mir gesagt hatte: „Lernen Sie zunächst einmal Anstand und die deutsche Sprache anständig, damit Sie sich überhaupt unterhalten können"

– die Tochter der Anzeigerin zu mir gesagt hatte: „Du dreckiger Ausländer, hierher kommen, nicht richtig deutsch können und bei uns Geld verdienen"

– ich die Tochter der Anzeigerin aufgefordert hatte, so etwas nicht noch einmal zu sagen

– die Tochter der Anzeigerin und auch die Anzeigerin mich jedoch mit weiteren Äußerungen belegt hatten

– die Tochter der Anzeigerin mir an das rechte Bein getreten hatte."

Zu dieser Einlassung des Beschuldigten und dem Ermittlungsergebnis nehme ich wie folgt Stellung.

Ich stelle den

Antrag
das Verfahren gem. § 153 StPO
einzustellen.

Begründung:

1. Auszugehen ist zunächst davon, daß die Anzeigerseite selbst nicht ganz von dem Vorliegen einer „lupenreinen" Straftat des Beschuldigten überzeugt ist, wie sich aus den Ausführungen auf Bl. 16–18 d. A. ergibt, die sich interessanterweise ausschließlich mit dem § 233 StGB beschäftigen. Denn diese Vorschrift findet nur dann Anwendung, wenn auf **beiden** Seiten, also auch auf Seiten der Tochter der Anzeigerin eine strafbare Handlung vorliegt (vgl. nur Dreher/Tröndle, StGB, 47. Aufl. 1995, § 233 Rn. 2).

Tatsächlich haben die Ermittlungen auch ein diesbezügliches Verhalten der Tochter der Anzeigerin ergeben.

So heißt es selbst in der Anzeige, daß die Tochter der Anzeigerin den Beschuldigten mit folgendem Satz belegt hat:

„Lernen Sie zunächst einmal Anstand und die deutsche Sprache anständig, damit Sie sich überhaupt unterhalten können." (Bl. 1 R. d. A.)

Und der völlig neutrale Zeuge Lothar Hardt (der befremdliche Vorwurf einer Falschaussage dieses Zeugen durch die Anzeigerseite, vgl. Bl. 18 Abs. 1 d. a., mag mangels jeglicher Anhaltspunkte für diese Behauptung an dieser Stelle nicht weiterverfolgt werden) hat in aller Deutlichkeit als Aussage der Tochter der Anzeigerin bekundet:

„Du dreckiger Ausländer, hierher kommen, nicht richtig deutsch können und bei uns Geld verdienen." (Bl. 14 d. A.)

Weitere Umstände – Warnung des Beschuldigten (Bl. 14 d. A.), keine Bestätigung des Vorwurfs des mehrfachen Schlages (Bl. 7 d. A.), Nichtermittlung des von der Anzeigerin als Zeugen angegebenen Fahrers des gelben VW Passat (Bl. 9 d. A.) – sollen an dieser Stelle unerörtert bleiben.

Denn selbst wenn den Beschuldigten ein Schuldvorwurf träfe – was hier ausdrücklich offenbleiben soll – wäre seine Schuld gering und besteht kein öffentliches Interesse an der Verfolgung, § 153 StPO.

2. Die (mögliche) **Schuld** des Beschuldigten ist **gering.**

a) Ob tatsächlich eine Schuld des Beschuldigten vorliegt, kann hier dahinstehen, da die Anwendung des § 153 StPO nicht voraussetzt, daß die Schuld nachgewiesen ist (*Kleinknecht/Meyer-Goßner*, StPO, 41. Aufl. 1993, § 153 Rn. 3).

b) „Die Schuld ist gering, wenn sie bei Vergleich mit Vergehen gleicher Art nicht unerheblich unter dem Durchschnitt liegt" (*Kleinknecht/Meyer-Goßner* a. a. O., Rn. 4). In diesem Sinne ist eine Geringfügigkeit insbesondere dann anzunehmen, wenn der Beschuldigte zur Tat provoziert wurde (vgl. Rieß, in: Löwe/Rosenberg, StPO, 24. Aufl. 1989, § 153 Rn. 24).

Genau ein solches Provozieren lag – wie bereits dargetan – eindeutig vor!

c) Die „verschuldeten Auswirkungen der Tat" sollen ebenfalls eine bedeutende Rolle bei der Prüfung der Geringfügigkeit spielen (*Kleinknecht/Meyer-Goßner* a. a. O., Rn. 4).

Hierzu findet sich in den Akten ein ärztliches Attest, das lediglich diagnostiziert:

„Schädelprellung
Schürfung am Hals rechts
Hämatom linke Oberlippe"
(Bl. 4 d. A.)

Es erfolgte nur, wie ebenfalls aus dem Attest hervorgeht, eine ambulante Behandlung. Eine Arbeitsunfähigkeit oder eine weitere ärztliche Behandlung war offensichtlich nicht erforderlich, zumal die Tochter der Anzeigerin für einige Zeit abgängig war (vgl. einerseits Bl. 9 d. A. und andererseits Bl. 15 d. A.).

3. An der Verfolgung besteht auch **kein öffentliches** Interesse.

a) Ein öffentliches Interesse an der Verfolgung ist dann gegeben, wenn der Schutz der Allgemeinheit durch die Einstellung gefährdet wäre (Müller, in: KMR, StPO, Stand: August 1993, § 153 Rn. 6).

Dabei ist das Interesse eines Verletzten an der Strafverfolgung grundsätzlich nicht ausschlaggebend (Müller, in: KMR, a. a. O.).

Bei der hier vorliegenden, durch einen neutralen Zeugen bestätigten Sachlage ist der Schutz der Allgemeinheit durch die Einstellung des Verfahrens sicherlich nicht gefährdet.

b) Dies um so mehr, als der Beschuldigte ganz bewußt davon abgesehen hat, seinerseits eine Strafanzeige zu erstatten. Dazu wäre er sicherlich schon aufgrund der Bekundungen des Zeugen Hardt und sogar den Aussagen der Anzeigerin berechtigt gewesen. Der Beschuldigte war und ist jedoch der Meinung, daß man wegen dieser Angelegenheit nicht auch noch die Gerichte bemühen sollte.

c) Auch Gründe in der Person des Beschuldigten liegen nicht vor, die eine Bejahung eines öffentlichen Interesses gebieten könnten: Der insoweit nicht recht verständliche Hinweis der Anzeigerseite auf Vorstrafen des Beschuldigten (woher kennt die Anzeigerin etwaige Vorstrafen?!) vermag daran nichts zu ändern.

Eine Gesamtschau aller Umstände ergibt somit, daß der eingangs gestellte Antrag mehr als begründet ist.

Der Verteidiger:

186 Erfolgt eine Verfahrenseinstellung nach § 153 Abs. 1 StPO, richtet sich die **Benachrichtigung** des Beschuldigten über die Einstellung als solche nach § 170 Abs. 2 S. 2 StPO[528] und über die Gründe der Einstellung nach Nr. 88 RiStBV[529].

187 Der Beschuldigte kann die Einstellung des Verfahrens aus § 153 Abs. 1 StPO mit ordentlichen Rechtsbehelfen nicht **anfechten**[530]. Begründet wird dies damit, daß die Anwendung des § 153 StPO dem Beschuldigten keine Nachteile bringe[531], ihn die Einstellung als solche nicht beschwere[532]. Sofern der Beschuldigte und sein Verteidiger selbst auf die Einstellung angetragen haben und soweit die Begründung der Einstellung keine „Diskriminierungen" enthält[533], hat der Verteidiger hier auch keine Schwierigkeiten. Problematisch wird es erst, wenn das Ziel des Beschuldigten und/oder des Verteidigers eine Einstellung nach § 170 Abs. 2 StPO ist. Da der § 153 Abs. 1 StPO eine Zustimmung des Beschuldigten nicht voraussetzt, kann eine Anwendung dieser Vorschrift nicht nur ohne Einverständnis des Beschuldigten, sondern auch gegen dessen ausdrücklich erklärten Willen erfolgen. Dem kommt die Neigung mancher Staatsanwälte entgegen, ermittlungstechnischen und rechtlichen Schwierigkeiten auszuweichen und das Verfahren über § 153 Abs. 1 StPO „totzumachen". So kann für den Beschuldigten eine Einstellung nach § 153 Abs. 1 StPO u. U. sehr mißlich sein (Zivilverfahren, Disziplinarverfahren, Arbeitgeber, Ehrenämter). Der Verteidiger braucht hier jedoch nicht zu resignieren. Gegenvorstellungen und Dienstaufsichtsbeschwerde eröffnen gerade in diesem Bereich Chancen. Denn es wird die Auffassung vertreten, daß auch der Staatsanwaltschaft im Ermittlungsverfahren eine Fürsorgepflicht für den Beschuldigten obliege; diese verbiete, auf § 153 Abs. 1 StPO auszuweichen, § 170 Abs. 2 StPO genieße Vorrang[534]. Der Verteidiger sollte daher in seinem Schriftsatz den Staatsanwalt in seiner Ehre als Vertreter der „objektivsten Behörde der Welt" packen. Leitende Oberstaatsanwälte und Generalstaatsanwälte sind zudem für dieses Argument in Dienstaufsichtsbeschwerden sehr empfänglich.

---

528 *LR-Rieß*, § 153 Rn. 53.
529 Vgl. deshalb zu den Einzelheiten oben Rn. 175.
530 *KMR-Müller*, § 153 Rn. 12.
531 *KK-Schoreit*, § 153 Rn. 7.
532 *Kleinknecht/Meyer-Goßner*, § 153 Rn. 34.
533 Dazu oben Rn. 176.
534 *Weiland*, Die Abschlußverfügung der Staatsanwaltschaft, Jus 1982, S. 918 ff. und Jus 1983, S. 120 ff., 124 m. w. N. in Fn. 41.

cc) Verfahrenseinstellung gem. § 153 a StPO[535]

Die **Vorzüge** einer Einstellung des Verfahrens gem. § 153 a StPO für den **188**
Beschuldigten sind nicht zu unterschätzen[536]. Die **Nachteile** sind gering, wenngleich der Verteidiger nicht übersehen darf, daß hier im
Unterschied zur Sachbehandlung nach § 153 StPO für den Schuldvorwurf hinreichender Tatverdacht gefordert wird[537].

Die Vorschrift des § 153 a StPO war und ist heftig umstritten. Ihre **189**
tatsächliche Anwendung ist jedoch bedeutend und ständig im Wachsen
begriffen[538]. Rund jedes zwanzigste bei der Staatsanwaltschaft anhän-
gige Verfahren wird nach § 153 a Abs. 1 StPO eingestellt[539]. Stärker als
im Bereich des § 153 StPO muß sich der Verteidiger jedoch auf regiona-
le Unterschiede einstellen. Er muß zudem wissen, daß Verwaltungsvorschriften existieren, die „Grundsätze für die Einstellung des Ermittlungsverfahrens unter Auflagen und Weisungen nach § 153 a StPO
durch die Staatsanwaltschaft" aufstellen[540]. Daran sind die Staatsanwälte gebunden.

Die grundlegenden **Voraussetzungen** ergeben sich aus § 153 a Abs. 1 S. 1 **190**
StPO: „Mit Zustimmung des für die Eröffnung des Hauptverfahrens
zuständigen Gerichts und des Beschuldigten kann die Staatsanwaltschaft bei einem Vergehen vorläufig von der Erhebung der öffentlichen
Klage absehen und zugleich dem Beschuldigten auferlegen, ..., wenn
diese Auflagen und Weisungen geeignet sind, das öffentliche Interesse
an der Strafverfolgung zu beseitigen und die Schwere der Schuld nicht
entgegensteht."

Diese (Neu-)Fassung beruht auf dem Rechtspflegeentlastungsgesetz
1993[541]. Sie bezweckt eine Erweiterung des Anwendungsbereichs bis in
den Bereich der „mittleren Kriminalität" hinein[542]. Zwar sind die

---

535 Siehe dazu auch oben Rn. 122–123, 125.
536 Einzelheiten oben Rn. 123.
537 Vgl. oben Rn. 122.
538 Von 1977 bis 1983 stieg der Anteil der Einstellungen nach § 153 a Abs. 1 StPO
     innerhalb der Erledigungsarten anhängiger Verfahren bei der Staatsanwaltschaft
     von 2,7% auf 5,5% (Nachweise bei *Rieß*, Zur weiteren Entwicklung der Einstellun-
     gen nach § 153 a StPO, ZRP 1985, S. 212 ff., 213 Tabelle 4).
539 Wie Fn. 483.
540 So für Rheinland-Pfalz die Verwaltungsvorschriften des Ministeriums der Justiz –
     4111 – 4 – 12/80 – vom 13. 11. 1980, abgedruckt in Justizblatt Rheinland-Pfalz 1980,
     Seite 266 ff.; inzwischen jedoch aufgehoben.
541 Vgl. oben Fn. 294.
542 BT-Dr 12/1217, S. 34.

Grenzen dieser Erweiterung (noch) umstritten[543]. Der Verteidiger braucht hier jedoch nicht allzu ängstlich zu sein. Ein Hinweis an den zögernden Staatsanwalt auf die grundlegende Intention des Gesetzgebers hilft zumeist.

191 Wann das Kriterium **„Schwere der Schuld nicht entgegensteht"** erfüllt ist, kann generell (noch) nicht definiert werden[544]. Fest steht aber, daß die Verfahrenseinstellung auch dann möglich ist, wenn die Schuld „deutlich oberhalb des ... Bereichs der geringen Schuld liegt"[545], also über dem Begriff in § 153 StPO. Dies geht bis „zur Grenze der schweren Schuld"[546]. Ansonsten bleibt alles dem Einzelfall, der Würdigung der Gesamtumstände überlassen.

192 Die zweite Anwendungsvoraussetzung – **Beseitigung des öffentlichen Interesses** an der Strafverfolgung (durch Auflagen bzw. Weisungen) – ist leichter zu handhaben. Denn hier ist durch das Rechtspflegeentlastungsgesetz keine Änderung erfolgt, so daß auf bisherige Beurteilungsmaßstäbe zurückgegriffen werden kann. Der Verteidiger kann als (insoweit) dieselbe Checkliste wie bei § 153 StPO verwenden[547]. Allerdings bedarf diese der Ergänzung. Denn das – hier im Unterschied zu § 153 StPO vorhandene öffentliche Strafverfolgungsinteresse – darf nur von einer solchen Art und Qualität sein, daß es durch bestimmte Leistungen des Beschuldigten kompensiert werden kann[548]. Deshalb soll eine Anwendung des § 153a StPO in der Regel dann nicht erfolgen, wenn
– der Beschuldigte einschlägig vorbestraft ist[549]
– der Beschuldigte zwar nicht einschlägig, jedoch mehrfach vorbestraft ist[550]

---

543 In den Gesetzgebungsmaterialien (F. 542) ist von einer „behutsamen" Erweiterung die Rede. *Siegismund/Wickern* (Fn. 294), S. 84 sprechen von einer Erweiterung „in vertretbarem Rahmen". *Rieß*, Das Gesetz zur Entlastung der Rechtspflege – ein Überblick –, AnwBl. 1993, S. 51 ff., 55 meint man müsse „von der Regelung in großem Umfang Gebrauch machen". *Böttcher/Meyer*, Änderungen des Strafverfahrensrechts durch das Entlastungsgesetz, NStZ 1993, S. 153 ff., 154 sehen die Neuregelung nicht „als Anstoß zu einer noch wesentlich großzügigeren Einstellungspraxis".
544 So im Endergebnis auch alle Autoren wie Fn. 543.
545 *Siegismund/Wickern*, (Fn. 294), S. 85.
546 *KK-Schoreit*, § 153a Rn. 11.
547 Vgl. dazu oben Rn. 180 und 181a.
548 *KK-Schoreit*, § 153a Rn. 12.
549 *KK-Schoreit*, § 153a Rn. 14.
550 *LR-Rieß*, § 153a Rn. 30.

– innerhalb eines kürzeren Zeitraums schon einmal eine Einstellung nach § 153 a StPO erfolgt war[551] bzw. bei häufigen Fällen von Einstellungen gem. §§ 153, 153 a StPO[552]
– die Verteidigung der Rechtsordnung eine Bestrafung erfordert (Absehen von der Strafverfolgung dem allgemeinen Rechtsempfinden der Bevölkerung unverständlich erscheinen müßte)[553]
– mehrere Täter zusammenwirken[554].
– der Beschuldigte unbelehrbar ist[555].

Ursprüngliche Versuche, bei bestimmten Delikten erhöhte Anforderungen zu stellen oder sie gar grundsätzlich auszuschließen[556], haben sich nicht durchgesetzt[557]. Der Verteidiger muß wissen, daß die Praxis grundsätzlich bei allen Arten von Vergehen von § 153 a StPO Gebrauch macht. Auch bei Wirtschaftsstrafsachen. Die u. U. stärkere Bedeutung der konkreten Tat wird durch entsprechend härtere Auflagen und Weisungen ausgeglichen. Der Verteidiger sollte in diesem Zusammenhang auch darauf hinweisen, daß der Wortlaut des § 153 a StPO keine Ausnahmen enthält.

Die möglichen **Auflagen und Weisungen** sind in § 153 a Abs. 1 StPO **193** abschließend aufgezählt[558]. Sie können untereinander kombiniert werden, jedoch nicht mit anderen Maßnahmen[559].

Im einzelnen handelt es sich um
1. zur Wiedergutmachung des durch die Tat verursachten Schadens eine bestimmte Leistung zu erbringen,
2. einen Geldbetrag zugunsten einer gemeinnützigen Einrichtung oder der Staatskasse zu zahlen,
3. sonst gemeinnützige Leistungen zu erbringen und
4. Unterhaltspflichten in einer bestimmten Höhe nachzukommen.

Zu 1.: Mit Schaden ist materieller und/oder immaterieller Schaden gemeint. Die Wiedergutmachungsleistung muß eindeutig festgelegt

---

551 Wie Fn. 550.
552 *KK-Schoreit*, § 153 a Rn. 14.
553 *LR-Meyer-Goßner* (23. Aufl.), § 153 a Rn. 21; nicht mehr bei *LR-Rieß*, § 153 a Rn. 29, wo grundsätzlich mehr auf den Einzelfall abgestellt wird.
554 Aber nicht in jedem Fall: *LR-Rieß*, § 153 a Rn. 30.
555 *KK-Schoreit*, § 153 a Rn. 14.
556 Überblick bei *LR-Meyer-Goßner* (23. Aufl.), § 153 a Rn. 22–24.
557 *LR-Rieß*, § 153 a Rn. 29. Einschränkend aber wohl *KK-Schoreit*, § 153 a Rn. 13.
558 *KK-Schoreit*, § 153 a Rn. 15.
559 Wie Fn. 558.

werden. Eine Auflage, den Schaden nach (besten) Kräften wiedergutzu-machen, ist nicht zulässig[560]. Zahlung von Schmerzensgeld kann aufer-legt werden[561].

Zu 2.: Hier liegt der stärkste Anwendungsbereich. In ca. 98% aller Einstellungen gem. § 153 a StPO wird nach dieser Modalität verfah-ren[562]. Höhe und Empfänger des Geldbetrages[563] bestimmt die Staats-anwaltschaft (und das Gericht). Der Verteidiger kann jedoch durch entsprechende Verhandlungen mit dem Staatsanwalt darauf Einfluß nehmen. Die Grenzen seiner Einwirkungsmöglichkeiten werden durch die Stärke seiner Position gezogen. Kann er froh sein, „überhaupt eine Einstellung zu bekommen", wird er sich zurückhalten. Merkt er ein besonderes Interesse der Staatsanwaltschaft an einer Einstellung, wird er stärkeren Einfluß nehmen können. Ohne seine, d.h. die Zu-stimmung des Beschuldigten geht ja hier nichts. Die Höhe des Geldbe-trages orientiert sich häufig an der Höhe der Geldstrafe, die im Falle einer Verurteilung zu erwarten wäre. Für den Verteidiger empfiehlt sich daher, in seinen Gesprächen und Schriftsätzen Angaben über die wirtschaftlichen Verhältnisse zu machen. Als Empfänger des Geldbe-trages wird häufig die Staatskasse angeführt. Ein Grund muß dafür nicht angegeben werden oder überhaupt vorhanden sein[564]. Sind hohe Verfahrenskosten entstanden (Sachverständigengutachten), wird häu-fig dieser Weg gewählt. Soll der Empfänger des Geldbetrages eine ge-meinnützige Einrichtung sein, so wird meist aus den bei den Staatsan-waltschaften und Gerichten vorhandenen Listen ausgewählt. Über das Verfahren haben die Landesjustizverwaltungen eine einheitliche Rege-lung getroffen[565].

Zu 4.: Diese Weisung findet vor allem Anwendung bei Verfahren we-gen Unterhaltpflichtverletzung gem. § 170 b StGB.

194 Eine Verfahrenseinstellung gem. § 153 a StPO steht unter bestimmten **Fristen**. § 153 a Abs. 1 S. 2 StPO: „Zur Erfüllung der Auflagen und Wei-sungen setzt die Staatsanwaltschaft dem Beschuldigten eine Frist, die

---

560 *KK-Schoreit*, § 153 a Rn. 16.
561 *KK-Schoreit*, § 153 a Rn. 17.
562 *Rieß*, Zur weiteren Entwicklung der Einstellungen nach § 153 a StPO, ZRP 1985, S. 212 ff., 213 Tabelle 2.
563 In der Praxis wird nicht selten von Geldbuße gesprochen. Das ist nach dem Geset-zeswortlaut falsch.
564 *KK-Schoreit*, § 153 a Rn. 19.
565 Nachweise bei *Kleinknecht/Meyer-Goßner*, § 153 a Rn. 20.

in den Fällen des Satzes 1 Nr. 1–3 höchstens sechs Monate, in den Fällen des Satzes 1 Nr. 4 höchstens ein Jahr beträgt." Und Satz 3: „Die Staatsanwaltschaft kann Auflagen und Weisungen nachträglich aufheben und die Frist einmal für die Dauer von drei Monaten verlängern; mit Zustimmung des Beschuldigten kann sie auch Auflagen und Weisungen nachträglich auferlegen und ändern." Die 6-Monats-Frist, die Forderung der Staatsanwaltschaft und das Leistungsvermögen des Beschuldigten decken sich nicht immer. Auch die mögliche Verlängerung um drei Monate hilft nicht in jedem Fall, zumal das nach dem eindeutigen Gesetzeswortlaut nur einmal geschehen darf. Hier muß der Verteidiger durch geschickte Verhandlungen einen Konsens zu erreichen versuchen. Wenn wirklich alle Verfahrensbeteiligten die Einstellung wollen, wird sich in aller Regel auch ein Weg finden lassen. Hiervon zu unterscheiden ist der Fall des Mandanten, der durch Nachlässigkeit, Unverstand oder bösen Willen den (ausgehandelten) Auflagen oder Weisungen nicht nachkommt. So selten ist er in der Praxis gar nicht. Der Verteidiger muß deshalb die entsprechende Frist sich selbst (mit Vorfrist) notieren, die Einhaltung überwachen und den Mandanten ggf. erinnern. Dabei sollte er ihm klarmachen, daß bei einem Scheitern dieser Verfahrenserledigung die Staatsanwaltschaft mit Sicherheit nicht noch einmal zustimmen wird und bei der nun folgenden Fortsetzung des Verfahrens ihm nicht gerade freundlich gesonnen sein wird. Wirksam ist der Hinweis, daß bereits erbrachte (Teil-)Leistungen nicht erstattet werden (§ 153 a Abs. 1 S. 5 StPO). In bestimmten Fällen wird der Verteidiger eine Mandatsniederlegung ankündigen und durchführen müssen. Das ist er sich und seinen (anderen) Mandanten schuldig. Denn er verliert an Ansehen und Zuverlässigkeit, wenn zwischen ihm und dem Staatsanwalt (Gericht) besprochene Verfahrensweisen nicht eingehalten werden. Natürlich muß der Verteidiger sich vorher ausreichend bei dem Mandanten vergewissert und mit ihm erörtert haben, ob dieser in der Lage ist, den Auflagen bzw. Weisungen nachzukommen. Und natürlich darf die Nichterfüllung nicht unverschuldet sein.

Ist die Nichterfüllung unverschuldet, muß der Verteidiger sich um die nachträgliche Änderung oder Aufhebung der Auflagen/Weisungen bemühen. Denn für die Frage einer Fortsetzung des Verfahrens kommt es nur darauf an, *ob* erfüllt, nicht warum nicht erfüllt wurde[566]. Ggf. hat er um die dreimonatige Fristverlängerung nachzusuchen. Manchmal er-

---

566 *KK-Schoreit*, § 153 a Rn. 39.

fährt er von der Nichterfüllung erst nach Ablauf der ursprünglichen Frist. Eine Änderung/Aufhebung/Fristverlängerung ist aber auch jetzt noch zulässig[567]. Freilich immer nur um höchstens drei Monate und zwar auch dann, wenn die ursprüngliche Frist unter sechs Monaten lag[568]. Bei „unsicheren" Mandanten empfiehlt sich daher, von Anfang an die Frist von sechs Monaten aussprechen zu lassen. Vorzeitig erfüllen kann der Beschuldigte immer noch. Umstände, die eine nachträgliche Änderung/Aufhebung/Fristverlängerung rechtfertigen, liegen z. B. vor, wenn

– bei der Erteilung der Auflagen und Weisungen von falschen Voraussetzungen ausgegangen wurde oder

– die Leistungsfähigkeit des Beschuldigten erheblich überschätzt wurde oder

– die Leistungsfähigkeit des Beschuldigten sich im Laufe der Erfüllungsfrist verschlechtert hat oder

– wenn dem Beschuldigten aus anderen Gründen die Erfüllung ohne Verschulden unmöglich geworden ist[569].

Manchmal kann es dem Verteidiger auch gelingen, aufgrund der veränderten Situation nun eine Einstellung nach § 153 StPO zu erreichen[570].

195 Wie bei § 153 StPO bedarf auch eine Einstellung nach § 153a StPO der **Zustimmung des Gerichts**. Diese ist nur dann nicht erforderlich, wenn es sich um ein Vergehen handelt, das nicht mit einer im Mindestmaß erhöhten Strafe bedroht ist und bei dem die durch die Tat verursachten Folgen gering sind (§ 153a Abs. 1 S. 6 StPO). Probleme und Verhaltensweisen des Verteidigers sind daher in beiden Fällen gleich[571].

196 Ähnlich verhält es sich mit der **Zustimmung des Beschuldigten**, die hier allerdings Voraussetzung der Sachbehandlung ist. Da für die Anwendung von § 153a StPO jedoch hinreichender Tatverdacht vorausgesetzt wird, muß der Verteidiger besonders sorgfältig darauf achten, daß die Zustimmung des Mandanten „fehlerfrei" ist und keinerlei Mißverständnisse auf Seiten des Mandanten bestehen[572].

---

567 *KMR-Müller*, § 153a Rn. 14; *LR-Rieß*, § 153a Rn. 52.
568 *LR-Rieß*, § 153a Rn. 54.
569 *LR-Rieß*, § 153a Rn. 51.
570 *LR-Rieß*, § 153a Rn. 58.
571 Vgl. deshalb oben Rn. 182.
572 Vgl. oben Rn. 183.

In dem anzufertigenden Schriftsatz kann der Verteidiger zumeist die 197
Schuldfrage nicht völlig offenlassen. Denn für § 153 a StPO wird nun
einmal das Vorliegen von hinreichendem Tatverdacht gefordert. Und
nicht selten machen die Staatsanwälte ihre Bereitschaft zu dieser Sachbehandlung davon abhängig, daß der Beschuldigte „in die Knie geht",
einräumt, einsichtig ist, bereut[573]. Natürlich kann der Verteidiger
hypothetisch argumentieren („Wenn der Beschuldigte schuldig wäre,
dann ist jedoch eine Sachbehandlung gem. § 153 a StPO angezeigt.
Denn..."). In einem solchen Fall kann der Verteidiger die Anträge
alternativ stellen[574]. Sehr oft steht die Schuld jedoch fest. Dann soll der
Verteidiger auch nicht darum herumreden. Es macht zudem für den
Beschuldigten einen guten Eindruck, wenn er zu der Sache steht.

Eine solche **Verteidigungsschrift** kann wie folgt aussehen: 198

Muster 20

Dr. Karl Robertus   67655 Kaiserslautern, den 28. 6. 1995
– Rechtsanwalt –   Pfalzstraße 14

Staatsanwaltschaft
Lauterstraße
67655 Kaiserslautern

In dem Ermittlungsverfahren

gegen

Rita Kluge
wegen Verkehrsvergehen
6072 Js 5483/95

gebe ich nach Einsichtnahme in die Akten und Rücksprache mit meiner
Mandantin folgende Erklärung gem. §§ 163 a, 136 StPO für die Beschuldigte

---

573 Symptomatisch *Bär*, Bedeutung und Anwendung des § 153 a Strafprozeßordnung in
    Verkehrsstrafsachen, DAR 1984, S. 129 ff., 132.
574 Einzelheiten oben Rn. 184.

ab, die an die Stelle einer polizeilichen, staatsanwaltschaftlichen oder richterlichen Vernehmung treten soll.

„An jenem 19. 5. 1995 fuhr ich gegen 16.05 Uhr mit meinem Pkw auf dem Berliner Ring langsam Richtung Kreuzung Leipziger Straße/Berliner Ring und gab einem Pkw, der aus der Leipziger Straße kam, die Vorfahrt. Ich bremste also mein Fahrzeug ab. Dann beschleunigte ich wieder. Auf einmal kam der Pkw des Unfallgegners angefahren und zwar so schnell, daß ich keine Chance mehr hatte, meinen Wagen zum Stehen zu bringen. Die Stoßstange des Ford rammte die Beifahrertür meines Pkw.

Der Fahrer des anderen Pkw (Herr Lehrmüller) und ich stiegen beide aus unseren Fahrzeugen aus. Wir sahen uns den Schaden an und ich fragte, ob wir die Polizei holen sollen. Damit war Herr Lehrmüller einverstanden. Ich sagte ferner, daß ich die Kreuzung freimachen wolle. Herr Lehrmüller hatte dagegen nichts einzuwenden. Ich fuhr dann ca. 10 m vor, ein wenig näher an den Fahrbahnrand. Danach stieg ich erneut aus und begab mich zu Herrn Lehrmüller zurück, der sich jetzt offenbar gründlicher seinen Schaden an der Stoßstange angesehen hatte. Er fing plötzlich an, erregt und laut zu werden. An genaue Worte kann ich mich nicht mehr erinnern. Jedenfalls hatte ich einen ganz schönen Schrecken, zumal außer der Beifahrerin auch noch meine kleine Tochter Julia im Wagen gesessen hatte. Ich weiß nur noch, daß mich Herr Lehrmüller plötzlich duzte. Ich war so „geschockt", daß ich Herrn Lehrmüller nur noch sagte, er habe ja meine Autonummer und wegfuhr. Das war sicherlich ein Fehler von mir, wie ich nunmehr bei ruhiger Betrachtung einsehe.

Auf dem Weg nach Hause fuhr ich zunächst zu meiner Tankstelle, die zugleich meine Werkstätte ist; ich ließ dort meinen Schaden betrachten, um schnellstmöglich einen Termin für die Reparatur zu erhalten. Danach setzte ich meine Heimfahrt fort. Unterwegs traf ich eine Bekannte; ich hielt an und erzählte ihr von dem Unfall. Danach fuhr ich weiter nach Hause, wo ich etwa 40 Minuten nach dem Unfall eintraf.

Noch am selben Tag habe ich mich mit Herrn Lehrmüller geeinigt und bin dann ja auch zusammen mit ihm zur Polizei gegangen.

Im übrigen nehme ich Bezug auf die nachstehenden Ausführungen meines Verteidigers, die – genauso wie meine vorstehende Aussage – in meiner Gegenwart diktiert worden sind."

Zu dieser Einlassung der Beschuldigten und den bisherigen Ermittlungen nehme ich wie folgt Stellung.

Ich gebe die

Anregung[575]

das Verfahren gem. § 153 a StPO
einzustellen.

Begründung:

1. Eine Ordnungswidrigkeit gem. § 8 StVO und ein Vergehen gem. § 142 StGB liegen vor. Daran soll nicht gedeutelt werden.

2. Es existieren jedoch eine Reihe von Umständen, die das Fehlverhalten der Beschuldigten in einem wesentlich milderen Licht erscheinen lassen, als es bei vergleichbaren Verstößen der Fall ist.

a) Die Beschuldigte räumt ihr Fehlverhalten ein. Sie versucht nichts zu beschönigen.

b) Die Beschuldigte ist nach dem Unfall nicht einfach weitergefahren, sondern ist ausgestiegen und hat sich mit dem Zeugen Lehrmüller unterhalten. Sie war es auch, die den Vorschlag gemacht hatte, die Polizei zu verständigen (Bl. 4 u. 7 d. A.).

c) Erst nach einem Wortwechsel mit dem Zeugen Lehrmüller fuhr die Beschuldigte weg, wobei der Schrecken über den Unfall, die Sorge um ihr kleines Kind und der Umstand, daß ihr Autokennzeichen bekannt war, mit eine Rolle spielten.

d) Die Beschuldigte fuhr danach zu ihrer Wohnung. Eine zeitliche Verzögerung trat nur deswegen ein, weil sie ihre Werkstätte wegen des Schadens aufsuchte und einer zufällig getroffenen Bekannten von dem Unfall erzählte. (Sowohl der Werkstattinhaber als auch die Bekannte könnten dies ggf. als Zeugen bestätigen.)

e) Noch am selben Tag, sogar wenige Stunden nach dem Unfall, einigte sich die Beschuldigte mit dem Geschädigten und erschien sogar mit dem Zeugen Lehrmüller auf der Polizeiwache (Bl. 15 d. A.).

f) Der Fremdschaden war so minimal, daß die Beschädigungen fotografisch nicht erfaßbar waren (Bl. 3 d. A.). Die Reparatur kostete 163,60 DM (Bl. 2 mit Bl. 17 d. A.).

g) Die Beschuldigte hat den Schaden sofort bezahlt (Bl. 17 d. A.).

h) Der Zeuge Lehrmüller als Geschädigter hat ausdrücklich darum gebeten, auf eine strafrechtliche Verfolgung der Beschuldigten zu verzichten (Bl. 8 u. 15 d. A.).

---

575 Bedenken gegen die Formulierung „Antrag" und Ersetzung durch „Anregung" bei Formularbuch – *Hamm*, S. 108.

> i) Die Beschuldigte hat einen nicht unerheblichen Eigenschaden erlitten. Die Reparatur kostete 634,20 DM.
>
> j) Die Beschuldigte besitzt seit 1985 die Fahrerlaubnis (Bl. 2 d. A.). Seitdem ist sie praktisch täglich am Steuer eines Pkw unterwegs. Früher sowohl beruflich als auch privat; jetzt ausschließlich privat. Trotzdem weisen das Bundeszentralregister und das Verkehrszentralregister keine Eintragung auf. Es handelt sich daher bei der Beschuldigten ganz offensichtlich um eine langjährige bewährte Kraftfahrerin.
>
> 3. Bei dem geringfügigen Fremdschaden, bei der Person der Beschuldigten und insbesondere bei dem nachträglichen Verhalten der Beschuldigten ist die beantragte Sachbehandlung angemessen (vgl. dazu auch Dreher/ Tröndle, StGB, 47. Aufl. 1995, § 142 Rn. 53).
>
> 4. Hinsichtlich einer Geldauflage ist noch auf folgendes hinzuweisen. Die Beschuldigte hat kein eigenes Einkommen. Sie versorgt als Hausfrau ihre zwei Kinder und ihren Ehemann. Dieser hat ein monatliches Nettoeinkommen von ca. 2600,– DM.
>
> Der Verteidiger:

199 Erfolgt eine Sachbehandlung nach § 153 a StPO, ist hinsichtlich der **Benachrichtigung des Beschuldigten** zu unterscheiden. Von der vorläufigen Einstellung muß ihm Mitteilung gemacht werden. Denn er muß ja die Auflagen/Weisungen/Fristen kennen. Die Mitteilung soll im Wege der förmlichen Zustellung erfolgen. Hierbei kann dem Beschuldigten förmlich zugestellt und dem Verteidiger formlos mitgeteilt werden oder umgekehrt (§ 145 a Abs. 1 u. 4 StPO). Insoweit gibt es keine Probleme. Diese tauchen erst auf, wenn es um die endgültige Einstellung geht. Strenggenommen gibt es eine solche gar nicht. Denn mit der fristgerechten Erfüllung der Auflagen und Weisungen tritt automatisch ein Prozeßhindernis ein, § 153 a Abs. 1 S. 4 StPO. Der Staatsanwalt hat in seiner Abschlußverfügung nur festzuhalten, daß der Beschuldigte die ihm erteilten Auflagen und Weisungen erfüllt hat und daß deswegen eine weitere Strafverfolgung der Tat als Vergehen ausgeschlossen ist. Ob das als eine Entscheidung nach § 170 Abs. 2 StPO anzusehen ist mit der Folge einer Benachrichtigungspflicht aus § 170 Abs. 2 S. 2 StPO und Nr. 88 RiStBV, ist umstritten[576].

Der Beschuldigte hat jedoch verständlicherweise ein Interesse daran, „schwarz auf weiß" zu sehen und in der Hand zu haben, daß das

---

576 Zweifelnd *LR-Rieß*, § 153 a Rn. 83; bejahend *KMR-Müller*, § 153 a Rn. 15.

Verfahren gegen ihn endgültig erledigt (eingestellt) ist. Deshalb wird zumindest empfohlen, den Beschuldigten und seinen Verteidiger zu benachrichtigen[577]. Der Verteidiger kann und sollte dem Meinungsstreit entgehen, indem er ausdrücklich die endgültige Einstellung und die Benachrichtigung beantragt. Etwa so (in Fortsetzung des Falles M 20):

Muster 21

Dr. Karl Robertus   67655 Kaiserslautern, den 11. 7. 1995
– Rechtsanwalt –   Pfalzstraße 14

Staatsanwaltschaft
Lauterstraße
67657 Kaiserslautern

In dem Ermittlungsverfahren
gegen

Rita Kluge
wegen Verkehrsvergehen
6072 Js 5483/95

nehme ich Bezug auf das dortige Schreiben vom 4. 7. 1995, lege in der Anlage den Posteinzahlungsbeleg über die 300,– DM vor und stelle die

Anträge

1. Das Verfahren endgültig gem. § 153 a StPO einzustellen;

2. die Beschuldigte und mich formell von der endgültigen Einstellung des Verfahrens zu verständigen.

Der Verteidiger:

---

577 *LR-Meyer-Goßner* (23. Aufl.), § 153 a Rn. 71; für analoge Anwendung *LR-Rieß*, § 153 a Rn. 83.

200 Der Beschuldigte kann die Einstellung des Verfahrens gem. § 153 a Abs. 1 StPO **nicht anfechten**. Die vorläufige Einstellung schon deshalb nicht, weil er zugestimmt hat. Wird er später anderen Sinnes, kann er durch Nichterfüllung der Auflagen/Weisungen eine Fortsetzung des Verfahrens erzwingen. Die endgültige Einstellung nicht, weil er mit der Erfüllung der Auflagen/Weisungen sein Einverständnis dokumentiert hat.

dd) Antrag auf Erlaß eines Strafbefehls

201 Läßt sich eine Verfahrenseinstellung nicht erreichen, hat der Verteidiger an eine Erledigung im Strafbefehlsverfahren zu denken. **Voraussetzungen, Vor- und Nachteile** dieser Verfahrensart wurden bereits dargelegt[578]. Vor Abfassung einer entsprechenden Verteidigungsschrift sollte der Verteidiger jedoch noch folgende Überlegungen anstellen.

202 Die Verteidigungsschrift bedarf besonders eingehender Vorbereitung. Denn sie zielt schließlich auf einen Schuldspruch und eine Bestrafung ab. Der Verteidiger muß sich daher in besonderem Maße der „fehlerfreien" **Zustimmung des Mandanten** sicher sein[579]. Dazu gehört auf Seiten des Verteidigers eine lückenlose Aufklärung über Wesen und Konsequenzen eines Strafbefehls (Eintragung im Bundeszentralregister, Auswirkungen auf andere Verfahren). Diesen Konsequenzen läßt sich nur teilweise und auch nur in beschränktem Maße entgehen.

203 Ist eine „präjudizierende" Wirkung auf andere Verfahren zu befürchten (Zivil-, Disziplinar-, Arbeitsgerichtsverfahren), kann der Verteidiger in die Verteidigungsschrift eine **„salvatorische Klausel"** aufnehmen, mit der er die ausdrückliche Anerkennung von Schuld durch den Beschuldigten vermeidet. Ein solcher Passus kann etwa lauten:
  - „Das Beweisergebnis der bisherigen Ermittlungen spricht gegen den Beschuldigten. Ein hinreichender Tatverdacht liegt vor. Ihn zu entkräften, bedürfte es einer (öffentlichen) Hauptverhandlung. Mit Rücksicht auf sein Ansehen kann sich der Beschuldigte einer solchen jedoch nicht unterziehen. Aus diesem Grund akzeptiert er einen Schuldspruch und eine Bestrafung."

  - „Aus den bisherigen Ermittlungen ergibt sich eine für den Beschuldigten negative Beweislage. Der Beschuldigte könnte dies ändern,

---

578 Oben Rn. 127 ff. mit Rn. 123 a. E.
579 Vgl. dazu oben Rn. 183.

wenn er seinerseits einen Sachverständigen beauftragt, der die Unrichtigkeit des von der Staatsanwaltschaft in Auftrag gegebenen Sachverständigengutachtens darlegen würde. Aus finanziellen Gründen ist er dazu jedoch nicht in der Lage. Deshalb ist er mit einer Verfahrenserledigung durch Strafbefehl einverstanden."

– „Die bisherigen Ermittlungen deuten auf eine Schuld des Beschuldigten hin. Dagegen anzugehen, ist nur in einer langwierigen Hauptverhandlung möglich, wahrscheinlich auch noch in mehreren Instanzen. Die angegriffene Gesundheit des Beschuldigten läßt das jedoch nicht zu. Bei der von ihm vorgenommenen Abwägung zwischen der Erhaltung seiner Gesundheit und der zu erwartenden Geldstrafe hat er sich für seine Gesundheit entschieden. Der Beschuldigte nimmt daher einen Strafbefehl an."

Trotz allen Abrückens von einem bedingungslosen Schuldanerkenntnis sollte aus der Verteidigungsschrift das grundsätzliche Einverständnis mit einem Strafbefehl hervorgehen. Zwar braucht der Staatsanwalt auf einen Strafbefehlsantrag nicht schon deswegen zu verzichten, weil ein Einspruch zu erwarten ist (Nr. 175 Abs. 3 RiStBV). Gleichwohl wird er einen Strafbefehl in der Regel nur in „glatten" Sachen beantragen.

Daraus folgt auch in besonderem Maße die Notwendigkeit einer **Abstimmung mit dem Staatsanwalt.** Der Verteidiger, der „ins Blaue hinein" eine Erledigung im Strafbefehlsverfahren anregt, handelt aus mehreren Gründen grob fahrlässig. Zum einen kann er nicht sicher sein, daß seiner Anregung gefolgt wird. Dann aber hat er unnötigerweise (womöglich) die Schuld eingeräumt und die Strafzumessungserwägungen ausgebreitet. Zum anderen hat er sein und des Beschuldigten Einverständnis mit einem Strafbefehl „verschenkt", anstatt sich dafür „etwas geben zu lassen". Die Abstimmung mit dem Staatsanwalt hat sich nicht nur auf die Frage des Ob, sondern auch auf die Frage des Wie zu beziehen. Mit letzterem sind nicht nur die Rechtsfolgen gemeint (wenn auch hauptsächlich). Wegen der „präjudizierenden" Wirkung des Strafbefehls[580] sind die in ihm verwendeten Formulierungen manchmal von besonderer Bedeutung. Auch über sie ist daher mit dem Staatsanwalt zu verhandeln[581]. **204**

---

580 Vgl. oben Rn. 203.
581 *Rückel*, Verteidigertaktik bei Verständigung und Vereinbarung im Strafverfahren, NStZ 1987, S. 297 ff., 300.

Die mit dem Staatsanwalt (und auch ggf. mit dem Richter) zu führen-
den Gespräche sind für den Verteidiger nicht leicht. Vor allem in den
Fällen, in denen der Verteidiger die Schuldfrage offenlassen will. Aber
auch der Staatsanwalt zeigt oft wenig Neigung, sich festlegen zu lassen.
Hier hilft ein „hypothetisches Gespräch"[582]. Man läßt die Schuldfrage
zunächst offen („Was würden Sie tun, wenn...“), betont die Unverbind-
lichkeit der Unterredung („Ich muß das alles sowieso erst noch mit
meinem Mandanten besprechen") und wird erst bei einer Annäherung
bzw. Übereinstimmung der Standpunkte konkreter und verbindlicher.
Dann freilich kann der Verteidiger eine Menge erreichen. Dabei muß er
zwischen Theorie und Praxis unterscheiden. So soll es nicht zulässig
sein, dem Beschuldigten als Gegenleistung für seinen angekündigten
Einspruchsverzicht einen Strafrabatt zu gewähren[583]. Ebenso unstatt-
haft sollen Vereinbarungen sein, die auf eine Umgehung des Strafrah-
mens des § 407 Abs. 2 StPO abzielen[584]. Anders größtenteils die Praxis,
die einem Geständnis (und damit dem im Endergebnis gleichen Einspruchsverzicht) große Bedeutung beimißt[585]. Ein geschickter Verteidiger vermag hier viel zu erreichen. Allerdings nur, wenn er absolut
integer und zuverlässig ist. Gespräche dieser Art sind ein Prüfstein
dafür.

205 Eine auf einen Strafbefehl abzielende **Verteidigungsschrift** kann wie
folgt aussehen:

---

582 *Dahs*, Rn. 960.
583 *Schmidt-Hieber*, Vereinbarung im Strafverfahren, NJW 1982, S. 1017 ff., 1020.
584 Wie Fn. 583. Der Strafrahmen kann jedoch ausreichend sein (werden), wenn zuvor
  eine Stoffbeschränkung gem. §§ 154, 154a StPO vorgenommen worden ist. Vgl.
  dazu *Schmidt-Hieber*, Verständigung im Strafverfahren, Rn. 81.
585 Zumindest bei den Instanzgerichten. Vgl. dazu *Bruns*, Das Recht der Strafzumessung, 2. Aufl. 1985, S. 233 f. Keine grundsätzlichen Bedenken mehr auch *Schmidt-
  Hieber*, Verständigung im Strafverfahren, Rn. 83.

Muster 22

Dr. Karl Robertus   67655 Kaiserslautern, den 1. 8. 1995
– Rechtsanwalt –   Pfalzstraße 14

Staatsanwaltschaft
Lauterstraße
67657 Kaiserslautern

In dem Ermittlungsverfahren
gegen

Prof. Dr. med. Rolf Schulze
wegen fahrl. Körperverletzung

6010 Js 4212/95

gebe ich nach Einsichtnahme in die Akten und Rücksprache mit meinem
Mandanten folgende Erklärung gem. §§ 163 a, 136 StPO für den Beschuldigten ab, die an die Stelle einer polizeilichen, staatsanwaltschaftlichen oder
richterlichen Vernehmung treten soll.

„Der Vorwurf, ich hätte bei der Operation des Kindes Hans Jungmann einen
Kunstfehler begangen, trifft mich tief. Denn ich habe mir in meiner nun
zwanzigjährigen Tätigkeit als Arzt noch nie etwas zuschulden kommen
lassen.

Mir ist der Vorfall unerklärlich. Anscheinend haben hier eine Menge unglücklicher Faktoren zusammengewirkt. Wie diese strafrechtlich zu bewerten
sind, weiß ich nicht. Ich stehe jedoch für das unglückliche Ereignis gerade,
denn ich war der verantwortliche Operateur.

Von einer Gerichtsverhandlung bitte ich, wenn möglich, abzusehen. Ich
weiß nicht, ob ich so etwas gesundheitlich durchstehen könnte. Außerdem
würde eine öffentliche Verhandlung zu einer erheblichen Unruhe unter der
Patientenschaft führen.

Im übrigen nehme ich Bezug auf die nachstehenden Ausführungen meines
Verteidigers, die – genauso wie meine vorstehende Aussage – in meiner
Gegenwart diktiert worden sind."

Zu dieser Einlassung des Beschuldigten und dem bisherigen Ermittlungsergebnis nehme ich wie folgt Stellung.

Ich gebe die

Anregung

das Verfahren mit einem Strafbefehl zu erledigen.

Begründung:

1. Nach den bisherigen Ermittlungen liegt ein hinreichender Tatverdacht eines Vergehens der fahrlässigen Körperverletzung gem. § 230 StGB vor. Das wird diesseits nicht verkannt.

2. Dagegen wäre allerdings manches vorzubringen und durch weitere Ermittlungen vielleicht auch zu klären. Der Beschuldigte und ich sehen davon jedoch bewußt ab. Denn eine Fortführung des Verfahrens, insbesondere mehrere öffentliche Hauptverhandlungen in mehreren Instanzen, vermag der Beschuldigte gesundheitlich nicht durchzustehen. Es käme zudem mit großer Wahrscheinlichkeit zu einer erheblichen Unruhe unter der Patientenschaft. Dies stände aber in keinem Verhältnis zu der Tatsache, daß es sich hier um einen einmaligen Vorfall bei einem Jahrzehnte bewährten und angesehenen Arzt handelt.

Aus diesen Gründen akzeptiert der Beschuldigte einen Strafbefehl.

3. Bei der Bemessung der (Geld-)Strafe werden insbesondere folgende Umstände zu berücksichtigen sein.

a) Der Beschuldigte ist seit 20 Jahren Arzt. In dieser Zeit hat er Tausenden von Menschen geholfen. Dabei hat er sich nie etwas zuschulden kommen lassen. Er ist bei seinen Patienten angesehen und beliebt.

b) Der Beschuldigte leidet unter dem Unglücksfall sehr. Es bedrückt ihn, verantwortlich für die Verletzung des Kindes zu sein; gleichgültig, wie die strafrechtliche Bewertung aussieht.

c) Es wirft ein bezeichnendes Licht auf den Beschuldigten, daß er selbst in seiner Rolle als Beschuldigter an das Wohl seiner Patienten denkt und auch deswegen eine Fortführung des Verfahrens vermeiden möchte.

d) Fast selbstverständlich ist das Fehlen von Vorstrafen.

4. Der Beschuldigte lebt in geordneten wirtschaftlichen Verhältnissen. Er hat ein durchschnittliches Nettoeinkommen im Monat von ca. 9000,– DM. Seine Frau ist vor einigen Jahren gestorben. Die Kinder sind erwachsen und selbständig.

Der Verteidiger:

Gegen den Strafbefehl kann **Einspruch** eingelegt werden, § 409 Abs. 1 **206**
StPO. Handelt es sich um einen „vereinbarten" Strafbefehl, ist dies für
den honorigen Verteidiger nicht möglich. Denn er würde sich damit in
Widerspruch zu dem setzen, was er dem Staatsanwalt gesagt hat. Ist der
Mandant anderen Sinnes geworden, bleibt somit nur die Mandatsniederlegung[586]. Davon gibt es zwei Ausnahmen. So, wenn der Staatsanwalt seinerseits sich nicht an das Ergebnis der Unterredungen gehalten
hat. Und: Wenn in den Verhältnissen des Beschuldigten wesentliche
Veränderungen eingetreten sind, die quasi als „Wegfall der Geschäftsgrundlage" anzusehen sind[587].

---

586 So auch – generell unter dem Aspekt der Selbstbindung des Verteidigers – *Dahs,*
Absprachen im Strafprozeß, NStZ 1988, S. 153 ff., 157.
587 Zu einer weiteren (speziellen) Ausnahme – Vereinbarung einer Einspruchseinlegung i. V. mit einer einstweiligen Nichtterminierung zur Hauptverhandlung, um
eine außerstrafrechtliche Vorfrage zu klären – vgl. *Rückel,* Verteidigertaktik bei
Verständigungen und Vereinbarungen im Strafverfahren, NStZ 1987, S. 297 ff., 300.
Hier muß freilich der Richter miteinbezogen werden.

V. Das Wehren gegen Zwangsmaßnahmen

207 Unter Zwangsmaßnahmen ist zu verstehen: Untersuchungshaft, Durchsuchung, Beschlagnahme, Postbeschlagnahme und Überwachung des Fernmeldeverkehrs, körperliche Eingriffe, vorläufige Entziehung der Fahrerlaubnis.

Die Tätigkeit des Verteidigers kann hier in dreifacher Weise für den Mandanten wirken: Vermeidung einer Zwangsmaßnahme überhaupt, Verminderung der Schwere einer Zwangsmaßnahme, Rücknahme der Zwangsmaßnahme bzw. Beseitigung ihrer Wirkungen. Ersteres ist generell schwierig; denn in der Regel erfährt der Beschuldigte/der Verteidiger von der Maßnahme erst, wenn sie vollzogen wird oder gar vollzogen worden ist. Mit dem zweiten ist gemeint, eine bereits angeordnete Zwangsmaßnahme in ihrem Vollzug zu beeinflussen; dafür zu sorgen, daß sie in ihrer für den Beschuldigten nachteiligen Wirkung abgeschwächt wird[588]. Der dritte Tätigkeitsbereich betrifft die (formellen) Rechtsbehelfe.

Gemäß der Konzeption dieses Buches bleibt die Behandlung der Untersuchungshaft ausgeklammert[589]. Hinsichtlich der Postbeschlagnahme und Überwachung des Fernmeldeverkehrs hat der Verteidiger keine Einwirkungsmöglichkeiten. Denn davon erfährt der Beschuldigte erst nach deren Abschluß[590]. Die Rechte bei Durchsuchung und Beschlagnahme werden relativ kurz erörtert, da insoweit ein spezieller Beitrag erschienen ist[591].

---

588 Diese beiden Tätigkeitskreise lassen sich unter den Oberbegriff „Präventivverteidigung" subsumieren. Dazu (und zu Einzelheiten der nachstehenden Probleme) näher *Weihrauch*, Präventivverteidigung – Beratende und vorbeugende Verteidigung im Ermittlungsverfahren –, in: Schriftenreihe der Arbeitsgemeinschaften des Deutschen Anwaltvereins/Arbeitsgemeinschaft Strafrecht, Band 5, S. 29 ff., 31 ff.
589 Dazu *Schlothauer/Weider*, Untersuchungshaft, 2. Aufl. 1995, PdSt Bd. 14.
590 Vgl. auch *Weihrauch*, Präventivverteidigung, S. 51 f.
591 *Malek/Rüping*, Zwangsmaßnahmen im Ermittlungsverfahren – Verteidigerstrategien, 1991, PdSt Bd. 13.

1. Durchsuchung und Beschlagnahme

Im Durchsuchungs- und Beschlagnahmeverfahren gibt es grundsätz- **208** lich **Einwirkungsmöglichkeiten des Verteidigers**. Sie sind jedoch **gering**. Denn meistens wird der Verteidiger zu spät eingeschaltet: die Durchsuchung ist beendet, die Beschlagnahme erfolgt. Ihm bleibt daher nicht viel mehr als eine nachträgliche Kontrolle.

Es ist eine seltene Ausnahme, wenn der Verteidiger schon vor der Durchsuchung (Beschlagnahme) davon Kenntnis erhält: der Verteidiger entnimmt im Wege der Akteneinsicht, daß eine Durchsuchung (Beschlagnahme) droht oder er erfährt „zufällig" davon. Informiert er nun den Mandanten entsprechend, könnte er zwar die Durchsuchung als solche nicht verhindern, sie jedoch leerlaufen lassen und sie damit letztlich doch vereiteln. Ob der Verteidiger so handeln darf, ist höchst umstritten und wurde bereits an anderer Stelle ausführlich dargestellt[592].

Manchmal erfährt der Verteidiger zu Beginn oder im Laufe einer Durch- **209** suchung davon. Das ist für den Beschuldigten gar nicht so einfach zu bewerkstelligen. Denn vor der Maßnahme weiß er naturgemäß davon nichts. Und bei Beginn bzw. während der Durchsuchung bleibt ihm nur die Möglichkeit, einen Rechtsanwalt fernmündlich zu verständigen. Ein solcher **Telefonkontakt** wird dem Beschuldigten in der Praxis jedoch nicht selten untersagt. Eine gesetzliche Grundlage gibt es für ein solches Telefonierverbot nicht[593]. Im Gegenteil: Da sich der Beschuldigte gem. § 137 Abs. 1 S. 1 StPO in jeder Lage des Verfahrens eines Verteidigers bedienen darf, ist es ihm auch (und gerade) in dieser Lage erlaubt. Eine Störung der Amtshandlungen gem. § 164 StPO liegt darin in der Regel nicht[594]. Einem Mißbrauch kann der jeweilige Beamte entgegenwirken, indem er den Rechtsanwalt selbst anwählt.

Der Beschuldigte wird bei dem Telefongespräch den Verteidiger bitten, **210** sofort zu kommen. Der Verteidiger hat jedoch **kein Recht auf Anwesenheit** bei einer Durchsuchung[595]. Das bedeutet aber nicht, daß der Verteidiger auch ferngehalten werden darf, eine Teilnahme ihm also verbo-

---

592 Oben III, 1 f. Rn. 84 und 85.
593 *Brühl*, Die Rechte der Verdächtigen und Angeklagten, S. 43.
594 *Rengier*, Praktische Fragen bei Durchsuchungen, insbesondere in Wirtschaftsstrafsachen, NStZ 1981, S. 372 ff., 375; *Krekeler*, Probleme der Verteidigung in Wirtschaftsstrafsachen, wistra 1983, S. 43 ff., 45.
595 *Kleinknecht/Meyer-Goßner*, § 106 Rn. 3.

ten werden kann. Denn das Hausrecht verbleibt bei dem Inhaber. Dieser kann (sei es der Beschuldigte oder nicht) den Ein- und Ausgang von Personen grundsätzlich weiterbestimmen. Grenzen zieht insoweit lediglich der § 164 StPO. Die Ausübung des Rechts auf Verteidigung = Hinzuziehung eines Verteidigers ist in der Regel jedoch keine Störung von Amtshandlungen. Somit kann im Regelfall die Anwesenheit eines Verteidigers nicht verboten werden[596].

211 Ist der Verteidiger bei einer Durchsuchung anwesend, hat er im wesentlichen **vier Aufgaben**: Beruhigung, Klärung, Kontrolle, Sicherung.

1. Beruhigung: Die Situation bei einer Durchsuchung ist meistens zum Zerreißen gespannt. Die Beamten „brechen" in die berufliche und/oder private Sphäre des Beschuldigten ein. Sie „durchwühlen" die persönlichsten Dinge. Dabei lassen sie manchmal den nötigen Takt vermissen. Nachbarn werden Zeuge der peinlichen Aktion. Vor dem Haus stehen mehrere, deutlich als Polizeifahrzeuge zu erkennende Wagen. Die Beamten nehmen zunächst einmal alles mit, was nicht „niet- und nagelfest" ist. Der Beschuldigte neigt zu unüberlegten Handlungen. Diese wiederum führen zu entsprechenden Reaktionen der Beamten. In dieser Atmosphäre hat der Verteidiger – fest auf der Seite des Beschuldigten stehend – zunächst für eine beiderseitige Beruhigung zu sorgen.

2. Klärung: Eine solche Beruhigung kann damit erreicht werden, daß der Verteidiger die Rechtslage (er-)klärt. Dem Beschuldigten ist zu verdeutlichen, was er über sich ergehen lassen muß. Die Beamten sind ggf. darauf hinzuweisen, wo ihre Grenzen liegen. Der Verteidiger soll sich den richterlichen Durchsuchungs- und Beschlagnahmebeschluß zeigen lassen. Existiert ein solcher nicht, hat der Verteidiger nach den Umständen zu fragen, die eine Gefahr im Verzug begründen. Erhält er keine Antwort, empfiehlt sich die Ankündigung, nunmehr sofort das zuständige Gericht einzuschalten. Erfahrene Beamte schreckt das freilich nicht. Sie wissen, daß die Durchsuchung vor dem Richterspruch längst beendet ist. Zudem wird die Voraussetzung „Gefahr im Verzug" von der Rechtsprechung als nicht justiziabel behandelt[597].

3. Kontrolle: Immerhin kann die Anwesenheit des Verteidigers die Beamten zu etwas Zurückhaltung veranlassen. Zu wissen, daß da ein auf Seiten des Beschuldigten stehender Rechtskundiger „kontrolliert"

---

596 *Rengier*, wie Fn. 593; *Krekeler*, wie Fn. 593, S. 46.
597 Überblick bei *Nelles*, StV 1986, S. 74ff., 74.

dämpft. Der Verteidiger muß jedoch aufpassen. Mischt er sich zu stark ein, kann gegen ihn vorgegangen werden. Denn § 164 StPO ist auch auf ihn anwendbar[598]. Somit hat der Verteidiger je nach Situation (vernünftige oder übereifrige Beamte, ruhiger oder aufbrausender Mandant, harmloser oder existenzgefährdender Vorwurf, geringer oder massiver Eingriff in die Privatsphäre) die Intensität seiner Kontrollmaßnahmen einzurichten. Er muß darauf achten, daß Durchsuchung und Beschlagnahme dem Verhältnismäßigkeitsgrundsatz entsprechen. Es darf nicht zu viel mitgenommen werden: Es ist zu prüfen, ob das, was beschlagnahmt wird, von dem Beschlagnahmebeschluß gedeckt wird. Es muß richtig mitgenommen werden: Kommt es bei Schriftstücken nur auf den Aussagegehalt an, genügt die Mitnahme von anzufertigenden Fotokopien[599]; kommt es auf die Urkunden selbst an, und benötigt der Beschuldigte diese aus anerkennenswerten Gründen, sind dem Beschuldigten Kopien zur Verfügung zu stellen[600, 601]; Beschlagnahmeverbote (§ 97 StPO) sind zu beachten. Es darf nicht zu wenig mitgenommen werden: Es ist auch auf *Ent*lastungsmaterial zu achten und dieses sicherzustellen, damit es nicht verlorengeht.

4. Sicherung: Gem. § 107 Satz 2 StPO ist dem Beschuldigten auf Verlangen ein Verzeichnis der in Verwahrung oder in Beschlag genommenen Gegenstände zu geben. Darauf soll der Beschuldigte bzw. der Verteidiger unbedingt bestehen. Kann doch aus Art und Umfang der sichergestellten Gegenstände nicht selten geschlossen werden, was im Endergebnis von den Strafverfolgungsbehörden beabsichtigt ist. Der Verteidiger hat ferner darauf zu achten, daß das Verzeichnis richtig erstellt wird. Darunter ist zu verstehen: Die Gegenstände sind nach Art und Zahl zu bezeichnen[602]; Schriftstücke sind so zu kennzeichnen, daß sie eindeutig identifizierbar sind[603]; eine Pauschalierung („drei Ordner mit Schriftwechsel") ist unzureichend[604].

---

598 *Krüger*, Der Verteidiger im Strafverfahren, Kriminalistik 1974, S. 392 ff., 444; *KK-Wache*, § 164 Rn. 4.
599 *KK-Nack*, § 94 Rn. 13; *Krekeler*, wistra 1983, S. 43 ff., 45.
600 Wie Fn. 599.
601 Die Kosten dafür trägt (zunächst) die Staatskasse, was aber sehr streitig ist; wie hier: *LR-Schäfer*, § 94 Rn. 48; *Malek/Rüping*, Zwangsmaßnahmen im Ermittlungsverfahren, Rn. 96.
602 *KK-Nack*, § 107 Rn. 4.
603 Wie Fn. 602.
604 *Krekeler*, wistra 1983, S. 43 ff., 46.

Im übrigen sollte der Verteidiger darauf achten und gegebenenfalls darauf hinwirken, daß der Beschuldigte „schweigt", also auch keine „informellen" Gespräche führt. Denn es liegt nahe, daß die an der Durchsuchung beteiligten Beamten sich Aktennotizen anfertigen.

212 Der von der Durchsuchung überraschte und empörte Beschuldigte verlangt von dem Verteidiger zumeist, er möge sofort „Beschwerde" einlegen. Damit bringt er den Verteidiger in Verlegenheit. Denn der **Rechtsschutz gegen Durchsuchungen** ist kompliziert, teilweise sehr umstritten und unvollkommen[605]. Der Verteidiger hat sich jeweils zu fragen: Wer ist die anordnende Stelle? In welchem zeitlichen Stadium befinde ich mich? Wogegen wende ich mich? Im einzelnen gilt:

• Richterliche Durchsuchungsanordnung
  – während der Durchsuchung[606]
    – Ziel: Aufhebung der Anordnung
    – Weg: Beschwerde gem. § 304 StPO[607]
    – Ziel: Beanstandung/Unterbindung der Art und Weise der Durchführung
    – Weg: Anrufung des Richters (analog § 98 Abs. 2 S. 2 StPO), der die Durchsuchung angeordnet hat; dagegen Beschwerde gem. § 304 StPO[608]
  – nach abgeschlossener Durchsuchung
    – Ziel: Aufhebung der Anordnung bzw. Feststellung der Rechtswidrigkeit der Anordnung
    – Weg: Beschwerde unzulässig wegen prozessualer Überholung[609]. Möglich ist nur der Rechtsbehelf des § 33 a StPO, wenn dessen Voraussetzungen gegeben sind und der Beschuldigte ein berechtigtes Interesse an der Feststellung der Rechtswidrigkeit hat[610].

---

605 Dazu auch *Sommermeyer,* Neuralgische Aspekte der Betroffenenrechte und ihres Rechtsschutzes bei strafprozessualen Hausdurchsuchungen, NStZ 1991, S. 257ff., 258.

606 Werden Unterlagen durchgesehen, ist diese Durchsicht Teil der Durchsuchung, auch wenn die Durchsicht nicht „vor Ort" stattfindet. Dann dauert die Durchsuchung entsprechend an. Vgl. dazu *Streck,* Erfahrungen bei der Anfechtung von Durchsuchungs- und Beschlagnahmebeschlüssen in Steuerstrafsachen, StV 1984, S. 348ff., 348; SchlHOLG StV 1986, 238; BGH StV 1988, 90.

607 *KK-Nack,* § 105 Rn. 11 mit § 98 Rn. 23.

608 *Rieß* und *Thym,* Rechtsschutz gegen strafprozessuale Maßnahmen, GA 1981, S. 189ff., 195.

609 BVerfG NJW 1979, 154 = BVerfGE 49, 329; BGHSt 28, 57, 58.

610 *KK-Nack,* § 105 Rn. 11 mit § 98 Rn. 24; *Rieß* und *Thym,* GA 1981, S. 189ff., 198.

- Ziel: Beanstandung der Art und Weise der Durchsuchung
- Weg: Verfahren gem. §§ 23 ff. EGGVG[611], bei dem der Beschuldigte gem. § 28 Abs. 1 S. 4 EGGVG ein berechtigtes Interesse an der Feststellung der Rechtswidrigkeit haben muß.

● Nichtrichterliche Durchsuchungsanordnung
  - während der Durchsuchung
    - Ziel: Aufhebung der Anordnung
    - Weg: Beantragung einer richterlichen Entscheidung gem. § 98 Abs. 2 S. 2 StPO[612]
    - Ziel: Beanstandung/Unterbindung der Art und Weise der Durchführung
    - Weg: Beantragung einer richterlichen Entscheidung gem. § 98 Abs. 2 S. 2 StPO[613]

- nach abgeschlossener Durchsuchung
  - Ziel: Aufhebung der Anordnung bzw. Feststellung der Rechtswidrigkeit der Anordnung
  - Weg: Beantragung einer richterlichen Entscheidung entsprechend § 98 Abs. 2 S. 2 StPO, wenn wegen der erheblichen Folgen eines Eingriffs oder wegen der Gefahr der Wiederholung ein nachwirkendes Bedürfnis für eine richterliche Überprüfung besteht[614]
  - Ziel: Beanstandung der Art und Weise der Durchsuchung
  - Weg: Verfahren gem. §§ 23 ff. EGGVG[615], bei dem der Beschuldigte gem. § 28 Abs. 1 S. 4 EGGVG ein berechtigtes Interesse an der Feststellung der Rechtswidrigkeit haben muß.

Der **Rechtsschutz gegen Beschlagnahmen** ist entsprechend ausgestaltet. Somit gilt: **213**
● Richterliche Beschlagnahmeanordnung
  - die Beschlagnahme dauert an
    - Ziel: Aufhebung der Beschlagnahme
    - Weg: Beschwerde gem. § 304 StPO[616]

---

611 BGHSt 28, 206, 208; OLG Hamm NStZ 1984, 136; *KK-Nack,* § 105 Rn. 11 mit § 98 Rn. 22.
612 *KK-Nack,* § 105 Rn. 8; *Rieß* und *Thym,* GA 1981, S. 189 ff., 199.
613 Wie Fn. 549.
614 BGHSt 28, 57, 58; *KK-Nack,* § 105 Rn. 9. A. M. – Verfahren gem. §§ 23 ff. EGGVG – z. B. OLG Nürnberg, GA 1987, 270.
615 BGHSt 28, 206, 208; *KK-Nack,* § 105 Rn. 10.
616 *KK-Nack,* § 98 Rn. 23.

- Ziel: Beanstandung der Art und Weise der Durchführung
- Weg: Anrufung des Richters (analog § 98 Abs. 2 S. 2 StPO), der die Beschlagnahme angeordnet hat; dagegen Beschwerde gem. § 304 StPO[617]
- die Beschlagnahme ist erledigt (aufgehoben)
  - Ziel: Aufhebung der Anordnung bzw. Feststellung der Rechtswidrigkeit der Anordnung

  - Weg: Beschwerde unzulässig mangels Rechtsschutzinteresse[618]. Möglich ist nur der Rechtsbehelf des § 33 a StPO, wenn dessen Voraussetzungen gegeben sind und der Beschuldigte ein berechtigtes Interesse an der Feststellung der Rechtswidrigkeit hat[619]
  - Ziel: Beanstandung der Art und Weise der Durchführung
  - Weg: Verfahren gem. §§ 23 ff. EGGVG[620], bei dem der Beschuldigte gem. § 28 Abs. 1 S. 4 EGGVG ein berechtigtes Interesse an der Feststellung der Rechtswidrigkeit haben muß.

- Nichtrichterliche Beschlagnahmeanordnung
  - die Beschlagnahme dauert an
    - Ziel: Aufhebung der Beschlagnahme
    - Weg: Beantragung einer richterlichen Entscheidung gem. der dafür ausdrücklich vorgesehenen Bestimmung des § 98 Abs. 2 S. 2 StPO
    - Ziel: Beanstandung der Art und Weise der Beschlagnahme
    - Weg: Beantragung einer richterlichen Entscheidung gem. § 98 Abs. 2 S. 2 StPO[621]

  - die Beschlagnahme ist erledigt
    - Ziel: Aufhebung der Anordnung bzw. Feststellung der Rechtswidrigkeit der Anordnung
    - Weg: Beantragung einer richterlichen Entscheidung entsprechend § 98 Abs. 2 S. 2 StPO, wenn ein berechtigtes Interesse vorliegt; dies kann sich aus der Gefahr der Wiederholung oder aus den erheblichen Folgen der Maßnahme ergeben[622]

---

617 *KK-Nack*, § 98 Rn. 22; *Rieß* und *Thym*, GA 1981, S. 189 ff., 195.
618 *KK-Nack*, § 98 Rn. 24.
619 *KK-Nack*, § 98 Rn. 24; *Rieß* und *Thiem*, GA 1981, S. 189 ff., 198.
620 *KK-Nack*, § 98 Rn. 22.
621 *Rieß* und *Thiem*, GA 1981, S. 189 ff, 199.
622 *Rieß* und *Thiem*, GA 1981, S. 189 ff., 200 ff., 206.

– Ziel: Beanstandung der Art und Weise der Durchführung
– Weg: Verfahren gem. §§ 23 ff. EGGVG[623], bei dem der Beschuldigte gem. § 28 Abs. 1 S. 4 EGGVG ein berechtigtes Interesse an der Feststellung der Rechtswidrigkeit haben muß.

Bei all diesen Rechtsbehelfen hat der Verteidiger **dreierlei zu bedenken.** Zum einen: sie haben grundsätzlich keine aufschiebende Wirkung. Der Verteidiger kann also mit ihnen eine laufende Aktion nicht stoppen. Bis sie zu einer Entscheidung kommen, ist die Maßnahme oft erledigt. Zum zweiten: in diesem Stadium des Verfahrens kennt der Verteidiger fast nie die Akten. Eine Beschwerdebegründung ohne Aktenkenntnis ist jedoch so gut wie immer zum Scheitern verurteilt. Zwar kann sich der Verteidiger eine Beschwerdebegründung vorbehalten, bis er die Akten eingesehen hat. Und insoweit darf dann ohne Gewährung der Akteneinsicht nicht zum Nachteil des Beschuldigten entschieden werden[624]. Nur vergeht darüber soviel Zeit, daß dann alles schon „gelaufen" ist. Zum dritten: es kann verteidigungstaktisch durchaus zweckmäßig sein, eine fehlerhafte Anordnung bestehen zu lassen. Denn aus der Fehlerhaftigkeit läßt sich u. U. im weiteren Verfahren das eine oder andere zugunsten des Beschuldigten herleiten[625]. Eine Anfechtung führt aber oft nur zu dem Erfolg, daß die ursprünglich fehlerhafte Entscheidung nunmehr durch die ordnungsgemäße ersetzt wird.

214

2. Körperliche Eingriffe

Der Beschuldigte ist Subjekt, nicht Objekt des Strafverfahrens. Körperliche Eingriffe dürfen daher nur unter bestimmten Voraussetzungen gegen seinen Willen vorgenommen werden. Die Einwirkungsmöglichkeiten des Verteidigers sind hier gering. Denn er wird in der Regel erst dann eingeschaltet, wenn die Maßnahmen durchgeführt sind.

Nach **§ 81 a Abs. 1 StPO** darf eine körperliche Untersuchung des Beschuldigten zur Feststellung von Tatsachen angeordnet werden, die für das Verfahren von Bedeutung sind; dabei sind körperliche Eingriffe

215

---

623 *Rieß* und *Thiem*, GA 1981, S. 189 ff., 206.
624 BVerfG NJW 1965, 1171.
625 Vgl. zur Verjährungsunterbrechung *Krekeler*, wistra 1983, S. 43 ff., 45 und zu Beweisverwertungsverboten bei fehlerhaften Durchsuchungen *Krekeler*, NStZ 1993, S. 263 ff.

ohne Einwilligung des Beschuldigten zulässig, wenn sie nach den Regeln der ärztlichen Kunst zu Untersuchungszwecken vorgenommen werden und wenn kein Nachteil für die Gesundheit des Beschuldigten zu befürchten ist. Wird der Verteidiger (ausnahmsweise) vor Durchführung der Maßnahmen eingeschaltet[626], soll er den Mandanten darauf hinweisen, daß dieser zwar verpflichtet ist, die angeordnete Untersuchung über sich ergehen zu lassen, er jedoch zu keinem aktiven Tun (Beantwortung von Fragen, Durchführen von Tests) verpflichtet ist[627]. Inwieweit ein solcher Rat opportun ist, hängt freilich vom Einzelfall ab[628]. Stehen gravierende Eingriffe bevor, hat der Verteidiger sorgfältig anhand der Rechtsprechung deren Vereinbarkeit mit dem Verhältnismäßigkeitsgrundsatz zu überprüfen.

Beruht die Anordnung auf einer richterlichen Entscheidung, kann der Verteidiger dagegen Beschwerde gem. § 304 StPO einlegen[629]. Beruht die Anordnung auf einer staatsanwaltschaftlichen oder polizeilichen Entscheidung, kann der Verteidiger sich nicht dagegen wehren. Denn diese Entscheidungen sind nur bei Gefahr im Verzuge zulässig (§ 81 a Abs. 2 StPO), so daß sie sofort vollzogen werden, der Verteidiger somit erst nach ihrer Erledigung von ihnen Kenntnis erhält[630]. Seine Aufgabe ist dann auf eine nachträgliche Kontrolle beschränkt. Diese ist nicht sehr wirkungsvoll. Ein Verstoß gegen § 81 a StPO führt nämlich grundsätzlich nicht zu einem Verwertungsverbot[631].

216 Eine Unterbringung des Beschuldigten in einem psychiatrischen Krankenhaus zur Vorbereitung eines Gutachtens über seinen psychischen Zustand gem. § 81 StPO[632] bedarf hingegen der vorherigen Anhörung des Verteidigers. Der Beschuldigte und der Verteidiger können also nicht überrascht werden. Ob sich der Verteidiger mit der Unterbringung einverstanden erklärt, sie u. U. sogar von sich aus beantragt, ist in manchen Fällen ein heikles Problem. Denn der Verteidiger gibt ja damit zu erkennen, daß er mit einem Freispruch aus anderen Gründen als denen des § 20 StGB nicht rechnet. Auch will oft der Mandant nicht

---

626 Zu dem Fall des nächtlichen Anrufs des alkoholisierten Mandanten aus dem Polizeirevier vgl. *Weihrauch*, Präventivverteidigung, S. 43 f. mit konkreten Ratschlägen.
627 *KK-Pelchen*, § 81 a Rn. 4.
628 *Dahs*, Rn. 322.
629 *KK-Pelchen*, § 81 a Rn. 13.
630 Wie Fn. 629.
631 *KK-Pelchen*, § 81 a Rn. 14.
632 Einzelheiten bei *Weihrauch*, Präventivverteidigung, S. 41 f.

für „verrückt" erklärt werden. Ist der Mandant dagegen, darf der Verteidiger die Unterbringung nicht anregen[633]. Die Anordnung ist nur durch richterlichen Beschluß statthaft, § 81 Abs. 2 StPO. Dagegen ist sofortige Beschwerde zulässig, die aufschiebende Wirkung hat, § 81 Abs. 3 StPO. Während der Unterbringung sind körperliche Untersuchungen und Eingriffe ohne Einwilligung des Beschuldigten nur zulässig, wenn sie nach § 81a StPO besonders angeordnet worden sind[634]. Das übersehen manche Verteidiger.

Mancher Beschuldigte ist empört, wenn er bei der Polizei fotografiert **217** wird und Fingerabdrücke genommen werden. Nach **§ 81b StPO** sind diese Maßnahmen jedoch zulässig. Ebenso wie die Anfertigung von Handflächen- und Fußabdrücken sowie Messungen. Zu ihrer Durchführung darf unmittelbarer Zwang angewendet werden. Der Verteidiger hat daher den Mandanten entsprechend zu belehren. Anders sieht es aber aus, wenn es um die Vornahme einer Schrift-, Sprech- oder Stimmprobe geht. Diese Maßnahmen setzen alle eine aktive Mitwirkung des Beschuldigten voraus, wozu er generell nicht verpflichtet ist[635].

3. Vorläufige Entziehung der Fahrerlaubnis[636]

Mit Fragen einer vorläufigen Entziehung der Fahrerlaubnis wird der **218** Verteidiger fast täglich konfrontiert. Es sind keine „großen Fälle". Für den Beschuldigten haben sie jedoch eine **immense Bedeutung.** Denn es geht sehr oft um seine Existenz. Ohne Führerschein kann er seinen Beruf nicht mehr ausüben (Berufskraftfahrer, Handelsvertreter). Bekommt er den von der Polizei weggenommenen Führerschein nicht (bald) wieder, wird er entlassen.

§ 111a Abs. 1 S. 1 StPO normiert die **Voraussetzungen.** Danach kann **219** der Richter dem Beschuldigten durch Beschluß die Fahrerlaubnis vorläufig entziehen, wenn dringende Gründe für die Annahme vorhanden sind, daß die Fahrerlaubnis gem. § 69 StGB entzogen wird. Dringende Gründe liegen vor, wenn ein hoher Grad von Wahrscheinlichkeit für

---

633 *Dahs,* Rn. 321.
634 BGHSt 8, 144, 148.
635 *LR-Dahs,* § 81b Rn. 9.
636 Weitere Einzelheiten siehe *Müller,* Verteidigung in Straßenverkehrssachen (Praxis der Strafverteidigung Band 1), 5. Aufl. 1994, Rn. 40ff.

einen endgültigen Entzug besteht. Der Begriff „dringende Gründe" entspricht somit dem des „dringenden Verdachts" nach § 112 StPO[637]. Das wird in der Praxis oft übersehen. Von den Gerichten, weil sie bei der Vielzahl solcher Entscheidungen zur schematischen und formularmäßigen Behandlung neigen. Von vielen Verteidigern schlicht aus Unkenntnis.

219a Es ist nicht ausgeschlossen, daß der Verteidiger die vorläufige Entziehung der Fahrerlaubnis (überhaupt) verhindern kann. Nämlich dann, wenn er bzw. der Beschuldigte vorher gehört wird oder ihn der Mandant aufsucht, bevor eine solche Maßnahme überhaupt akut wird. Ob und in welchem Umfang dem Beschuldigten vor einer Entscheidung nach § 111a StPO rechtliches Gehör gewährt werden muß, wird freilich unterschiedlich beurteilt[638] und gehandhabt. Erfährt der Verteidiger jedoch davon, ist er gefordert.

Zunächst hat er den Mandanten hinsichtlich seiner (eventuellen) Einlassung zu beraten. Grundlage einer vorläufigen Entziehung der Fahrerlaubnis ist der dringende Tatverdacht hinsichtlich eines Delikts gemäß § 69 StGB, insbesondere einer Katalogtat des Abs. 2. Handelt es sich um ein unerlaubtes Entfernen vom Unfallort gemäß § 142 StGB und ist fraglich, ob dem Mandanten überhaupt die Fahrereigenschaft nachgewiesen werden kann, hat der Verteidiger den Mandanten entsprechend über die Aufklärungsproblematik zu beraten. Geht es um das gleiche Vergehen, steht jedoch der Mandant als Fahrer fest, wurde aber keine Blutprobe entnommen und spielt Alkohol möglicherweise eine Rolle, muß der Verteidiger in dieser Richtung beraten. Steht das (nachweisbare) Vorliegen einer Straftat gemäß § 142 StGB fest und scheidet ein Vergehen gemäß §§ 315c, 316 StGB aus, hat der Verteidiger sein Augenmerk auf den Begriff des bedeutenden Schadens im Sinne des § 69 Abs. 2 Nr. 3 StGB zu richten. Dabei muß er sich jedoch vor Ratschlägen hüten, die in Richtung „frisierte" Reparaturrechnungen gehen. Andernfalls überschreitet er die Grenze zulässiger Verteidigung und macht sich strafbar.

Das führt zu der Frage, ob über die Beratung hinsichtlich Einlassung (und ihrer eventuellen Weitergabe an die Strafverfolgungsorgane) noch mehr möglich ist. Die Frage ist zu bejahen, wenn z. B. eigene Ermittlungen erfolgversprechend sind: die Beauftragung eines eigenen Sachver-

637 *KK-Nack*, § 111a Rn. 3.
638 Überblick bei *LR-Schäfer*, § 111a Rn. 50.

ständigen zum Unfallhergang oder zur Fahrereigenschaft oder (seltener) zur Fahruntüchtigkeit; die Benennung von Zeugen; das Besorgen der niedrigen (und wahren) Rechnung über den Fremdschaden.

Sowohl bei der bloßen Beratung als auch bei eigenen Ermittlungen ist Eile geboten. Empfehlenswert ist (in den dafür geeigneten Fällen) eine Kontaktaufnahme mit dem Staatsanwalt unter Hinweis darauf, daß „noch etwas kommt".

Gegen die Beschlagnahme des Führerscheins ist der Antrag auf richterliche Entscheidung gem. § 111 a StPO zulässig (§ 111 a Abs. 2 und 3 StPO). Gegen die richterliche Entscheidung gem. § 111 a StPO = die vorläufige Entziehung der Fahrerlaubnis ist die Beschwerde gegeben (§§ 304, 305 S. 2 StPO). **220**

Der Verteidiger hat sorgfältig abzuwägen, ob er von diesen **Rechtsbehelfen** Gebrauch macht, denn sie bergen Risiken für den Mandanten in sich. Zunächst führen sie oft zu einer beträchtlichen Verzögerung des Verfahrens. Das aber bedeutet nicht selten das berufliche Aus für den Mandanten. Kann er doch manchmal zunächst Urlaub nehmen und kann der Verteidiger doch in dieser Zeit eine endgültige Entscheidung erreichen. Mit einem Beschwerdeverfahren wird jedoch so gut wie immer die durch Urlaub zur Verfügung stehende Zeit überschritten. Ferner besteht die Gefahr der „Zementierung". Hat der Verteidiger nämlich Beschwerde eingelegt und war diese erfolglos, ist die dem Mandanten nachteilige Auffassung nunmehr durch zwei richterliche Entscheidungen als richtig bestätigt worden. Das erkennende Gericht hat somit das Beschwerdegericht „im Rücken". Hierbei muß der Verteidiger auch sehen, daß manchmal beim Erkenntnisverfahren im Berufungsgericht sich Richter wiederfinden, die sich beim Ermittlungsverfahren im Beschwerdegericht befanden. Schließlich wird eine (sinnlose) Beschwerde oft als Uneinsichtigkeit gewertet. Im umgekehrten Fall kann der Verteidiger hingegen die Einsichtigkeit des Beschuldigten betonen, was manchmal bei der Bemessung der Sperrfrist zu Buche schlägt.

Entschließt sich der Verteidiger nach reiflicher Überlegung, gegen die Einbehaltung des Führerscheins anzugehen, sollte er dies keinesfalls „ins Blaue hinein" tun. Er muß zumindest das Ergebnis der Blutprobe kennen. In der Regel aber auch den Inhalt der Akten. Beides bringt Probleme mit sich. Telefonische Auskünfte von der Polizei erhält der Verteidiger allenfalls, wenn sein Bestellungsschreiben mit Vollmacht dort vorliegt, er dort bekannt ist und als vertrauenswürdig gilt. Die sich bei dem Staatsanwalt befindlichen Akten bestehen zumeist nur aus dem Allernotwendigsten (Vorbericht). Sie werden von ihm ungern in diesem frühen Stadium herausgegeben, zumal wenn der Beschuldigte bei der Polizei mit der Einbehaltung des Führerscheines nicht einverstanden war. Hier hilft eine Erklärung des Verteidigers Kraft seiner Vollmacht[639], er nehme dies zurück und erkläre sich für seinen Mandanten bis auf weiteres mit der Einbehaltung des Führerscheins einverstanden.

Fertigt der Verteidiger einen (Beschwerde-)Schriftsatz an, sollte er sein Hauptaugenmerk auf das Erfordernis der „dringenden Gründe" richten. Hier ist der Ansatzpunkt für ein erfolgreiches Vorgehen gegeben. Nicht hingegen in einem „Gejammere" über die Notlage, in die der Beschuldigte und seine Familie nun durch den Verlust der Fahrerlaubnis geraten werden. Der Verteidiger muß wissen, daß nach der bisher ganz h. M. wirtschaftliche Auswirkungen einer Entziehung der Fahrerlaubnis außer Betracht zu bleiben haben[640]. Hier deutet sich jedoch möglicherweise ein Wandel an[641]. Inwieweit eine Berücksichtigung erfolgen kann, wenn es um die Länge der Bemessung der Sperrfrist geht, ist eine andere Frage[642]. Läßt sich gegen den dringenden Tatverdacht mit Erfolg nichts unternehmen, hat der Verteidiger an den § 111 a Abs. 1 S. 2 StPO zu denken. Danach können von der vorläufigen Entziehung bestimmte Arten von Kraftfahrzeugen ausgenommen werden, wenn besondere Umstände die Annahme rechtfertigen, daß der Zweck der Maßnahme dadurch nicht gefährdet wird. Mit den Voraussetzungen dieser Vorschrift muß der Verteidiger vertraut sein. So ist eine Ausnahme für bestimmte Zeiten, Ortschaften und Gebiete unzulässig; die frühere Streitfrage ist längst und endgültig erledigt[643]. Was für „bestimmte Fahrzeugarten" ausgenommen werden, ist teilweise umstritten; dazu existiert eine reichhaltige Judikatur, insbesondere auf der

---

639 Vgl. den Entwurf einer Vollmacht oben Rn. 19 Ziff. 5 und 6.
640 *Dreher/Tröndle*, § 69 Rn. 9 c.
641 So soll es nach *LR-Schäfer*, § 111 a Rn. 12 in wirtschaftlich schwierigen Zeiten Fälle geben, bei denen der durch die vorläufige Entziehung der Fahrerlaubnis drohende Verlust der wirtschaftlichen Existenzgrundlage den Beschuldigten so beeindruckt, daß von ihm keine Gefahr mehr für die Sicherheit des Straßenverkehrs droht.
642 *Himmelreich/Hentschel*, Fahrverbot – Führerscheinentzug, 6. Aufl. 1990, Rn. 120.
643 *Weihrauch*, Die Ausnahmen bei der Entziehung der Fahrerlaubnis, NJW 1971, S. 829 ff., 831; *KK-Nack*, § 111 a Rn. 5.

amtsgerichtlichen Ebene[644]. Wirtschaftliche Gründe vermögen grundsätzlich keine „besonderen Umstände" zu sein[645]. Ist der wirtschaftliche Druck jedoch so gewichtig, daß der Beschuldigte seinen Beruf als Lastkraftwagenfahrer (Omnibusfahrer) ohne Beanstandungen ausüben wird, zumal er sich nur außerhalb seines Dienstes und am Steuer eines Personenkraftwagens etwas hat zuschulden kommen lassen, läßt man teilweise[646] eine Ausnahme zu. Gerade in diesem Punkt kann der Verteidiger viel durch entsprechende Verhandlungen mit Staatsanwalt und Richter erreichen. Zumal die Amtsgerichte hier großzügiger als die oberen Gerichte sind.

Ein Schriftsatz mit der Beantragung einer **Ausnahme von der vorläufigen Entziehung der Fahrerlaubnis** könnte etwa wie folgt formuliert werden[647]:   220a

Muster 23

Dr. Karl Robertus   67655 Kaiserslautern, den 4. 8. 1995
– Rechtsanwalt –   Pfalzstr. 14

Staatsanwaltschaft[648]
Lauterstraße
67657 Kaiserslautern

In dem Ermittlungsverfahren
gegen

Friedrich Punkt
wegen Verkehrsvergehen

6073 Js 5974/95

---

644 Überblick bei *Himmelreich/Hentschel*, Fahrverbot – Führerscheinentzug, Rn. 159 ff.; *Zabel*, Ausnahmegenehmigungen für „Trunkenheitstäter", Blutalkohol 1983, S. 477 ff.
645 *KK-Nack*, § 111 a Rn. 5.
646 So ausdrücklich *KK-Nack*, § 111 a Rn. 5. So wohl jetzt auch *LR-Schäfer*, § 111 a Rn. 27 mit Rn. 12.
647 S. auch den Antrag bei *Müller*, Verteidigung in Straßenverkehrssachen, Rn. 123.
648 Zwar ist das Amtsgericht zuständig. Da aber die Staatsanwaltschaft dazu gehört wird, empfiehlt es sich im Interesse einer Verfahrensbeschleunigung, den Schriftsatz an die Staatsanwaltschaft mit der Bitte um entsprechende Weiterleitung zu adressieren.

stelle ich – mit der Bitte um Weiterleitung an das Amtsgericht – den

Antrag
von der vorläufigen Entziehung der Fahrerlaubnis Lastkraftwagen der Führerscheinklasse 3 auszunehmen.

Begründung:

1. Mit Beschluß des Amtsgerichts Kaiserslautern vom 24. 7. 1995 – 2 a Gs 312/95 – (Bl. 7 d. A.) ist dem Beschuldigten die Erlaubnis zum Führen von Kraftfahrzeugen vorläufig entzogen worden.

2. Gem. § 111 a Abs. 1 S. 2 StPO können von der vorläufigen Entziehung der Fahrerlaubnis bestimmte Arten von Kraftfahrzeugen ausgenommen werden, wenn besondere Umstände die Annahme rechtfertigen, daß der Zweck der Maßnahme dadurch nicht gefährdet wird.

Die Voraussetzungen dieser Vorschrift sind im vorliegenden Fall gegeben.

a) Die beantragte Ausnahme – Lkws der Führerscheinklasse 3 – ist generell zulässig (vgl. *Kleinknecht/Meyer-Goßner*, StPO, 41. Aufl. 1993, § 111 a Rn. 4 mit Dreher/Tröndle, StGB, 47. Aufl. 1995, § 69 a Rn. 3 mit Nachweisen aus der Rechtsprechung).

b) Durch die beantragte Ausnahmeregelung wird der Zweck der Maßnahme nicht gefährdet.

Das Fahrzeug, das der Beschuldigte dann führen würde, ist ein VW Pritschenwagen mit 5 Sitzplätzen; wegen der weiteren Details verweise ich auf den in der Anlage in Fotokopie beigefügten Kraftfahrzeugschein.

Der Beschuldigte ist beschäftigt bei der Gemeinnützigen Baugenossenschaft Kaiserslautern. Halter des Fahrzeuges ist diese Baugenossenschaft. Das Fahrzeug würde von dem Beschuldigten bei Dienstantritt in Empfang genommen und müßte bei Dienstende wieder auf dem verschlossenen(!) Werksgelände abgestellt werden, wobei Fahrzeugschlüssel und Fahrzeugpapiere abzuliefern sind. Diese Vorgänge werden kontrolliert. Darüber füge ich in der Anlage eine entsprechende Bestätigung bei.

c) Der Beschuldigte ist auch von seiner Person her geeignet, eine Ausnahmegenehmigung zu erhalten.

Im Dienst hat er sich noch nie etwas zuschulden kommen lassen, was sich auf seine Eignung als Kraftfahrer bezieht.

Privat handelt es sich um den bisher einzigen Vorfall. Dies wiederum muß im Zusammenhang damit gesehen werden, daß
- der Beschuldigte seit 1980 die Fahrerlaubnis besitzt
- der Beschuldigte jährlich ca. 18 000 km zurücklegte
- Verkehrszentralregister und Bundeszentralregister keine Eintragungen enthalten.

Der Verteidiger:

Ein **Beschwerdeschriftsatz** könnte wie folgt aussehen: **221**

Muster 24

Dr. Karl Robertus
– Rechtsanwalt –

67655 Kaiserslautern, den 14. 8. 1995
Pfalzstraße 14

An das
Amtsgericht
– Ermittlungsrichter –
Benzinoring
67657 Kaiserslautern

In dem Ermittlungsverfahren
gegen

Stefan Enga
wegen Verkehrsvergehen
6072 Js 6112/95

lege ich gegen den dortigen Beschluß vom 1. 8. 1995 (Bl. 9 d. A.)
Beschwerde
ein mit dem
Antrag
auf die Beschwerde des Beschuldigten den angefochtenen Beschluß aufzuheben und dem Beschuldigten den Führerschein wieder auszuhändigen.

Begründung:

1. Gem. § 111 a Abs. 1 S. 1 StPO kann der Richter einem Beschuldigten die Fahrerlaubnis vorläufig entziehen, wenn dringende Gründe für die Annahme vorhanden sind, daß die Fahrerlaubnis gem. § 69 StGB entzogen wird.

„... verlangen die dringenden Gründe in § 111 a denselben Wahrscheinlichkeitsgrad wie der dringende Tatverdacht in 112 Abs. 1 S. 1 für die Anordnung der Untersuchungshaft, nämlich die **hohe Wahrscheinlichkeit** einer späteren Entziehung der Fahrerlaubnis. Das erfordert... eine Prüfung in doppelter Richtung: Einmal muß der Beschuldigte mit hoher Wahrscheinlichkeit eine Straftat im Sinne des § 69 Abs. 1 S. 1 StGB... begangen haben und zum anderen muß die hohe Wahrscheinlichkeit dafür bestehen, daß der Täter wegen dieser Tat als ungeeignet zum Führen von Kraftfahrzeugen erscheinen und ihm deshalb die Fahrerlaubnis entzogen werden wird" (*Schäfer*, in: *Löwe-Rosenberg*, StPO, 24. Aufl. 1988, § 111 a Rn. 13).

An diesen Voraussetzungen fehlt es in vorliegender Sache.

2. Dem Beschuldigten wird eine Straßenverkehrsgefährdung gem. § 315 c Abs. 1 Nr. 1 a StGB vorgeworfen, weil er infolge seiner alkoholischen Beeinflussung (1,01‰ zur Tatzeit) so gefahren sei, daß das von ihm geführte Fahrzeug umgekippt und seine Mitfahrerin dadurch verletzt worden sei.

Der Beschuldigte hat sich dahingehend eingelassen, daß der Unfall durch das falsche Verhalten eines entgegenkommenden Fahrzeugführers verursacht wurde, weil dieser sich teilweise auf seiner (des Beschuldigten) Fahrbahnhälfte befand, er (der Beschuldigte) durch eine schnelle Ausweichbewegung einen Zusammenstoß vermeiden mußte und dabei auf einen neben der Fahrbahn befindlichen Hügel kam, so daß sein Fahrzeug umkippte.

Ist diese Einlassung richtig – oder: ist sie nicht zu widerlegen –, dann wird man nicht annehmen können und dürfen, daß der Unfall auf der alkoholischen Beeinflussung des Beschuldigten beruht.

Die einzige, in diesem Verfahren vernommene Zeugin, die Beifahrerin bei dem Beschuldigten war, hat diesbezüglich in ihrer, auf meinen Antrag hin erfolgten **richterlichen** Vernehmung bekundet (Bl. 26 d. A.):

„Unterwegs in so einer leichten Kurve kam uns ein Auto entgegen, das ziemlich schnell fuhr und auch zum Teil auf unserer Fahrbahnseite. Der Beschuldigte mußte dem Auto ausweichen, um nicht mit ihm zusammenzustoßen, er kam dann so einen kleinen Hügel hinauf, vielleicht hat er zu stark gegengelenkt. Jedenfalls kam er da den Hügel hinauf und das Fahrzeug kippte um. Der Beschuldigte war da vorher nach meiner Schätzung ungefähr

70 – 80 km/h gefahren, schneller auf keinen Fall. Wie gesagt, wäre das nicht passiert, wenn das entgegenkommende Fahrzeug normal und nicht teilweise auf unserer Fahrbahnseite gefahren wäre.

Ich hatte nicht den Eindruck, daß er zuviel getrunken gehabt hätte oder daß er anders gefahren sei als sonst."

Da somit die Einlassung des Beschuldigten durch die richterliche Vernehmung einer Zeugin bestätigt wird und weitere, zu den entscheidenden Fragen zu verwendende Beweismittel nicht existieren, kann von einem **hohen Grad von Wahrscheinlichkeit** bzgl. eines Vergehens gem. § 315 c Abs. 1 Nr. 1 a StGB im gegenwärtigen Stadium des Verfahrens keine Rede sein.

3. Ob man von einem hinreichenden Tatverdacht i. S. d. § 170 StPO (noch) reden will, ist eine andere Frage, die an dieser Stelle jedoch nicht interessiert.

Da mithin die dringenden Gründe i. S. d. § 111 a Abs. 1 S. 1 StPO im gegenwärtigen Stadium des Verfahrens nicht (mehr) bejaht werden können, ist der eingangs gestellte Antrag begründet.

Der Verteidiger:

Bleibt die Beschwerde ohne Erfolg (eine weitere Beschwerde ist unzulässig, § 310 StPO) oder hat der Verteidiger wegen Aussichtslosigkeit von einem Rechtsbehelf abgesehen, ist an einen **Nachschulungskurs** für alkoholauffällige Kraftfahrer zu denken. Eine erfolgreiche Teilnahme daran kann eine endgültige Entziehung der Fahrerlaubnis vermeiden, die Länge der Sperrfrist verkürzen oder eine Ausnahme i. S. d. § 69 a Abs. 2 StGB rechtfertigen. Hier ist jedoch noch vieles im Fluß[649]. Eine einheitliche Handhabung existiert nicht. Der Verteidiger muß sich deshalb über die Rechtsprechung des jeweils zuständigen Gerichts orientieren, bevor er dem Mandanten zu dem zeit- und kostenaufwendigen Kurs rät. **222**

---

649 Überblick bei *Bode,* Berücksichtigung der Nachschulung von Alkohol-Verkehrsstraftätern durch Strafgerichte – Rechtsprechungsübersicht, DAR 1983, S. 33 ff.; *Himmelreich,* Bundeseinheitliche Nachschulungskurse – Neue Gesetzesinitiativen?, DAR 1989, S. 5 ff. *Müller,* Verteidigung in Straßenverkehrssachen, 5. Aufl. 1994, Rn. 48; *Himmelreich/Bücken,* Verkehrunfallflucht, 2. Aufl. 1995, Rn. 304 ff.

223 Mancher Beschuldigte „findet" seinen Führerschein nicht, wenn er beschlagnahmt werden soll. Augenzwinkernd wird dem Verteidiger davon erzählt. Der Verteidiger hat den Mandanten eingehend über die Folgen eines „**verlorenen**" **Führerscheins** aufzuklären. Danach macht sich der Beschuldigte, wenn er nach Bekanntgabe des Beschlusses über die vorläufige Entziehung der Fahrerlaubnis trotzdem ein Fahrzeug führt, nach § 21 Abs. 1 Nr. 1 StVG strafbar[650]. Außerdem kann sein Fahrzeug gem. § 21 Abs. 3 Nr. 1 StVG eingezogen werden. Ferner verliert er den Versicherungsschutz[651]. Das alles gilt auch (schon) ab Sicherstellung des Führerscheins nach § 94 Abs. 3 StPO[652].

---

650 *KK-Nack*, § 111 a Rn. 2.
651 BGH VRS 62 (1982), 114.
652 *LR-Schäfer*, § 111 a Rn. 5.

VI. Die Honorierung[653]

1. Grundsätzliches

Der Verteidiger lebt von seinem Beruf. Manche Mandanten vergessen **224** das. Ebenso die Öffentlichkeit. Nicht selten auch die mit den Gebühren befaßten Kostenbeamten und Richter. So gibt es gelegentlich unerfreuliche Auseinandersetzungen ums Geld. Der Verteidiger muß daher (auch) in Honorarfragen absolut korrekt sein. Das setzt ein Wissen um die einschlägigen Probleme voraus.

Ebenso wie die Beherzigung nachstehender Erkenntnis. Wer als Verteidiger wirtschaftlich gesund dasteht, kann den Mandanten „objektiv" beraten. Wer den Mandanten objektiv berät, wird keine unsinnigen Rechtsbehelfe einlegen (oder sonstige, „nach außen gerichtete" Maßnahmen ergreifen und Ratschläge erteilen), nur um ein höheres Honorar zu erhalten. Wer keine unsinnigen Rechtsbehelfe einlegt, wird bei den Gerichten dann, wenn er ein Rechtsmittel einlegt, ernster genommen und wird eine hohe Erfolgsquote haben. Wer eine hohe Erfolgsquote hat, hat einen hohen Zulauf an Mandanten. Wer einen hohen Zulauf an Mandanten hat, verdient entsprechend. Wer entsprechend verdient, steht (in der Regel) wirtschaftlich gesund da. Wer wirtschaftlich gesund dasteht... siehe oben. Nicht umsonst meinen viele Staatsanwälte und Richter, vertrauliche Gespräche und Verhandlungen ließen sich nur mit wirtschaftlich unabhängigen Verteidigern führen.

2. Die besondere Problematik im Ermittlungsverfahren

Die Tätigkeit im Ermittlungsverfahren ist bei vielen Verteidigern nicht **225** beliebt. Dazu hat der Gesetzgeber ein gerüttelt Maß beigetragen, indem er den § 467 a StPO geschaffen hat. Dort heißt es in Abs. 1 S. 1: „Nimmt die Staatsanwaltschaft die öffentliche Klage zurück und stellt sie das Verfahren ein, so hat das Gericht, bei dem die öffentliche Klage erhoben war, auf Antrag der Staatsanwaltschaft oder des Angeschuldigten die diesem erwachsenen notwendigen Auslagen der Staatskasse aufzuerlegen." Mit anderen Worten: Bei Einstellung eines Ermittlungsverfah-

---

653 Umfassend: *Madert*, Gebühren des Strafverteidigers, 1987, PdSt Bd. 5.

185

rens, das zuvor nicht gerichtlich anhängig gewesen ist, hat der Beschuldigte seine Auslagen (und somit das Honorar für seinen Verteidiger) selbst zu tragen. Diese Regelung ist abschließend. Eine erweiternde Auslegung wird abgelehnt[654]. Der größte Erfolg des Verteidigers (Einstellung des Verfahrens schon durch die Staatsanwaltschaft) ist somit zugleich die größte Niederlage (der Mandant muß das gesamte Honorar bezahlen).

226 Ein Ausweg eröffnet sich manchmal und teilweise im **Gesetz über die Entschädigung für Strafverfolgungsmaßnahmen**. Nach dessen § 7 Abs. 1 ist Gegenstand der Entschädigung der durch die Strafverfolgungsmaßnahme verursachte Vermögensschaden. Dazu gehören auch die Kosten der Verteidigung[655]. Allerdings nur soweit sie durch die Verteidigung gegen eine der in § 2 StrEG aufgezählten Strafverfolgungsmaßnahmen entstanden sind[656]. Lediglich dann, wenn sich die Verteidigung gegen eine entschädigungsfähige Strafverfolgungsmaßnahme von der Verteidigung gegen den Tatverdacht als solchen sachlich und gebührenmäßig nicht trennen läßt, sind die Kosten der Verteidigung insgesamt zu ersetzen[657].

227 Eine zweite (teilweise) Ausnahme von dem Grundsatz des § 467 a StPO gibt es für **abschließende gerichtliche Zwischenentscheidungen**. Ist beispielsweise auf die Beschwerde hin der Beschluß über die vorläufige Entziehung der Fahrerlaubnis aufgehoben worden, sind (auch) die notwendigen Auslagen des Beschuldigten der Staatskasse aufzuerlegen[658]. Auch das also nur ein Teilaspekt.

228 Diese unbefriedigende Situation läßt manche die **Empfehlung** aussprechen, im Ermittlungsverfahren nichts zu sagen und erst auf die Zustellung der Anklageschrift eine entlastende Sachdarstellung zu bringen[659]. Ein Rat, der sich schwer mit der grundlegenden Aufgabe des

---

654 BGHSt 30, 152, 157; *KK-Schimansky*, § 467 a Rn. 1; *Schmidt/Baldus*, Gebühren und Kostenerstattung in Straf- und Bußgeldsachen, 4. Aufl. 1993, Rn. 350. – Für eine Verfassungswidrigkeit der Vorschrift *Bohlander*, Vorschläge zur Reform einer verfassungswidrigen Kostenerstattungsregelung im Ermittlungsverfahren, AnwBl. 1992, S. 161 ff.
655 *Schätzler*, Gesetz über die Entschädigung von Strafverfolgungsmaßnahmen, 2. Aufl. 1982, § 7 Rn. 22; *Kleinknecht/Meyer-Goßner*, § 7 StrEG, Rn. 5.
656 Wie Fn. 655.
657 Wie Fn. 655.
658 *Schmidt/Baldus*, Rn. 349; *KK-Schikora*, § 467 a Rn. 1 mit § 464 Rn. 3.
659 *Helms*, Wirtschaftliche Aspekte der Strafverteidigung, in: Strafverteidiger als Interessenvertreter, Berufsbild und Tätigkeitsfeld, 1979, S. 167 ff., 182; siehe auch *Dahs*, Rn. 1124.

Verteidigers im Ermittlungsverfahren vereinbaren läßt, alles zu tun, um eine Einstellung des Ermittlungsverfahrens zu erreichen[660]. Auch die Überlegung, die Verteidigerbestellung zunächst nicht anzuzeigen[661] oder gar den Mandanten sich zunächst selbst verteidigen zu lassen, ist keine praktikable und vernünftige Lösung.

All das **muß der Verteidiger dem Mandanten sagen.** Und zwar schon **229** beim ersten Gespräch. Zumal der Mandant (verständlicherweise) gleich wissen will, was ihn die Verteidigung kostet. Das Gespräch über Honorarfragen wird jedoch nicht nur durch den Grundsatz der Nichterstattungsfähigkeit der notwendigen Auslagen des Beschuldigten im Ermittlungsverfahren erschwert. Sondern auch durch den Umstand, daß der Verteidiger nur selten in der Lage sein wird, ganz zu Beginn seiner Tätigkeit alle gebührenrechtlich maßgeblichen Umstände vorauszusehen und dem Mandanten mehr oder weniger verbindlich mitzuteilen. Gewiß, er kann die Höchstgebühren des § 84 BRAGO nennen. Das hilft jedoch dann nicht viel, wenn der Verteidiger diese als zu gering erachtet und ein höheres Honorar vereinbaren will. So wird das erste Gespräch zwischen Verteidiger und Mandant, das doch der Schaffung eines Vertrauensverhältnisses dienen soll, mit den Honorarfragen belastet. Der Verteidiger, zu dem der Mandant mit der Anklageschrift in der Hand kommt, hat es da einfacher. Ebenfalls ein Grund, warum die Tätigkeit im Ermittlungsverfahren bei vielen Verteidigern nicht beliebt ist.

3. Die gesetzlichen Gebühren

§ 84 BRAGO legt (i. V. m. § 83 BRAGO) den Rahmen für die Gebühren **230** des Verteidigers im Ermittlungsverfahren fest.
– OLG, Schwurgericht, Jugendkammer anstelle Schwurgericht 85,– bis 1270,– DM;
– Große Strafkammer, Jugendkammer soweit nicht anstelle Schwurgericht 60,– bis 760,– DM;
– Schöffengericht, Jugendschöffengericht, Strafrichter, Jugendrichter 50,– bis 650,– DM.

---

660 Oben Rn. 116.
661 *Dahs*, Rn. 1124.

231 Die Gebühren sind **Pauschgebühren**. Durch sie wird die gesamte Tätigkeit des Verteidigers entgolten (§ 87 BRAGO).

Hinzu kommen
- Postgebühren (§ 26 BRAGO): die tatsächlichen Kosten oder 15% der Gebühren des § 84 BRAGO, dann jedoch höchstens 30,– DM;
- Schreibauslagen (§ 27 BRAGO): für die ersten fünfzig Fotokopien je 1,– DM, für die darüber hinausgehenden Kopien je 0,30 DM;
- Reisekosten (§ 28 BRAGO): bei eigenem Pkw 0,52 DM pro Kilometer, sonst die tatsächlichen Aufwendungen; Tage- und Abwesenheitsgeld
  - bis 4 Stunden 30,– DM,
  - mehr als 4 bis 8 Stunden 60,– DM,
  - mehr als 8 Stunden 110,– DM,
  - bei Auslandsreisen Zuschlag von 50%; die tatsächlichen Übernach-
    tungskosten;
- Umsatzsteuer (§ 25 BRAGO).

232 Die Gebühren sind **Rahmengebühren**. Welcher der drei Rahmen im konkreten Fall Anwendung findet, bestimmt sich nach der Ordnung des Gerichts, das für das Hauptverfahren zuständig gewesen wäre (§ 84 Abs. 2 BRAGO). Das ist nicht immer eindeutig festzustellen. Beispielsweise ob die Staatsanwaltschaft beim Schöffengericht oder wegen der besonderen Bedeutung des Falles (§ 24 Abs. 1 Nr. 3 GVG) bei der Großen Strafkammer angeklagt hätte. Im Zweifelsfall ist von dem Gesamtrisiko für den Mandanten auszugehen; in dem Beispiel also von einer Strafkammeranklage[662]. Maßgebend ist dabei die Lage in dem Zeitpunkt, in dem die Tätigkeit des Verteidigers endet[663].

233 Steht der Rahmen fest, ist die konkrete Gebühr anhand der Grundsätze des **§ 12 BRAGO** zu ermitteln[664]. Danach bestimmt der Rechtsanwalt die Gebühr im Einzelfall unter Berücksichtigung aller Umstände nach billigem Ermessen. § 12 BRAGO nennt vier Umstände, die besonders (also nicht abschließend) zu beachten sind
- die Bedeutung der Angelegenheit,
- der Umfang der anwaltlichen Tätigkeit,

662 *Kunigk*, Das Anwaltshonorar, 1978, S. 106.
663 *Gerold/Schmidt-Madert*, Bundesgebührenordnung für Rechtsanwälte, 11. Aufl. 1995, § 84 Rn. 3.
664 *Madert*, Die Bestimmung der Rahmengebühr durch den Rechtsanwalt gem. § 12 BRAGO, AnwBl 1994, S. 379 ff., 445 ff.

– die Schwierigkeit der anwaltlichen Tätigkeit,
– die Vermögens- und Einkommensverhältnisse des Auftraggebers.

Die Bedeutung der Angelegenheit: Gemeint ist die Bedeutung, die die Angelegenheit für den Mandanten hat. Dabei ist nicht nur das unmittelbare Ziel der Verteidigung (Verfahrenseinstellung) zu berücksichtigen, sondern auch welche mittelbaren Auswirkungen auf dem Spiel stehen: wirtschaftlicher Art (zivilrechtliche Ansprüche), gesellschaftlicher Art (Ansehen, Ruf, Stellung)[665], beruflicher Art (Disziplinarverfahren, Eintragung im Verkehrszentralregister bei einem Berufskraftfahrer)[666]. Die Strafandrohung spielt eine Rolle[667]. Auf den erzielten Erfolg kann es u. U. ankommen[668].

Der Umfang der anwaltlichen Tätigkeit: Gemeint ist in erster Linie der Zeitaufwand des Verteidigers (Gespräche mit dem Mandanten, Studium der Akten, Teilnahme an Terminen wie kommissarischen Zeugenvernehmungen und mündlichen Haftprüfungen, Einlegung von Beschwerden, schriftlichen Stellungnahmen)[669]. Hier kann dann auch in gewisser Weise der Erfolg Berücksichtigung finden, der ja oft auf den verstärkten Einsatz des Verteidigers zurückzuführen ist[670]. Beachtlich ist jedoch bei diesem Kriterium immer nur der objektiv angemessene Umfang[671]. Sinnlose Geschäftlhuberei und besonders langsame Arbeitsweisen werden nicht honoriert.

Die Schwierigkeit der anwaltlichen Tätigkeit: Sie liegt vor, wenn die Sache aus besonderen Gründen über das Normalmaß hinaus – sei es rechtlich, sei es tatsächlich – verwickelt ist. Umfang und Schwierigkeit sind also nicht das Gleiche. Der Umfang weist auf den zeitlichen Arbeitsaufwand hin, die Schwierigkeit auf die Intensität der Arbeit[672]. Auch über dieses Kriterium kann ein erzielter Erfolg zu bewerten sein.

Die Vermögens- und Einkommensverhältnisse des Auftraggebers: Gute wirtschaftliche Verhältnisse wirken sich gebührenerhöhend aus, schlechte gebührenmindernd.

---

665 Zu den Einzelheiten vgl. *Gerold/Schmidt-Madert*, § 12 Rn. 11.
666 *Schmidt/Baldus*, Rn. 44.
667 *Kunigk*, Anwaltshonorar, S. 102.
668 *Gerold/Schmidt-Madert*, § 12 Rn. 11.
669 Zu weiteren Einzelheiten vgl. *Gerold/Schmidt-Madert*, § 12 Rn. 12.
670 *Schmidt/Baldus*, Rn. 66, allerdings unter Einordnung in die weiteren Kriterien.
671 *Kunigk*, Anwaltshonorar, S. 102/103.
672 *Gerold/Schmidt-Madert*, § 12 Rn. 13.

Weitere Kriterien: Spezialkenntnisse des Verteidigers rechtfertigen eine höhere Vergütung[673].

Für durchschnittliche Fälle hat die Praxis die sog. **Mittelgebühr** geschaffen. Sie errechnet sich, indem man die Mindest- und Höchstgebühr addiert und das Ergebnis durch zwei dividiert. Bei § 84 BRAGO lautet sie somit

– OLG, Schwurgericht, Jugendkammer anstelle Schwurgericht 677,50 DM;

– Große Strafkammer, Jugendkammer soweit nicht anstelle Schwurgericht 410,– DM;

– Schöffengericht, Jugendschöffengericht, Strafrichter, Jugendrichter 350,– DM.

Schon ein einziger Umstand i. S. d. § 12 BRAGO kann ein Abweichen von der Mittelgebühr rechtfertigen[674]. Ist ein Strafverfahren von besonderer Bedeutung für den Mandanten, begründet das eine höhere Gebühr, auch wenn der Umfang der Tätigkeit des Verteidigers nur gering war[675].

234 In bestimmten Fällen wird die Gebühr des § 84 BRAGO ergänzt durch die **Sondergebühr nach § 88 BRAGO**. In der Praxis wichtig ist dessen Satz 3: „Übt der Rechtsanwalt eine Tätigkeit für den Beschuldigten aus, die sich auf das Fahrverbot oder die Einziehung der Fahrerlaubnis erstreckt, und reicht der Gebührenrahmen nicht aus, um die gesamte Tätigkeit des Rechtsanwalts angemessen zu entgelten, so kann er bis zu 25 v. H. überschritten werden." Zunächst hat der Verteidiger also die Gebühr innerhalb des ursprünglichen Gebührenrahmens des § 84 BRAGO anhand der Kriterien des § 12 BRAGO zu suchen. Erst wenn sich dabei herausstellt, daß die Höchstgebühr nicht ausreicht, kann der Verteidiger den § 88 BRAGO anwenden[676]. Die Problematik taucht vor allem bei Berufskraftfahrern auf, denen die Entziehung der Fahrerlaubnis droht. Da ein entsprechendes Verfahren in der Regel beim Amtsgericht anhängig sein würde, beträgt die erhöhte Gebühr gem. §§ 84 Abs. 1 Nr. 3, 88 S. 3 BRAGO 812,50 DM.

---

673 *Gerold/Schmidt-Madert*, § 12 Rn. 13; *Schmidt/Baldus*, Rn. 63. Ob auch die besondere Erfahrung des Verteidigers gebührenerhöhend ist, ist fraglich; dafür noch *Gerold/Schmidt*, 8. Aufl. 1984, § 12 Rn. 10.

674 Sog. Kompensationstheorie; vgl. *Gerold/Schmidt-Madert*, § 12 Rn. 8; *Schmidt/Baldus*, Rn. 69 Fn. 115.

675 *Dahs*, Rn. 1085.

676 *Schmidt/Baldus*, Rn. 100; *Gerold/Schmidt-Madert*, § 88 Rn. 1.

Eine berufsrechtliche Ergänzung der gesetzlichen Gebühren der §§ 84, **235**
12, 88 BRAGO findet sich in § 49 b BRAO. Diese Vorschrift statuiert ein
Verbot der Gebührenunterschreitung. § 49 b Abs. 1 S. 1 BRAO lautet:
„Es ist unzulässig, geringere Gebühren und Auslagen zu vereinbaren
oder zu fordern, als die Bundesgebührenordnung für Rechtsanwälte
vorsieht, soweit diese nichts anderes bestimmt." Dagegen wird häufiger verstoßen als man denkt. So gibt es Verteidiger, die gegenüber
Rechtsschutzversicherungen geringere als die zulässigen Gebühren be-
rechnen und dafür die Mandanten von den Versicherungen „geschickt"
bekommen. Auch Verteidigungen zum sog. Nulltarif existieren. Die
Reklame durch einen sensationellen Prozeß erscheint wichtiger als das
einzelne Honorar. Es soll auch vorkommen, daß Verteidiger in Haftanstalten ihrem Mandanten Gebührenfreiheit zusichern, wenn der
Mandant ihnen andere Mandate vermittelt. All das ist schlichtweg unzulässig.

Zulässig ist nach § 49 b Abs. 1 S. 2 BRAO eine Ermäßigung oder Strei-
chung von Gebühren und Auslagen nur ausnahmsweise und nur im
Einzelfall und nur bei besonderen Umständen. Beispielhaft ist die Be-
dürftigkeit des Mandanten angeführt. Gemeint ist auch die Verteidigung von Verwandten und Freunden[677]. Bei einem solchen Honorarver-
zicht (der erst nach Erledigung des Auftrages erfolgen darf) sollte der
Verteidiger darauf achten, daß der Anschein unzulässigen Werbens
vermieden wird. Der Verteidiger muß hier sehr genau sein. Denn „die
Publicity steht dabei häufiger Pate als die Humanität"[678].

4. Das vereinbarte Honorar

Die Vereinbarung eines die gesetzlichen Gebühren übersteigenden Ho- **236**
norars ist grundsätzlich **zulässig** (§ 3 BRAGO). Für den Verteidiger im
Ermittlungsverfahren ist sie in vielen Fällen auch **notwendig.** Denn
eine sachgerechte Verteidigung im Ermittlungsverfahren ist mit den
gesetzlichen Gebühren nur ungenügend honoriert. Wer eine andere

---

677 *Jessnitzer/Blumberg,* § 49 b Rn. 2.
678 *Dahs,* Rn. 1079.

Auffassung vertritt[679], verkennt Art und Bedeutung „richtiger" Verteidigung im Ermittlungsverfahren und/oder die Kostenstruktur einer Anwaltskanzlei. Die Vereinbarung eines Honorars dient darüber hinaus der Klarheit. Der Mandant kann die Kosten überschauen. Ein Streit über die angemessene Gebühr nach dem Ende des Strafverfahrens wird vermieden.

237 An eine korrekte Honorarvereinbarung sind mehrere Anforderungen zu stellen. Das beginnt mit der **Form**. Nach § 3 BRAGO bedarf die Honorarvereinbarung der Schriftform. Sie darf nicht in der Vollmacht oder in einer Urkunde mit noch anderem Text enthalten sein. In der Praxis ist die Verwendung eines vorgedruckten Honorarscheins üblich. Dagegen werden Einwände erhoben[680]. Ein Vordruck werde als Mißtrauen empfunden. Vorzuziehen sei deshalb die Honorarvereinbarung im Rahmen des gewöhnlichen Schriftverkehrs. Ein Vordruck hat jedoch den Vorzug einer größeren Klarheit. Der Mandant sieht zudem an dem Vordruck, daß hier nichts Besonderes und Einmaliges mit ihm geschieht, sondern daß Honorarvereinbarungen üblich sind. Das ist nicht unwichtig im Zusammenhang mit der vorgeschriebenen Belehrung über das Abweichen des vereinbarten Betrages von der gesetzlichen Regelung[681]. Freilich ist sorgfältig auf den Inhalt des Vordrucks zu achten. Die Benutzung der im Handel erhältlichen Honorarscheine ist nicht unproblematisch[682]. Es empfiehlt sich daher die Verwendung eigener Vordrucke bzw. Muster im Rahmen des gewöhnlichen Schriftverkehrs. Den von dem Mandanten unterschriebenen Honorarschein[683] nimmt der Verteidiger zu den Akten. Ein zweites Exemplar (Kopie) ist dem Mandanten für seine Unterlagen auszuhändigen.

238 Die **Umstände** des schriftlichen Honorarversprechens haben über jeden Zweifel erhaben zu sein. Es empfiehlt sich, dem Mandanten den Honorarschein zuzusenden. So kann er in Ruhe überlegen. Andernfalls fühlt er sich oft unter Druck gesetzt.

---

679 *Brühl*, Die Rechte der Verdächtigten und Angeklagten, S. 111: „Honorarvereinbarungen sollte der Beschuldigte allenfalls in Höhe der gesetzlichen Gebühren treffen. Diese reichen aus, um dem Anwalt die Arbeit zu vergüten… Es gibt genug, die sich mit den gesetzlichen Gebühren begnügen."
680 Von *Dahs*, Rn. 1104.
681 Dazu unten Rn. 240.
682 Formularbuch-*Hermann*, S. 904 Anm. 10.
683 Der Verteidiger braucht nicht zu unterschreiben (Formularbuch-*Hermann*, S. 902 Anm. 2). Es ist ratsam, die für den Mandanten bestimmte Kopie abzuzeichnen („für die Abschrift").

Das gilt auch und gerade für den **Zeitpunkt** der Honorarvereinbarung. **239**
Der Verteidiger darf nicht warten, bis eine entscheidungserhebliche
Maßnahme vor der Tür steht (kommissarische Zeugenvernehmung,
Frist zur Beschwerdebegründung oder zur Einreichung einer Verteidigungsschrift) und seine diesbezügliche Tätigkeit von der Unterzeichnung des Honorarscheins abhängig machen. Verboten ist das zwar
nicht, aber doch höchst unfair[684]. Außerdem gerät eine so zustande
gekommene Honorarvereinbarung in die Nähe eines unsittlichen
Rechtsgeschäfts[685]. Andererseits kann der Verteidiger nicht immer
schon bei Beginn des Mandats Art, Umfang und Bedeutung seiner
Tätigkeit überblicken. Möglich ist, eine Vereinbarung nach Verfahren-
sabschnitten zu treffen und den Abschluß weiterer Honorarvereinbarungen sich vorzubehalten („Für die Bestellung, Einsichtnahme in die
Akten und Durcharbeitung der Akten"; „Für die Anfertigung einer
Verteidigungsschrift"; „Bis zu einer Entscheidung über die Beschwerde
gegen..."; „Für die Teilnahme an der Zeugenvernehmung"; „Bis zur
Anfertigung einer Verteidigungsschrift"). Völlig befriedigen kann eine
solche Regelung nicht. Auch nicht die Vereinbarung eines Rahmens,
innerhalb dessen dann später das endgültige Honorar festgelegt wird. Es
muß daher dem Einzelfall überlassen bleiben. Das Vertrauensverhältnis zwischen Verteidiger und Mandant hat hier eine Bewährungsprobe
zu bestehen.

Das gilt auch für die Möglichkeit, **Zeitgebühren** zu vereinbaren. Die **239a**
grundsätzliche Zulässigkeit von Zeitvergütungen ergibt sich (nun[686])
schon aus dem Gesetz: § 3 Abs. 5 S. 1 BRAGO. Das Vertrauensverhältnis zwischen Verteidiger und Mandant ist hier jedoch in zweifacher
Weise besonders gefordert. Zum einen, was den Nachweis der in Rechnung gestellten Stunden betrifft. Zum anderen, was die Höhe des Stun-
densatzes betrifft. Letzteres scheint zu den bestgehüteten Geheimnissen in Verteidigerkreisen zu gehören[687].

Gem. § 51 Abs. 4 S. 2 RichtlRA war ein **Hinweis** des Verteidigers an den **240**
Mandanten notwendig, daß der vereinbarte Betrag **von der gesetzlichen**

---

684 *Dahs*, Rn. 1101.
685 Wie Fn. 674.
686 Der frühere Streit um die Zulässigkeit von Zeitvergütungen – Überblick bei Formul-
   arbuch-*Hermann*, S. 917 – ist damit überholt; *Gerold/Schmidt-Madert*, § 3 Rn. 9.
687 In den Nachweisen bei *Gerold/Schmidt-Madert*, § 3 Rn. 3 – die sich freilich auch auf
   Anwälte in Zivilsachen beziehen – werden Beträge zwischen 200,– und 800,– DM
   genannt.

Regelung abweicht. Auch wenn diese Vorschrift nicht mehr gilt, wird man verlangen müssen, daß dem Mandanten bekannt ist, daß er sich (in der Regel) zur Zahlung einer höheren als der gesetzlichen Vergütung verpflichtet, somit ein Hinweis angebracht ist[688]. Der Hinweis muß deutlich sein. Manchmal wird der Verteidiger nach dem von ihm gegebenen Hinweis gefragt, ob das vereinbarte Honorar also ungesetzlich sei? Der Verteidiger sollte dem Mandanten dann verdeutlichen, daß die Tatsache einer Honorarvereinbarung und das vorgeschlagene Honorar in Strafsachen üblich und angemessen seien[689]. Aus Beweisgründen sollte schriftlich festgehalten werden, daß der Verteidiger den Hinweis gegeben hat. Die entsprechende Bestätigung kann in den Honorarschein aufgenommen werden[690].

241 Die Honorarvereinbarung kann auch **mit einem Dritten** getroffen werden. Hierbei ist manchmal Vorsicht geboten. Nicht immer erfolgt das finanzielle Einspringen altruistisch.

242 Die **Höhe** des vereinbarten Honorars kann den Rahmen des § 84 BRAGO (i. V. m. § 88 BRAGO) überschreiten. Das ist der Regelfall einer Honorarvereinbarung. Der Betrag kann jedoch auch innerhalb des Gebührenrahmens liegen. Dabei kann er mit der „gesetzlichen Gebühr" identisch sein, kann diese auch übersteigen. Ob auch für diese Fälle Schriftform erforderlich ist, wird uneinheitlich beantwortet. Im Interesse der Klarheit sollte der Verteidiger immer die schriftliche Form wählen. Schwierigkeiten werden so vermieden[691]. Der konkreten Höhe des Honorars sind rechtlich keine Grenzen gesetzt, abgesehen von § 138 BGB. An dieser Stelle zeigt sich jedoch, welche Auffassung der Verteidiger von seinem Beruf hat. Ein anständiger Verteidiger wird niemals die seelische oder materielle Notlage ausnützen, in der sich nicht wenige Beschuldigte befinden. Auf der anderen Seite hat er zu bedenken, daß manche Mandanten ihn auszunützen versuchen. Hier die richtige Entscheidung zu treffen, ist oft nicht einfach. Viel Menschenkenntnis gehört dazu. Enttäuschungen bleiben nicht aus.

243 Die Höhe des Honorars von dem Erfolg abhängig zu machen, ist grundsätzlich unzulässig. Ein sog. **Erfolgshonorar** ist verboten. § 49 b Abs. 2 BRAO bestimmt: „Vereinbarungen, durch die eine Vergütung oder ihre Höhe vom Ausgang der Sache oder vom Erfolg der anwaltlichen Tätig-

---

688 *Gerold/Schmidt-Madert*, § 3 Rn. 5.
689 *Dahs*, Rn. 1107.
690 *Lingenberg/Hummel/Zuck/Eich*, § 51 Rn. 9.
691 *Dahs*, Rn. 1087, 1096.

keit abhängig gemacht wird (Erfolgshonorar), ... sind unzulässig." Diese Regelung stößt oft auf Unverständnis bei den Mandanten. So würden sie für eine Einstellung des (Ermittlungs-)Verfahrens gern mehr zahlen als für einen Freispruch nach einer langwierigen Hauptverhandlung mit allen psychischen, physischen und gesellschaftlichen Nachteilen. Genau das ist aber untersagt[692]. Die Vorschrift gestattet keine Ausnahmen[693]. Der Verteidiger hat in diesem Zusammenhang auch an § 352 StGB zu denken[694].

Der **Vordruck eines Honorarscheins** für die Verteidigung im Ermitt- **244**
lungsverfahren kann etwa wie folgt aussehen:

Muster 25[695]

Honorarschein

In dem Ermittlungsverfahren ....

.... ist Herr Rechtsanwalt Dr. Karl Robertus, Kaiserslautern, mein Verteidiger (von) ....

....

Ich (wir) verpflichte(n) mich (uns), ihm für die Verteidigung im Ermittlungsverfahren anstatt der gesetzlichen Gebühren

a) bis zur einer das Ermittlungsverfahren abschließenden Entscheidung der Staatsanwaltschaft

b) bis zu ....

....

für ....

....

ein Honorar von DM .... (in Worten: ....

..........................) zu zahlen, fällig wie folgt:

....

....

---

692 Ausdrücklich für diesen Fall *Schmidt*, Die Vergütung des Strafverteidigers, 2. Aufl. 1982, S. 20/21.
693 Feuerich/Braun, § 49 b Rn. 22.
694 BayObLG NJW 1989, 2901.
695 S. auch die Muster bei *Madert*, Gebühren des Strafverteidigers, S. 211 ff.

a) Für den Fall, daß das Ermittlungsverfahren nicht eingestellt wird, bleibt der Abschluß einer weiteren Honorarvereinbarung vorbehalten.

b) Nach ....

bleibt der Abschluß einer weiteren Honorarvereinbarung vorbehalten.

Auslagen, Reisekosten, Tagegelder, Abwesenheitsgelder, Umsatzsteuer (Mehrwertsteuer) sind daneben gesondert zu zahlen.

Mir (uns) ist bekannt, daß der vereinbarte Betrag von der gesetzlichen Regelung abweicht.

Eine Durchschrift dieser Vereinbarung habe(n) ich (wir) erhalten.

..............., den ....

Unterschrift

Die Modalität a) betrifft ein Pauschalhonorar für das gesamte Ermittlungsverfahren, die Modalität b) ein Honorar für einzelne Verfahrensabschnitte bzw. Tätigkeiten im Ermittlungsverfahren.

Das Muster einer Honorarvereinbarung mit Zeitgebühren kann etwa wie folgt aussehen:

Muster 26

Honorarvereinbarung

In dem Ermittlungsverfahren ....
ist Herr Rechtsanwalt Dr. Karl Robertus, Kaiserslautern, mein Verteidiger.

1.
Ich verpflichte mich, ihm für die Vertretung im laufenden Ermittlungsverfahren bis zu einer abschließenden Entscheidung der Staatsanwaltschaft mit Rücksicht auf die Bedeutung und den Umfang des Verfahrens anstatt der gesetzlichen Gebühren, falls diese nicht höher sind, ein Honorar von .... DM (in Worten: .... Deutsche Mark) pro Arbeitsstunde (Besprechungen, Aktenstudien, Schriftsätze u. ä.) zu bezahlen.

2.
Bei der Wahrnehmung von Terminen außerhalb der Kanzlei des Verteidigers beträgt das Honorar pro Fahrstunde .... DM (in Worten:
.... Deutsche Mark).

3.
Alle Auslagen, wie Mehrwertsteuer (in der jeweils gültigen Höhe), Reisekosten, Tage- und Abwesenheitsgelder, Postgebühren, Schreibauslagen und dgl. sind daneben gesondert zu zahlen.

4.
Das Honorar ist nach monatlichen Abrechnungen jeweils fällig bis zum 15. des folgenden Monats.

5.
Für den Fall der Erhebung öffentlicher Klage durch die Staatsanwaltschaft bleibt eine neue Honorarvereinbarung vorbehalten.

6.
Mir ist bekannt, daß der vereinbarte Betrag die gesetzlichen Gebühren (Rahmengebühren der BRAGO) überschreitet und daß im Falle einer Verfahrenseinstellung keine Erstattungspflicht der Staatskasse gegeben ist.

7.
Eine Abschrift dieser Honorarvereinbarung habe ich erhalten.

...................., den ....
                                             Unterschrift

5. Einzelfragen

Sprüche wie „Ohne Geld kann ich nicht denken" und „Ohne Schuß **245** kein Jus" sind töricht und eines seriösen Anwalts unwürdig. Zwar bestimmt § 17 BRAGO ausdrücklich, daß der Rechtsanwalt von seinem Auftraggeber für die entstandenen und die voraussichtlich entstehenden Gebühren und Auslagen einen angemessenen **Vorschuß** fordern kann. Und richtig ist auch, daß die Zahlung eines Vorschusses durchaus üblich ist. Aber der Verteidiger sollte hier differenzieren. Zwischen Mandanten, bei denen er den Eindruck hat, es wird mit der Zahlung des Honorars Schwierigkeiten geben. Und zwischen Mandanten, bei denen diese Befürchtung nicht besteht. Irrtümer werden freilich nicht ausbleiben. Der Verteidiger sollte auch nicht über das Honorar und einen Vorschuß reden, bevor nicht wenigstens der Mandant Gelegenheit hatte, über die Sache und sich zu berichten. Der Verteidiger vergibt sich nichts, wenn er den (potentiellen) Mandanten erst einmal anhört. Honorar und Vorschuß richten sich sowieso nach Umständen, die der Verteidiger ohne entsprechende Ausführungen des (potentiellen) Mandanten nicht bestimmen kann.

Entschließt sich der Verteidiger, einen Vorschuß zu verlangen, dann muß er es bald und im Rahmen einer schriftlichen Honorarvereinbarung tun. Bald, weil das Ermittlungsverfahren manchmal überraschend schnell beendet ist. War dann kein Vorschuß gezahlt, erlebt der Verteidiger nicht selten Überraschungen (zumal für den Mandanten nun alles vorbei ist). Im Rahmen einer schriftlichen Honorarvereinbarung, weil bei einer schnellen Beendigung des Ermittlungsverfahrens der gezahlte Vorschuß u. U. die gesetzlichen Gebühren übersteigt, der Verteidiger somit einen Teil des Vorschusses zurückzahlen müßte.

246 Ein Verteidiger hat es nicht nur mit „edlen" Menschen zu tun[696]. Demnach muß das Honorar auch nicht immer aus „edlen" Quellen kommen. Gedacht ist hier an **„Zahlungen aus dem Milieu"**. Handelt es sich bei dem Geld, was dem Verteidiger gezahlt wird, offenkundig um den Erlös aus Straftaten, hat der Verteidiger selbstverständlich eine Annahme abzulehnen und ggf. das Mandat niederzulegen. Handelt es sich bei dem Geld um Einkünfte einer Prostituierten oder eines Zuhälters, ist zu beachten, daß weder die Prostitution noch die (einfache) Zuhälterei strafbar sind. Rechtlich, auch standesrechtlich, spricht nichts gegen die Annahme solcher Gelder. Alles andere ist eine Frage der persönlichen Einstellung. Wer hier jedoch allzu große Skrupel hat, sollte sorgfältig bedenken, inwieweit er zum Verteidiger taugt. Außerdem kommt es auch und gerade an dieser Stelle auf das „Wie" an.

247 Steht hinter dem Mandanten eine **Rechtsschutzversicherung**, gibt es hinsichtlich der Sicherheit der Gebühren keine Probleme. Dafür sieht sich der Verteidiger anderen Schwierigkeiten gegenüber. Das beginnt

---

696 Dazu siehe auch oben Rn. 6.

mit der Beauftragung. Wenn der Mandant mit dem Beauftragungsschreiben der Rechtsschutzversicherung in der Hand zu dem Verteidiger kommt, ist es einfach. Meist geht der Mandant jedoch erst zum Anwalt, um dann im Laufe des Gesprächs zu erwähnen, er sei rechtsschutzversichert. Der Verteidiger wird dann den Deckungsschutz besorgen, indem er entsprechend an die Versicherung schreibt[697]. In vielen Fällen geht es jedoch um eine vorsätzliche Straftat, für die gem. § 4 Abs. 3 ARB kein Rechtsschutz besteht. Der Verteidiger hat dann die undankbare Aufgabe, dem Mandanten dies zu erklären.

Probleme gibt es nicht selten auch um die Höhe der Gebühren. Nach oben, weil die Rechtsschutzversicherungen grundsätzlich nur die Mittelgebühr erstatten. Gerade bei einer intensiven Verteidigung im Ermittlungsverfahren kann das zu unerfreulichen Auseinandersetzungen und beschämenden Rechtfertigungsnotwendigkeiten des Verteidigers führen. Der Ausweg, eine Honorarvereinbarung mit dem Mandanten abzuschließen, ist zulässig. Eine solche hat jedoch keine Wirkung gegenüber der Versicherung. Sie stößt daher auf Unverständnis bei dem Mandanten, der sich schließlich rechtsschutzversichert hat, um bei einem Verfahren eben keine Unkosten zu haben[698]. Nach unten gibt es bei der Höhe der Gebühren Probleme, weil die Rechtsschutzversicherungen „zu drücken" versuchen. Der Verteidiger muß hier fest bleiben. Keinesfalls darf er den ständigen Bemühungen der Versicherungen insofern nachgeben, als er nun von sich aus geringere als die angemessenen Gebühren in Ansatz bringt. Gar noch in der Hoffnung, als Lohn dafür nun von der Versicherung (mehr) Mandate geschickt zu bekommen. Das verstößt gegen § 49 b Abs. 1 BRAO und u. U. auch gegen § 43 b BRAO.

Nicht nur eine berufsrechtliche Pflichtenverletzung, sondern eine ganz **248** „normale" Straftat kann vorliegen und wird auch zumeist vorliegen, wenn der Verteidiger sich an **Steuerunehrlichkeiten** des Mandanten beteiligt. In zweifacher Weise wird der Verteidiger damit konfrontiert. Zum einen verlangen manche Mandanten, die Rechnung „auf die Firma umzuschreiben" oder sonstwie zu deklarieren, damit das Honorar steuerlich absetzbar wird. Zum anderen übergeben manche Mandan-

---

697 Dadurch fällt eine Geschäftsgebühr nach § 118 Abs. 1 BRAGO an, die jedoch nicht von der Rechtsschutzversicherung übernommen wird; *Schmidt/Baldus*, Rn. 603 mit Fn. 4.
698 Ähnlich *Elmar Müller*, Strafverteidigung im Überblick, Rn. 17 S. 37.

ten dem Verteidiger Bargeld ohne Quittung und ohne Rechnung (sog. „OR-Sachen"). Beide Konstellationen haben für den Verteidiger auszuscheiden. Er wird damit jedoch bei dem Mandanten zumeist auf Unverständnis stoßen. Das muß er um seines Rufes, seines Ansehens und seines Gewissens willen in Kauf nehmen. Ehrlichkeit war schon immer schwieriger als Unehrlichkeit. Erst recht, wenn man als Verteidiger fast täglich Umgang mit Leuten pflegt, die nicht immer ehrlich und unschuldig sind.

249 Ist eine Einigung mit dem Mandanten über die Kostenfrage nicht zu erzielen und/oder kommt er seiner Zahlungspflicht (insbesondere hinsichtlich eines Vorschusses) nicht nach, darf der Verteidiger das Mandat kündigen und die **Verteidigung niederlegen**. Dabei hat er darauf zu achten, daß er den Auftrag nicht zur Unzeit kündigt, es sei denn, daß zwingende Gründe vorliegen. Dieses früher in § 34 Abs. 4 RichtlRA enthaltene Gebot wird sich auch in der zu schaffenden Berufsordnung[699] wiederfinden. Die Mandatsniederlegung muß in der Regel vorher angedroht werden, um dem Mandanten Gelegenheit zu geben, seiner Verpflichtung nachzukommen oder sich rechtzeitig anderweitig zu orientieren[700]. Zweckmäßigerweise verbindet der Verteidiger das Schreiben daher mit einer Fristsetzung. Er hat auch darauf zu achten, daß er eine Vorschußforderung nicht erst kurze Zeit vor einem Termin oder einem Fristablauf erhebt, um dann bei Nichtzahlung seine Tätigkeit sofort einzustellen. Das wäre berufsrechtswidrig[701]. So bestimmte schon § 34 Abs. 5 RichtlRA[702]: „Kündigt ein Rechtsanwalt den Auftrag vor Abschluß der Sache, so bleibt er noch zu denjenigen Maßnahmen verpflichtet, ohne die seinem Auftraggeber Nachteile entstehen könnten." Bevor der Verteidiger sich zu einer Mandatsniederlegung aus Kostengründen entschließt, sollte er prüfen, ob der Mandant verschuldet oder unverschuldet seinen Zahlungsverpflichtungen nicht nachkommt und ob nicht die Möglichkeit von Stundung oder Ratenzahlung gegeben ist.

Die Mandatsniederlegung hat in schonender Form zu erfolgen. Bewährt hat sich die Formulierung „lege ich das Mandat aus Gründen nieder, die nicht in der Sache liegen". Der Verteidiger vermeidet so den Eindruck, er habe Bedenken in der Sache selbst.

---

699 Vgl. § 59 b Abs. 2 Nr. 5 a BRAO und oben Rn. 3. Siehe auch These 8 Abs. 1.
700 *Lingenberg/Hummel/Zuck/Eich*, § 34 Rn. 21.
701 Wie Fn. 700.
702 Ähnlich These 8 Abs. 2.

Literaturverzeichnis

Angeführt ist nur die tatsächlich verwendete Literatur. Bei häufiger zitierten Beiträgen ist in Klammern die Zitierweise angegeben.

Ackermann, Heinrich: Die Verteidigung des schuldigen Angeklagten, NJW 1954, S. 1385–1388

Alsberg, Max/Nüse, Karl-Heinz/Meyer, Karlheinz: Der Beweisantrag im Strafprozeß, Köln u. a., 5. Aufl. 1983

Armbrüster, Klaus: Die Entwicklung der Verteidigung in Strafsachen, Berlin, 1980

Artzt, Heinz: Begründung der Beschuldigten-Eigenschaft, Kriminalistik 1970, S. 379–385

Augstein, Josef: Polizei und Verteidiger, in: Polizei und Justiz, Arbeitstagung des Bundeskriminalamtes Wiesbaden vom 12. bis 15. Okt. 1976, Wiesbaden 1977 (BKA-Vortragsreihe, Band 23), S. 111–114

Augstein, Josef: Der Anwalt: Organ der Rechtspflege?, NStZ 1981, S. 52–54

Bär, Hanns: Bedeutung und Anwendung des § 153 a Strafprozeßordnung in Verkehrsstrafsachen, DAR 1984, S. 129–134

Bandisch, Günter: Verteidigung bei Zwangsmaßnahmen – Durchsuchung und Beschlagnahme, Schriftenreihe der Arbeitsgemeinschaften des Deutschen Anwaltvereins/Arbeitsgemeinschaft Strafrecht, Band 5, Essen 1988, S. 74–89

Banscherus, Jürgen: Polizeiliche Vernehmung: Formen, Verhalten, Protokollierung, Wiesbaden 1977 (BKA-Forschungsreihe Nr. 7)

Barton, Stephan: Sachverständiger und Verteidiger, StV 1983, S. 73–81

Barton, Stephan: Zur Effizienz der Strafverteidigung, MschrKrim 1988, S. 93–105

Beck, Wolf-Dieter/Berr, Wolfgang: OWi-Sachen im Straßenverkehrsrecht, 2. Aufl. 1994 (Praxis der Strafverteidigung Bd. 6)

Bemmann/Grünwald u. a.: (Arbeitskreis, Strafprozeßreform) Die Verteidigung. Gesetzentwurf mit Begründung, Heidelberg u. a., 1979

Beulke, Werner: Der Verteidiger im Strafverfahren. Funktionen und Rechtsstellung, Frankfurt am Main, 1980

Beulke, Werner: Das Einsichtsrecht des Strafverteidigers in die polizeilichen Spurenakten, in: Festschrift für Dünnebier, Berlin u. a., 1982, S. 285–299

Beulke, Werner: Verbot der gemeinschaftlichen Verteidigung nur bei konkreter Interessenkollision?, NStZ 1985, S. 289–294

Beulke, Werner: Die Strafbarkeit des Verteidigers, Heidelberg, 1989 (= Praxis der Strafverteidigung Band 11)

Beulke, Werner: Die Vernehmung des Beschuldigten – Einige Anmerkungen aus der Sicht der Prozeßrechtswissenschaft, StV 1990, S. 180–184

Beulke, Werner: Strafprozeßrecht, 1994

Blumers, Wolfgang/Göggerle, Werner: Handbuch des Verteidigers und Beraters im Steuerstrafverfahren, 2. Aufl., Köln, 1989

Bode, Hans Jürgen: Berücksichtigung der Nachschulung von Alkohol-Verkehrsstraftätern durch Strafgerichte – Rechtsprechungsübersicht, DAR 1983, S. 33–45

Böttcher, Reinhard/Dahs, Hans/Widmaier, Gunter: Verständigung im Strafverfahren – eine Zwischenbilanz, NStZ 1993, S. 375–377

Bohlander, Michael: Vroschläge zur Reform einer verfassungswidrigen Kostenerstattungsregelung im Ermittlungsverfahren, AnwBl 1992, S. 161–166

Bongard, Alfred: Gefahren der Änderungen zum strafrechtlichen Ermittlungsverfahren, Köln, 1974, Demokratie und Recht, Band 2, S. 368–379

Borowsky, H.-Jürgen: Zum Beweisantragsrecht im Ermittlungsverfahren, StV 1986, S. 455

Bottke, Wilfried: Wahrheitspflicht des Verteidigers, ZStW 1984 (96), S. 726–760

Bottke, Wilfried: Rechtsbehelfe der Verteidigung im Ermittlungsverfahren, StV 1986, S. 120–125

Brühl, Albrecht: Die Rechte der Verdächtigen und Angeklagten, Weinheim u. a., 1981

Bruns, Hans-Jürgen: Strafzumessungsrecht, Köln u. a., 2. Aufl. 1974

Bruns, Hans-Jürgen: Der „Verdächtige" als schweigeberechtigte Auskunftsperson und als selbständiger Prozeßbeteiligter neben dem Beschuldigten und Zeugen? in: Festschrift für Schmidt-Leichner, München 1977, S. 1–15

Bruns, Hans-Jürgen: Das Recht der Strafzumessung, Köln u. a., 2. Aufl. 1985

Buschbell, Hans: Verwarnung mit Strafvorbehalt im verkehrsrechtlichen Strafverfahren, DAR 1991, S. 168–171

Bussmann, Kai-D./Lüdemann, Christian: Rechtsbeugung oder rationale Verfahrenspraxis? – Über informelle Absprache in Wirtschaftsstrafverfahren –, MschrKrim 1988, S. 81–92

Castringius, Arnold: Schweigen und Leugnen des Beschuldigten im Strafprozeß, jur. Dissertation Hamburg, 1965

Dahler: Die Verteidigungsmöglichkeiten des Beschuldigten im Vorverfahren, jur. Dissertation Hamburg, 1953

Dahs, Hans (sen.): Stellung und Grundaufgaben des Verteidigers, NJW 1959, S. 1158–1162

Dahs, Hans (sen.): Verteidigung im Strafverfahren – heute und morgen, ZRP 1968, S. 17–22

Dahs, Hans: Handbuch des Strafverteidigers, Köln, 5. Aufl. 1983 (Dahs)

Dahs, Hans: Taschenbuch des Strafverteidigers, Köln, 4. Aufl. 1990

Dahs, Hans: Zur Verteidigung im Ermittlungsverfahren, NJW 1985, S. 1113–1118

Dahs, Hans: Absprachen im Strafprozeß – Chancen und Risiken –, NStZ 1988, S. 153–159

Deal, Detlef: Der strafprozessuale Vergleich, StV 1982, S. 545–552

Dielmann, Heinz J.: Guilty Plea und Plea Bargaining im amerikanischen Strafverfahren – Möglichkeiten für den deutschen Strafprozeß?, GA 1981 S. 558–571

Dölp, Michael: Zur Nichtbenachrichtigung des Beschuldigten nach § 168 c V StPO, NStZ 1990, S. 117–118

Dreher/Tröndle: Strafgesetzbuch und Nebengesetze, München, 47. Aufl. 1995 (Dreher/Tröndle)

Drewes, Theo: Trick-Kiste der erfolgreichen Strafverteidigung, Karlsruhe, 1988

Ebert, Frank: Der Nachweis von Vollmachten im Straf- und Bußgeldverfahren, DRiZ 1984, S. 237–238

Eberth, Alexander/Müller, Eckart: Verteidigung in Betäubungsmittelsachen, 2. Aufl. 1993 (Praxis der Strafverteidigung, Bd. 4)

Eisenberg, Ulrich: Der Verteidiger im Jugendstrafverfahren, NJW 1984, S. 2913–2920

Eisenberg, Ulrich: Aspekte der Rechtsstellung des Strafverteidigers, NJW 1991, S. 1257–1263

Ellersiek, Dirk: Die Beschwerde im Strafprozeß, Berlin 1981 (Strafrechtliche Abhandlungen, Neue Folge, Band 39)

Ernesti, Günter: Grenzen anwaltlicher Interessenvertretung im Ermittlungsverfahren, JR 1982, S. 221–229

Eschen, Klaus: Noch einmal: § 1 BRAGO – Bedeutung des Begriffes „Organ der Rechtspflege", StV 1981, S. 365–370

Fetzer, Helmut: Einsichtsrecht des Strafverteidigers in gerichtliche Dateien, StV 1991, S. 142–143

Fezer, Gerhard: Richterliche Kontrolle der Ermittlungstätigkeit der Staatsanwaltschaft vor Anklageerhebung? Gedächtnisschrift für Horst Schröder, München, 1987, S. 407–423

Feuerich, Wilhelm E. / Braun, Anton: Bundesrechtsanwaltsordnung, München, 3. Aufl. 1995

Finzel, Dieter: Die Erstattung notwendiger Auslagen bei Einstellung eines staatsanwaltschaftlichen Ermittlungsverfahrens, MDR 1970, S. 281–283

Fischer, Bianca: Die Vernehmung des Beschuldigten im strafrechtlichen Ermittlungsverfahren, jur. Dissertation, Erlangen u. a., 1976

Fischer, Johann: Die polizeiliche Vernehmung, Wiesbaden, 1975 (= Schriftenreihe des Bundeskriminalamts 1975, 2–3)

Beck'sches Formularbuch für den Strafverteidiger, München, 2. Aufl. 1992 (Formularbuch-Bearbeiter)

Fünfsinn, Helmut: Die „Zumessung" der Geldauflage nach § 153 a I Nr. 2 StPO, NStZ 1987, S. 97–103

Gallandi, Volker: Vertrauen im Strafprozeß (Vom fehlgeschlagenen Vergleich und der Bedeutung nicht formalisierter Regeln der Verständigung im Strafprozeß), MDR 1987, S. 801–804

Gallas, Wilhelm: Grenzen zulässiger Verteidigung im Strafprozeß, ZStW 1934, S. 256–271

Gatzweiler, Norbert: Möglichkeiten und Grenzen einer effizienten Strafverteidigung, StV 1985, S. 248–252

Gatzweiler, Norbert: Die Verständigung im Strafprozeß – Standortbestimmung eines Strafverteidigers, NJW 1989, S. 1903–1906

Gerlach, Jürgen von: Die Begründung der Beschuldigteneigenschaft im Ermittlungsverfahren, NJW 1969, S. 776–781

Gerold/Schmidt/v. Eicken/Madert, Bundesgebührenordnung für Rechtsanwälte, Kommentar, München, 12. Aufl. 1995

Gillmeister, Ferdinand: Die Erledigung des Strafverfahrens außerhalb der Hauptverhandlung, Strafverteidiger-Forum 3/94, S. 39–45

Göhler, Erich: § 467 a StPO regelt die Erstattung notwendiger Auslagen bei einer Einstellung des Ermittlungsverfahrens abschließend, MDR 1970, S. 283–286

Gössel, Karl Heinz: Die Stellung des Verteidigers im rechtsstaatlichen Strafverfahren, ZStW 94 (1982), S. 5–36

Groh, Martin: Zum Recht des Strafverteidigers auf Einsichtnahme in staatsanwaltschaftliche Ermittlungsakten, DRiZ 1985, S. 52–54

Groß, Karl-Heinz / Fünfsinn, Helmut: Datenweitergabe im strafrechtlichen Ermittlungsverfahren, NStZ 1992, S. 105–112

Gründler, Wolfgang: Zur Frage der Anwesenheit des Beschuldigten bei richterlicher Vernehmung eines Mitbeschuldigten, MDR 1987, S. 903

Grünwald, Gerald: Zur Ankündigung von Strafmilderung für den Fall eines Geständnisses, NJW 1960, S. 1941–1942

Grünwald, Gerald: Die Verteidigung – Grundlagen und Ziele des Gesetzentwurfs des Arbeitskreises Strafprozeßreform, AnwBl 1980, S. 5–10

Güde, Max: Die Verteidigung aus der Sicht der Anklage, AnwBl 1961, S. 3–9

Günther, Karl-Adolf: Strafverteidigung. Eine Einführung mit Schriftsatzmustern, München, 2. Aufl. 1990

Gundlach, Rainer: Die Vernehmung des Beschuldigten im Ermittlungsverfahren, Frankfurt am Main u. a., 1984 (= Europäische Hochschulschriften Reihe II, Rechtswissenschaft, Band 375)

Hamm, Rainer: Entwicklungstendenzen der Strafverteidigung, in: Festschrift für Werner Sarstedt, Berlin u. a., 1981, S. 49–63

Hamm, Rainer: Die Verteidigungsschrift im Verfahren bis zur Hauptverhandlung, StV 1982, S. 490–495

Hamm, Rainer: Absprachen im Strafverfahren?, ZRP 1990, S. 337–342

Hanack, Ernst-Walter: Aktuelle Probleme der Strafverteidigung in der Bundesrepublik Deutschland, Schweizerische Zeitschrift für Strafrecht, Band 96 (1977), S. 299–326

Hanack, Ernst-Walter: Arbeitskreis Strafprozeßreform: Die Verteidigung. Gesetzentwurf mit Begründung, ZStW 93 (1981), S. 559–585

Hassemer, Raimund und *Hippler, Gabriele:* Informelle Absprachen in der Praxis des deutschen Strafverfahrens, StV 1986, S. 360–363

Hassemer, Winfried: Informelle Programme im Strafprozeß. Zur Strategie der Strafverteidigung, StV 1982, S. 377–382

Heeb, Wolfgang: Grundsätze und Grenzen der anwaltlichen Strafverteidigung und ihre Anwendung auf den Fall der Mandatsübernahme, jur. Dissertation Tübingen, 1973

Hegmann, Jürgen: Fürsorgepflicht gegenüber dem Beschuldigten im Ermittlungsverfahren, Bochum, 1981 (= Bochumer juristische Studie Nr. 16)

Helms, Wilhelm: Wirtschaftliche Aspekte der Strafverteidigung, in: Strafverteidiger als Interessenvertreter, Berufsbild und Tätigkeitsfeld, hrsg. von Werner Holtfort, Darmstadt, 1979 (= Demokratie und Rechtsstaat. Kritische Abhandlungen zur Rechtsstaatlichkeit in der Bundesrepublik, Band 44), S. 167–187

Heydenbreck, Tessen von: Die Begründung der Beschuldigteneigenschaft im Strafverfahren, jur. Dissertation Göttingen, 1974

Himmelreich, Klaus: Bundeseinheitliche Nachschulungskurse – neue Gesetzesinitiative?, DAR 1989, S. 5–14

Himmelreich/Bücken: Verkehrsunfallflucht. Verteidigerstrategien im Rahmen des § 142 StGB, 2. Aufl. 1995 (Praxis der Strafverteidigung Bd. 15)

Hirschberg, Max: Das Fehlurteil im Strafprozeß, Frankfurt am Main u.a., 1962 (Fischer Bücherei 492)

Hohmann, Ralf: Die Gegenvorstellung – „Stiefkind" des Strafverfahrens?, JR 1991, S. 10–13

Isele, Walter: Bundesrechtsanwaltsordnung, Essen, 1976

Jagusch/Hentschel: Straßenverkehrsrecht, München, 33. Aufl. 1995

Jessnitzer, Kurt / Blumberg, Hanno: Bundesrechtsanwaltsordnung, Köln u.a., 7. Aufl. 1995

Jolmes, Andreas: Der Verteidiger im deutschen und österreichischen Strafprozeß, Paderborn u.a., 1982 (= Rechts- und Staatswissenschaftliche Veröffentlichungen der Görren-Gesellschaft, Neue Folge, Heft 37)

Jungfer, Gerhard: Eigene Ermittlungstätigkeiten des Strafverteidigers – Strafprozessuale und standesrechtliche Möglichkeiten und Grenzen, StV 1981, S. 100–105

Jungfer, Gerhard: Strafverteidiger und Detektiv. Der Detektivberuf in Deutschland, Rechtsbeziehungen des Detektivs zum Anwalt, Rechtstellung der Detektive, Schriftenreihe der Arbeitsgemeinschaften des Deutschen Anwaltvereins/Arbeitsgemeinschaft Strafrecht, Band 5, Essen, 1988, S. 136–182 (= StV 1989, S. 495–505)

Kahlert, Christian: Verteidigung in Jugendstrafsachen, Heidelberg, 2. Aufl. 1986 (= Praxis der Strafverteidigung Band 2)

Kaiser, Eberhard: Die Verteidigervollmacht und ihre Tücken, NJW 1982, S. 1367–1369

Kaiser, Günter: Strategien und Prozesse strafrechtlicher Sozialkontrolle, Frankfurt am Main, 1972

Kaiser, Günter und *Meinberg, Volker:* „Tuschelverfahren" und „Millionärsschutzparagraph"?, NStZ 1984, S. 343–350

Kalsbach, Werner: Standesrecht des Rechtsanwalts, Köln, 1956

Kalsbach, Werner: Bundesrechtsanwaltsordnung und Richtlinien für die Ausübung des Rechtsanwaltsberufs, Köln, 1960

Karlsruher Kommentar zur Strafprozeßordnung und zum Gerichtsverfassungsgesetz, München, 3. Aufl. 1993 (KK-Bearbeiter)

Keller, Rainer: Zur gerichtlichen Kontrolle prozessualer Ermessensentscheidungen der Staatsanwaltschaft, GA 1983, S. 497–520

Kiesswetter, Ekkehard: Die Verteidigung mit dem Ziel der Erledigung ohne Hauptverhandlung, Schriftenreihe der Arbeitsgemeinschaften des Deutschen Anwaltvereins/Arbeitsgemeinschaft Strafrecht, Band 5, Essen, 1988, S. 101–114

Kion, Dieter: Anwesenheitsrecht des Verteidigers im Ermittlungsverfahren, NJW 1966, S. 1800–1801

Kleinknecht, Theodor: Die Handakten der Staatsanwaltschaft, in: Festschrift für Dreher, 1977, Berlin u. a., S. 721–726

Kleinknecht/Meyer-Goßner: Strafprozeßordnung, Gerichtsverfassungsgesetz, Nebengesetze und ergänzende Bestimmungen, München, 41. Aufl. 1993 (Kleinknecht/Meyer-Goßner)

Kleinschmidt, Friedrich-Karl: Das Verhältnis des Verteidigers zur Polizei, Kriminalistik 1954, S. 198–200

KMR: Kommentar zur Strafprozeßordnung, Darmstadt, Stand: August 1993 (KMR-Bearbeiter)

Kohlhaas, Max: Gedanken zur Reform des Ermittlungsverfahrens der StPO, ZRP 1974, S. 7–10

Krattinger, Peter Georg: Die Strafverteidigung im Vorverfahren im deutschen, französischen und englischen Strafprozeß und ihre Reform, Bonn, 1964 (Rechtsvergleichende Untersuchungen zur Gesamten Strafrechtswissenschaft, Neue Folge Heft 34)

Krause, Dietmar: Anwesenheitsrecht des Beschuldigten bei der Vernehmung des Mitbeschuldigten, NJW 1975, S. 2283–2284

Krause, Dietmar: Einzelfragen zum Anwesenheitsrecht des Verteidigers im Strafverfahren, StV 1984, S. 169–175

Krekeler, Wilhelm: Probleme der Verteidigung in Wirtschaftsstrafsachen, wistra 1983, S. 43–49

Krekeler, Wilhelm: Strafrechtliche Grenzen der Verteidigung, NStZ 1989, S. 146–153

Krekeler, Wilhelm: Der Beweiserhebungsanspruch des Beschuldigten, Bonn u. a., 1991

Krekeler, Wilhelm: Der Beweiserhebungsanspruch des Beschuldigten im Ermittlungsverfahren, NStZ 1991, S. 367–372

Krekeler, Wilhelm: Beweisverwertungsverbote bei fehlerhaften Durchsuchungen, NStZ 1993, S. 263–268

Krüger, Ralf: Der Verteidiger im Strafverfahren, Kriminalistik 1974, S. 392–398, 444–447

Kunigk, Fritz: Das Anwaltshonorar. Gesetzliche und freivereinbarte Vergütung, Stuttgart u. a., 1978

Kunigk, Fritz: Prozeßführung und Strafverteidigung – Praktische Einführung in die Tätigkeit des Rechtsanwalts mit Mustern –, Stuttgart u. a., 2. Aufl. 1979 (Strafverteidigung)

Lange, Regina: Fehlerquellen im Ermittlungsverfahren, Heidelberg, 1980 (Kriminalistik – Wissenschaft & Praxis, Band 8)

Lingenberg, Joachim/Hummel, Fritz/Zuck, Rüdiger/Eich, Alexander: Kommentar zu den Grundsätzen des anwaltlichen Standesrechts, Köln, 2. Aufl. 1988 (Lingenberg/Hummel/Zuck/Eich)

Löwe/Rosenberg: Die Strafprozeßordnung und das Gerichtsverfassungsgesetz, Berlin u. a., 23. Aufl. 1976ff. und 24. Aufl. 1984f. (LR-Bearbeiter)

Lotter, Lando: Die Stellung des Strafverteidigers im Vorverfahren des englischen und deutschen Strafprozesses, jur. Dissertation München, 1969

Lüderssen, Klaus: Wie abhängig ist der Strafverteidiger von seinem Auftraggeber? Wie unabhängig kann und soll er sein? in: Festschrift für Dünnebier, Berlin u. a., 1982, S. 263–276

Lynker, Hilmar: Formulare für Strafsachen mit Erläuterung (Die Anwaltspraxis, Band 1), Köln u. a., 1965

Madert, Wolfgang: Gebühren des Strafverteidigers, Heidelberg, 1987 (Praxis der Strafverteidigung Band 5)

Madert, Wolfgang: Die Bestimmung einer Rahmengebühr durch den Rechtsanwalt gem. § 12 BRAGO, AnwBl 1994, S. 379–384, 445–448

Madlehnert, Kurt: Die Institution des Verteidigers in rechtsvergleichender Sicht, ZStW 1981, S. 275–308

Malek, K.: Verteidigung in der Hauptverhandlung, Heidelberg, 1994 (Praxis der Strafverteidigung Band 18)

Malek/Rüping: Zwangsmaßnahmen im Ermittlungsverfahren – Verteidigerstrategien, 1991 (Praxis der Strafverteidigung Bd. 13)

Marxen, Klaus/Tiemann, Frank: Die Wiederaufnahme in Strafsachen, Heidelberg, 1993 (Praxis der Strafverteidigung Bd. 17)

Matt, Holger: Die Gegenvorstellung im Strafverfahren, MDR 1992, S. 820–826

Mehle, Volkmar: Anm. zu KG NStZ 1983, 556 in NStZ 1983, S. 557–559

Mehle, Volkmar: Der Verteidiger – Ein Korrektiv auch zu Lasten des Beschuldigten?, in: Festgabe für Peters, Heidelberg, 1984, S. 201–213

Meier Bernd-Dieter/Böhm, Bernhard: Strafprozessuale Probleme der Computerkriminalität, wistra 1992, S. 166–172

Meyer, Dieter: Rechtsschutz gegen Maßnahmen der Polizei im Strafermitt-
lungsverfahren, Jus 1971, S. 294–297

Meyer-Goßner, Lutz: Die Behandlung kriminalpolizeilicher Spurenakten im
Strafverfahren, NStZ 1982, S. 353–362

Michalke, Regina: Umweltstrafsachen, 1991 (Praxis der Strafverteidigung
Bd. 16)

Michel, Lothar: Schriftvergleichung im Strafverfahren, StV 1983, S. 251–257

Mörsch, Richard: Zur Rechtsstellung des Beschuldigten und seines Verteidigers im Vorverfahren unter Berücksichtigung der Aufgaben des gesamten
Strafverfahrens, jur. Dissertation Mainz, 1968

Müller, Egon: Der Grundsatz der Waffengleichheit im Strafverfahren, NJW
1976, S. 1063–1067

Müller, Egon: Strafverteidigung, NJW 1981, S. 1801–1807

Müller, Egon: Gedanken zur Verteidigung im Ermittlungsverfahren, in: Aktuelle Probleme der Strafrechtspflege, hrsg. von Udo Ebert, Berlin und New
York, 1991, S. 61–70

Müller, Elmar: Verteidigung in Straßenverkehrssachen, Heidelberg, 5. Aufl.
1994 (Praxis der Strafverteidigung Band 1)

Müller, Elmar: Strafverteidigung im Überblick, Heidelberg, 1989 (Praxis der
Strafverteidigung Band 12)

Müller/Meiningen jr., Ernst: Der Verteidiger im heutigen Strafrecht, in: Schuld
und Sühne, hrsg. von Burghard Freudenfeld, München, 1960, S. 49–62

Mützelburg, Gerhard: Über Verteidigung im Verständnis der Verteidiger, in:
Festschrift für Dünnebier, 1982, Berlin u. a., S. 277–284

Nelles, Ursula: Der Einfluß der Verteidigung auf Beweiserhebungen im Ermittlungsverfahren, StV 1986, S. 74–80

Nestler-Tremel, Cornelius: Die durch das StVÄG 1987 gebotene Neuorientierung beim Verbot der Mehrfachverteidigung gem. §§ 146, 146a StPO, NStZ
1988, S. 103–108

Odenthal, Hans-Jörg: Die Gegenüberstellung zum Zwecke des Wiedererkennens, NStZ 1985, S. 433–438

Paulus, Rainer: Dogmatik der Verteidigung, NStZ 1992, S. 305–311

Peters, Karl: Fehlerquellen im Strafprozeß. Eine Untersuchung der Wiederaufnahmeverfahren in der Bundesrepublik Deutschland, Karlsruhe, 1. Band
1970, 2. Band 1972, 3. Band 1974

Peters, Karl: Strafprozeß. Ein Lehrbuch, Heidelberg u. a., 4. Aufl. 1985

Peters, Karl: Anmerkung zu BVerfG NStZ 1983, 273 in NStZ 1983, S. 275–276

Pfeiffer, Gerd: Zulässiges und unzulässiges Verteidigerhandeln, DRiZ 1984,
S. 341–349

Philipp, Erich: Die Gegenüberstellung, Heidelberg, 1981

Quedenfeld, Hans Dietrich: Beweisantrag und Verteidigung in den Abschnitten des Strafverfahrens bis zum erstinstanzlichen Urteil, in: Festgabe für
Peters, Heidelberg 1984, S. 215–233

Quedenfeld, Hans Dietrich: Die Verteidigung bei nicht vermeidbarer Hauptverhandlung, Schriftenreihe der Arbeitsgemeinschaften des Deutschen Anwaltvereins/Arbeitsgemeinschaft Strafrecht, Band 5, Essen, 1988, S. 115–135

Rengier, Rudolf: Praktische Fragen bei Durchsuchungen, insbesondere in Wirtschaftsstrafsachen, NStZ 1981, S. 312–318

Richter II, Christian: Grenzen anwaltlicher Interessenvertretung im Ermittlungsverfahren, NJW 1981, S. 1820–1823

Richter II, Christian: Zum Bedeutungswandel des Ermittlungsverfahrens, StV 1985, S. 382–389

Richter II, Christian: Sockelverteidigung, NJW 1993, S. 2152–2157

Rieß, Peter: Prolegomena zu einer Gesamtreform des Strafverfahrensrechts, in: Festschrift für Karl Schäfer, Berlin u. a., 1980, S. 155–221

Rieß, Peter: Statistische Beiträge zur Wirklichkeit des Strafverfahrens, in: Festschrift für Werner Sarstedt, Berlin u. a., 1981, S. 253–328

Rieß, Peter und *Thym, Jörg:* Rechtsschutz gegen strafprozessuale Zwangsmaßnahmen, GA 1981, S. 189–212

Rieß, Peter: Entwicklung und Bedeutung der Einstellungen nach § 153 a StPO, ZRP 1983, S. 93–99

Rieß, Peter: Amtlich verwahrte Beweisstücke (§ 147 StPO), in: Festgabe für Peters, Heidelberg, 1984, S. 113–129

Rieß, Peter: Zur weiteren Entwicklung der Einstellungen nach § 153 a StPO, ZRP 1985, S. 212–216

Römer, Josef: Kooperatives Verhalten der Rechtspflegeorgane im Strafverfahren? in: Festschrift für Schmidt-Leichner, München, 1971, S. 133–144

Rottenecker, Richard: Modelle der kriminalpolizeilichen Vernehmung des Beschuldigten, jur. Dissertation Freiburg i. Br., 1976

Rückel, Christoph: Die Notwendigkeit eigener Ermittlungen des Strafverteidigers, in: Festgabe für Peters, Heidelberg, 1984, S. 265–284

Rückel, Christoph: Verteidigungstaktik bei Verständigungen und Vereinbarungen im Strafverfahren, NStZ 1987, S. 297–304

Rückel, Christoph: Strafverteidigung und Zeugenbeweis, Heidelberg, 1988 (Praxis der Strafverteidigung Band 9)

Sangmeister, Wolfram: Zur Änderung des Vorverfahrens im Strafprozeß. Die Polizei, 1965, S. 297–300

Schäfer, Helmut: Die Grenzen des Rechts auf Akteneinsicht durch den Verteidiger, NStZ 1984, S. 203–209

Schäfer, Helmut: Die Einsicht in Strafakten durch Verfahrensbeteiligte und Dritte, NStZ 1985, S. 198–204

Schäfer, Helmut: Das Recht des Beschuldigten auf Gehör im Ermittlungsverfahren, wistra 1987, S. 165–170

Schätzler, Johann-Georg: Gesetz über die Entschädigung von Strafverfolgungsmaßnahmen, München, 2. Aufl. 1982

Schlothauer, Reinhold: Das falsche Geständnis – ein Prozeßbericht, StV 1981, S. 39–41

Schlothauer, Reinhold: Das Akteneinsichtsrecht des Verletzten nach dem Opferschutzgesetz vom 18. 12. 1986, StV 1987, S. 356–360

Schlothauer, Reinhold: Vorbereitung der Hauptverhandlung, 1988 (Praxis der Strafverteidigung Bd. 10)

Schlothauer/Weider: Verteidigung in der Untersuchungshaft, 1991 (Praxis der Strafverteidigung Bd. 14)

Schmidt, Herbert/Baldus, Walter: Gebühren und Kostenerstattung in Straf- und Bußgeldsachen, Essen, 4. Aufl. 1993

Schmidt-Hieber, Werner: Vereinbarungen im Strafverfahren, NJW 1982, S. 1017–1021

Schmidt-Hieber, Werner: Beschleunigung des Strafverfahrens durch Kooperation?, in: Justiz und Recht, Festschrift aus Anlaß des 10jährigen Bestehens der Deutschen Richterakademie, Heidelberg, 1983

Schmidt-Hieber, Werner: Der strafprozessuale „Vergleich" – eine illegale Kungelci?, StV 1986, S. 355–357

Schmidt-Hieber, Werner: Verständigung im Strafverfahren, München, 1986

Schmidt-Leichner, Erich: Ist und bleibt das Schweigen des Beschuldigten zweischneidig?, NJW 1966, S. 189–191

Schönke/Schröder: Strafgesetzbuch, München, 24. Aufl. 1991 (Schönke/Schröder – Bearbeiter)

Schorn, Hubert: Die Rechtsstellung des Beschuldigten und seines Verteidigers nach dem Strafprozeßänderungsgesetz, NJW 1965, S. 713–716

Schorn, Hubert: Der Strafverteidiger. Handbuch für die Praxis, Frankfurt am Main, 1966

Schreiber, Hans-Ludwig: Zum Beweisantragsrecht im Ermittlungsverfahren, in: Festschrift für Jürgen Baumann, Bielefeld, 1992, S. 383–394

Schubert, Oskar: Die Vernehmung im Ermittlungsverfahren (Ein praktischer Ratgeber für Polizeibeamte und Hilfsbeamte der Staatsanwaltschaft), Karlsfeld bei München, 1983

Schüller, Ulrich und *Hempel, Herbert:* Formularbuch der Prozeßpraxis für den Rechtsanwalt und sein Büro, Essen, 3. Aufl. 1970

Schünemann, Bernd: Die Verständigung im Strafprozeß – Wunderwaffe oder Bankrotterklärung der Verteidigung?, NJW 1989, S. 1895–1903

Schumann, Karl F.: Der Handel mit der Gerechtigkeit, Frankfurt am Main, 1977

Sieg, Hans O.: Zur Anwesenheit des Verteidigers bei Vernehmungen des Beschuldigten im Ermittlungsverfahren, NJW 1975, S. 1009

Sieg, Hans O.: Aushändigung von Kopien beschlagnahmter Unterlagen, wistra 1984, S. 172–174

Sieg, Hans O.: Anwesenheit des Beschuldigten bei richterlichen Vernehmungen des Mitbeschuldigten?, MDR 1986, S. 285

Siegismund, Eberhard / Wickern, Thomas: Das Gesetz zur Entlastung der Rechtspflege, wistra 1993, S. 81–93

Skuhr, Reinhold: Anwesenheitsrecht des Verteidigers im Ermittlungsverfahren, NJW 1966, S. 1350–1351

Sommermeyer, Jörg: Neuralgische Aspekte der Betroffenenrechte und ihres Rechtsschutzes bei strafprozessualen Hausdurchsuchungen, NStZ 1991, S. 257–264

Stackelberg, Freiherr Curt F. von: Der Anwalt im Strafprozeß, AnwBl 1959, S. 190–204

Steffen, Wiebke: Analyse polizeilicher Ermittlungstätigkeit aus der Sicht des späteren Strafverfahrens, Wiesbaden, 1976 (BKA-Forschungsreihe, Band 4)

Strate, Gerhard und *Ventzke, Klaus-Ulrich:* Unbeachtlichkeit einer Verletzung des § 137 Abs. 1 S. 1 StPO im Ermittlungsverfahren?, StV 1986, S. 30–34

Strate, Gerhard: Grundrechtsschutz – Rechtsschutzlücken im Ermittlungsverfahren, Schriftenreihe der Arbeitsgemeinschaften des Deutschen Anwaltvereins/Arbeitsgemeinschaft Strafrecht, Band 5, Essen, 1988, S. 9–28

Streck, Michael: Erfahrungen bei der Anfechtung von Durchsuchungs- und Beschlagnahmebeschlüssen in Steuerstrafsachen, StV 1984, S. 348–350

Temming, Gerd: Der Verteidiger als (modifiziertes) Organ der Rechtspflege, StV 1982, S. 539–544

Thesen zur Strafverteidigung (vorgelegt vom Strafrechtsausschuß der Bundesrechtsanwaltskammer), München, 1992, Schriftenreihe der Bundesrechtsanwaltskammer Band 8 (Thesen)

Tondorf, Günter: Begeht der Strafverteidiger eine Strafvereitelung und verletzt er seine Standespflichten, wenn er den Mandanten benachrichtigt, nachdem er von einem geplanten Haft- oder Durchsuchungsbefehl erfahren hat?, StV 1983, S. 257–260

Ullers, Walter: Der Strafverteidiger, Hamburg, 1962

Ulsenheimer, Klaus: Arztstrafrecht, 1988, (Praxis der Strafverteidigung Bd. 7)

Veen, Heino Ter: Die Zulässigkeit der informatorischen Befragung, StV 1983, S. 293–296

Vehling, Karl Heinz: Die Funktion des Verteidigers im Strafverfahren, StV 1992, S. 86–92

Volckart, Bernd: Verteidigung in der Strafvollstreckung und im Strafvollzug, 1988 (Praxis der Strafverteidigung Bd. 8)

Wagner/Schneider/Engels: Bürobuch für Rechtsanwälte und Notare, Köln u. a., Band 2, 29. Aufl. 1988

Waldowski, Jürgen: Verteidiger als Helfer des Staatsanwalts?, NStZ 1984, S. 448–450

Warburg, Justus R. G.: Die anwaltliche Praxis in Strafsachen, Stuttgart u. a., 1985

Wasserburg, Klaus: Fehlerquellen im Ermittlungsverfahren (Eine Betrachtung aus der Sicht der Verteidigung), Kriminalistik 1993, S. 57–64

Weihrauch, Matthias: Präventivverteidigung – Beratende und vorbeugende Verteidigung im Ermittlungsverfahren, Schriftenreihe der Arbeitsgemeinschaften des Deutschen Anwaltvereins/Arbeitsgemeinschaft Strafrecht, Band 5, Essen, 1988, S. 29–60

Weihrauch, Matthias: Richter und Verteidiger-Konfrontation oder Kooperation?, in: 175 Jahre Pfälzisches Oberlandesgericht, Neustadt an der Weinstraße, 1990, S. 363–375

Weiland, Bernd H.: Die Abschlußverfügung der Staatsanwaltschaft, Jus 1982, S. 917–924, 1983, S. 120–126

Welp, Jürgen: Der Verteidiger als Anwalt des Vertrauens, ZStW 1978 (90), S. 101–131

Welp, Jürgen: Die Rechtsstellung des Strafverteidigers, ZStW 1978 (90), S. 804–828

Welp, Jürgen: Anwesenheitsrechte und Benachrichtigungspflichten, JZ 1980, S. 134–138

Welp, Jürgen: Probleme des Akteneinsichtsrechts, in: Festgabe für Peters, Heidelberg, 1984, S. 309–330

Welp, Jürgen: Rechtsschutz gegen verweigerte Akteneinsicht, StV 1986, S. 446–451

Wenzky, Oskar: Verteidiger und Kriminalpolizei in der Reform des Strafprozesses, Kriminalistik 1960, S. 97–101

Wenzky, Oskar: Das Anwesenheitsrecht des Verteidigers als ein Problem des Vorverfahrens, Kriminalistik 1960, S. 299–302

Werner, Stefan: Strafprozessuale Gegenvorstellung und Rechtsmittelsystem, NJW 1991, S. 19–22

Wessels, Johannes: Schweigen und Leugnen im Strafverfahren, JuS 1966, S. 169–176

Wetterich, Paul: Der Strafverteidiger im Ermittlungsverfahren, in: Schriftenreihe der Polizei-Führungsakademie, Nr. 2/77, S. 70–83

Widmaier, Gunter: Der strafprozessuale Vergleich, StV 1986, S. 357–359

Wissgott, Dieter: Probleme rechtsstaatlicher Garantien im Ermittlungsverfahren, jur. Dissertation Göttingen, 1983

Wulf, Peter: Strafprozessuale und kriminalpraktische Fragen der polizeilichen Beschuldigtenvernehmung auf der Grundlage empirischer Untersuchungen (Arbeitspapiere aus dem Institut für Kriminologie, Nr. 5), Heidelberg, 1984

Zabel, Gert E.: Ausnahmegenehmigung für „Trunkenheitstäter", Blutalkohol 1983, S. 377–489

Zaczyk, Rainer: Das Anwesenheitsrecht des Verteidigers bei richterlichen Vernehmungen im Ermittlungsverfahren, NStZ 1987, S. 535–539

Verzeichnis der Gesetzesstellen

(Die Zahlen verweisen auf die Randnummern)

12. Straßenverkehrsgesetz

Stichwortverzeichnis

(Die Zahlen verweisen auf die Randnummern.)

217

Praxisliteratur Strafverteidigung

Verteidigung in Straßenverkehrssachen
Von Dr. Elmar Müller, Rechtsanwalt.
5., überarbeitete Auflage 1994. XIII, 208 Seiten.
Kartoniert. DM/sFr 48,- öS 375,-
ISBN 3-8114-3694-5

Verteidigung im Ermittlungsverfahren

Von Dr. Mathias Weihrauch, Rechtsanwalt in
Kaiserslautern. 4., überarbeitete Auflage 1995.
In Vorbereitung. ISBN 3-8114-7195-3

Verteidigung in Betäubungsmittelsachen
Von Alexander Eberth und Dr. Eckhart Müller,
Rechtsanwälte, München. 2., völlig neubearbeitete
Auflage. 1993. XVI, 182 Seiten. Kartoniert.
DM/sFr 48,- öS 375,- ISBN 3-8114-7593-2

Gebühren des Strafverteidigers
Von Wolfgang Madert, Rechtsanwalt.
2., neubearbeitete Auflage 1996. In Vorbereitung.
ISBN 3-8114-9395-7

OWi-Sachen im Straßenverkehrsrecht
Von Wolf-Dieter Beck und Wolfgang Berr,
Rechtsanwälte. 2., völlig neubearbeitete Auflage
1994. XV, 384 Seiten. Kartoniert. DM/sFr 48,-
öS 375,- ISBN 3-8114-4392-5

Arztstrafrecht in der Praxis
Von Prof. Dr. Dr. Klaus Ulsenheimer, Rechts-
anwalt. 1988. XXIX, 308 Seiten. Gebunden.
DM/sFr 59,- öS 460,- ISBN 3-8226-0588-3

Verteidigung in der Strafvollstreckung und im Vollzug
Von Bernd Volckart, Richter am OLG. 1988.
XXIV, 320 Seiten. Gebunden.
DM/sFr 59,- öS 460,- ISBN 3-8226-3288-0

Strafverteidigung und Zeugenbeweis
Von Dr. Christoph Rückel, Rechtsanwalt. 1988.
XIV, 243 Seiten. Gebunden.
DM/sFr 44,- öS 343,- ISBN 3-8226-1988-4

Vorbereitung der Hauptverhandlung
Von Prof. Dr. Reinhold Schlothauer, Rechtsan-
walt. 1988. XVI, 202 Seiten. Gebunden.
DM/sFr 39,- öS 304,- ISBN 3-8226-3488-3

Die Strafbarkeit des Verteidigers
Eine systematische Darstellung der Beistands-
pflicht und ihrer Grenzen. Von Prof. Dr. Werner
Beulke. 1989. XIV, 210 Seiten. Gebunden.
DM/sFr 44,- öS 343,- ISBN 3-8226-1089-5

Strafverteidigung im Überblick
Eine systematische Darstellung der Arbeitsschritte
mit praktischen Hilfen. Von Dr. Elmar Müller,
Rechtsanwalt. 1989. XIII, 262 Seiten. Gebunden.
DM/sFr 44,- öS 343,- ISBN 3-8226-0889-0

Zwangsmaßnahmen im Ermittlungsverfahren – Verteidigerstrategien
Von Dr. Klaus Malek, Rechtsanwalt in Freiburg,
und Dr. Uta Rüping, Rechtsanwältin in Hannover.
1991. XVIII, 187 Seiten. Kartoniert. DM/sFr 48,-
öS 375,- ISBN 3-8114-5691-1

Untersuchungshaft
Von Prof. Dr. Reinhold Schlothauer, Bremen, und
Hans-Joachim Weider, Frankfurt, Rechtsanwälte.
2., neubearbeitete Auflage 1995. In Vorbereitung.
ISBN 3-8114-7595-9

Verkehrsunfallflucht
Verteidigerstrategien im Rahmen des § 142 StGB.
Von Dr. Klaus Himmelreich und Michael Bücken,
Rechtsanwälte, Köln. 2., neubearbeitete und erwei-
terte Auflage 1995. XIV, 233 Seiten. Kartoniert
DM/sFr 48,- öS 375,- ISBN 3-8114-1095-5

Umweltstrafsachen
Von Regina Michalke, Rechtsanwältin in Frank-
furt/Main. 1991. XIII, 175 Seiten. Kartoniert.
DM/sFr 44,- öS 343,- ISBN 3-8114-5891-4

Die Wiederaufnahme in Strafsachen
Von Prof. Dr. Klaus Marxen, Humboldt-Universi-
tät Berlin, und Dr. Frank Tiemann, Richter am
LG Paderborn. 1993. XVI, 194 Seiten. Kartoniert.
DM/sFr 58,- öS 453,- ISBN 3-8114-5593-1

Verteidigung in der Hauptverhandlung
Von Dr. Klaus Malek, Rechtsanwalt in Freiburg.
1994. XVIII, 246 Seiten. Kartoniert.
DM/sFr 64,- öS 499,- ISBN 3-8114-7194-5

C. F. Müller Heidelberg
Im Weiher 10 · 69121 Heidelberg · Fax 06221/489476

04363477